给孩子们的
电影阅读课

陈传敏◎著

图书在版编目（CIP）数据

给孩子们的电影阅读课/陈传敏著. —福州：福建教育出版社，2024.6
ISBN 978-7-5334-9954-9

Ⅰ.①给… Ⅱ.①陈… Ⅲ.①小学语文课－教学研究 Ⅳ.①623.202

中国国家版本馆 CIP 数据核字（2024）第 090371 号

给孩子们的电影阅读课

陈传敏 著

出版发行	福建教育出版社
	（福州市梦山路 27 号 邮编：350025 网址：www.fep.com.cn
	编辑部电话：0591-83779650
	发行部电话：0591-83721876 87115073 010-62024258）
出 版 人	江金辉
印 刷	福建东南彩色印刷有限公司
	（福州市金山工业区 邮编：350002）
开 本	710 毫米×1000 毫米 1/16
印 张	20.75
字 数	296 千字
插 页	1
版 次	2024 年 6 月第 1 版 2024 年 6 月第 1 次印刷
书 号	ISBN 978-7-5334-9954-9
定 价	55.00 元

如发现本书印装质量问题，请向本社出版科（电话：0591-83726019）调换。

序　言

任为新

　　本书作者陈传敏是正高级语文特级教师，在当下教师队伍中，属于千里挑一的青年才俊，谦逊、博雅，专业功底深厚，有自由思想与独立人格，是优秀语文教师的代表。但传敏除此之外，还有一种品位——包括生活、业余爱好以及专业发展上，有自己标志性的价值追求和审美取向。儒勒·勒那尔说，"品位就是对生活和美的敬畏"，听传敏的课，读他的文章，欣赏他的书法，甚至是与他寻常地闲聊，都能体会到这种品位。传敏若有"××考试指南"，或者是为职称而作敲门砖的著作付梓，我会吃惊，但出版不带功利、纯粹为了好玩，且是与学生一起玩的《给孩子们的电影阅读课》，我就觉如沐春风那样的自然，恰如我长久期待的一样。

　　当下在许多"唯分数是图"的老师和急功近利的家长看来，电影课应归入"无用"之类。但有远见、有宏观视域的老师和家长，从真正培养健全的孩子角度出发，会认为此"无用"实乃"大用"。尼古拉斯·卡尔的《浅薄，互联网如何毒害了我们的大脑》一书中说，现代媒体包括五花八门的短视频、各种互联网娱乐造成的碎片化阅读和肤浅的思想，正在摧毁我们的青少年。鱼龙混杂中即使邂逅经典，人们也草草浏览，没有耐心研读。教学有了速度和多样化，但没了深度和广度。媒体设备越来越发达，只是强化了参考性思维的突触和区域，却弱化了批判性思维的区域。因为侧重认知教育，一味追求智商，"将心比心""设身处地""己所不欲，勿施于人"等情感青少年相对缺失，传敏这样的教师所倡导的电影课堂，或是一味良药。电影的育人功能，有其独到之处，电影擅长情感感染，从社会心理学看，"情感感染"是人相互影响的最好方式。德国心理学家施莱伊·马赫曾说："所谓理解即理解者在心理上重新体验他人心理、精神的复制与重构过程。"就此而言，电影阅读课的意义不亚于其他许多学科教学。

中小学开设电影欣赏课，其实我们国家一直在提倡。2008年，教育部颁发《关于进一步开展中小学影视教育的通知》，对中小学生观看优秀影片有过要求。2015年，国务院办公厅发布《关于全面加强和改进学校美育工作的意见》，要求中小学开设美育课程，其中就包括影视教学和相关课程。2018年，教育部再次颁布《关于加强中小学影视教育的指导意见》，号召改变影视教育存在的问题，力争用三到五年时间，普及中小学影视教育，将其纳入课程计划，与学科教学有机融合，与校内外活动统筹考虑……

上级部门在提倡，下面学生对电影课也有较强的需求。根据南宁市教育局以民乐路小学为基地的"影视课程开发与实施"课题组对学生的调查，66.0%的学生认为影视课与音、体、美课程同等重要，79.8%的学生要求开设影视课。在"希望影视课中增设什么"的问题中，34.1%的学生回答要分享观后感，31.8%的学生要尝试拍摄和制作微电影，46.8%的学生想模仿和表演，28.9%的学生想进行影片续写和情节改编……

国家的政策、学生的渴望我们都知道，都说要积极践行，可惜的是，到目前为止，在这方面仍然是说得多、做得少，真正扎扎实实、持之以恒并且行之有效，像传敏这样系统性开展电影课的，更是凤毛麟角，也因而弥足珍贵。

关于电影课的意义，传敏的书中已有描述，此处不再赘述。读者们若想进一步了解，可以参看《传播学概论》，作者威尔伯·施拉姆是美国传播学的集大成者。他花三年时间，访问近六千个孩子和两千名家长，得出很多令人信服的数据和结论。他的研究概而言之就是，电影作为教育资源的价值，还远远没有得到体现和重视，电影对青少年心理发展、社会认知态度和社会行为的影响，也远超我们的想象。

把优秀影视资源引进课堂，在许多发达国家已颇具规模，成为现代教学和教科研的新常态。以法国为例，1988年，法国电影联合会协助教育部在中小学加入观影课程，体验"第七艺术"。同年法国设立"初中电影"项目，在七个省实施，约有一万多名中小学生参与。1994年法国教育部实施"小学与影院"项目，遍布三十个省，有一千余所小学参与……

关于电影课的题材选择、教学设计、实施及其评价，传敏的书中都有详尽的论述和具操作性的丰富案例。此处只就电影课的属性把握、如何发挥其最大效能、电影课中师生互动应注意的问题说些个人之见，这也是开设电影课容易忽视或者说跑偏的问题。

首先，中小学的电影课目的不在于娱乐休闲，也不单是宣传教育，或者是欣赏其中的台词编排、情节设计、人物刻画，而是培植语文、音乐、舞蹈的学科素养。当下学校教育，课程设置分门别类，学科知识互相割裂，但将来孩子们需要的却是整合、融通的全学科能力。电影课这样的课堂，能向孩子们展示一个表面上光怪陆离、背后逻辑自洽的世界，通过"陌生化"的艺术手法让人更清晰地看待复杂的现实生活。德国哲学家恩斯特·卡西尔在《人论：人类文化哲学导引》中说："人并非生活在单纯的物理宇宙中，而是生活在一个符号宇宙之中。语言、神话、艺术、宗教则是这个符号宇宙的各部分，它们是织成符号之网的不同丝线，是人类经验的交织之网。某种意义上说，人是不断使自己被包围在语言形式、艺术想象、神话符号以及宗教仪式之中，以致除非凭借这些人为媒介物的中介，他就不可能看见或认识任何东西。"卡西尔不是针对电影说这些的，但对于电影课，我们完全可以做一个参考。

其次，电影课的师生交流中必定会遇到诠释的问题——是非、对错、好坏等等。窃以为教师在引导或给予答案时，应该和普通教学有区别，要把握好度，有许多电影的诠释无法明确，甚至没有答案。根据诠释学理论，文艺的诠释既不是对作者意图的把握，也不是无边际地主观阐发，而是读者融入理解文本的过程，读者的"前理解"与文本的视界融合生发意义，才可能得出合理的解释。同样，电影课中的诠释既不能是主观的，也无法做到客观，它只是"此在"的理解，是当下师生与作者、编导的一种交互，经历一种参与、一种共同活动、一种即时生成的多元对话。借用德国哲学家加达默尔的话说就是，一部作品的意义，总是由解释者历史背景的整体决定的。理解不是复述，而是一种再创造的过程，作品的意义是由作者与读者共同分担的。

在这方面，传敏做得比较到位，他的一些课例，例如《读诗，"在光中看见光"》《包容世界，就是接纳自己》等，明眼人看得出，这是加达默尔理论在教学中的践行。传敏在书中说，这样的课是"二度解读文本"，和加达默尔的"二度创作"可谓殊途同归、异曲同工。在中小学课堂，能够合适地运用现代西方理论，并且将其进行中国化、课程化的演绎，实在不简单，值得我们学习。如《我们为什么要读唐诗——电影〈长安三万里〉赏析》的课例，选这个电影很有眼光，该作品本身就是一种历史的诗意叙事，是现代派的美学表达，和传统手法的讲故事、讲历史的作品是大异其趣的。

第三，电影课能使学生获得知识，扩大视野，锻炼表达能力，但我以为最能发挥作用的是情感教育与审美鉴赏。人有低级情感与高级情感之分，前者是生理和心理功能的反映，表现为"情绪"。高级情感则分为三种：理智情感、道德情感和审美情感。其中审美情感尤为难得，它的发生与表现是基于自然与人、对象与情感的映对呼应、同形同构，它是读者对作品是否符合其内在精神需求而产生的心理体验。审美情感经过理解与想象的共同作用，对生活情感进行加工组织，最终达到精神的升华。美国学者弗雷德里克·詹姆逊主张文艺欣赏应从审美开始，在终点与政治、社会相遇。传敏的许多课，教学目标就是面向审美、社会和生活，培植学生的审美素养和对生活的敏感。《一段水墨山水的精神之旅——电影〈山水情〉赏析》《我们究竟到哪里寻找诗意的栖居——电影〈小森林（夏秋篇）〉赏析》等也都典型地体现了这类追求。

当下中小学开设电影课的，大江南北不乏其例，我也欣赏过不少。但苛刻地说，真正能体现电影的根本属性，触摸到用艺术典型、变焦角度、场景调度、特写镜头、蒙太奇手法等，丰富与重塑人与外在世界的关系，将文化、审美和语文贯穿起来，教育上行之有效的，实际上少之又少。传敏这样的优秀教师，虽然已经做了许多探索，但仍有很长的路要走。特别是在电影技术层面上加以变调、赋能和二度创造，满足青少年的情感体验、精神愉悦和审美方面，还要再下工夫。

在三尺讲台执着于自己的教育梦，在火炉般的红尘撒一点清凉的白雪，即使招人误解，处境不易，但仍坚持一颗为师者的琉璃心。"终日寻春不见春，芒鞋踏破岭头云。归来笑拈梅花嗅，春在枝头已十分。"当下开设电影课，很可能"吃力不讨好"，因为无法立刻凸显效果，但在不远的将来，我们一定能看到这种坚持所带来的成果——就像诗中的春天，或茵梦湖的白莲，在远方发着绝美的光，等待着孩子们一次又一次的追逐与采摘。

（作者系杭州师范大学教授）

目 录

上辑　电影赏析

一段水墨山水的精神之旅
　　——电影《山水情》赏析 3
每个人的心里都住着一个汤姆·索亚
　　——电影《汤姆·索亚历险记》赏析 15
下里巴人也渴望知己
　　——电影《与玛格丽特的午后》赏析 27
来自 B612 星球的启示
　　——电影《七号房的礼物》赏析 41
故乡的守望
　　——电影《家在水草丰茂的地方》赏析 55
我们究竟到哪里寻找诗意的栖居
　　——电影《小森林（夏秋篇）》赏析 70
雪崩时，没有一片雪花是无辜的
　　——电影《穿条纹睡衣的男孩》赏析 84
勇敢地想，才有梦的力量
　　——电影《追梦赤子心》赏析 98

教育是什么
  ——电影《放牛班的春天》赏析 ················· 111
理解自己生活之外的世界
  ——电影《小鞋子》与《何以为家》赏析 ········· 124
宠与爱都是双向的给予
  ——电影《忠犬帕尔玛》赏析 ··················· 138
从前慢,当然不仅仅只有慢
  ——电影《剃头匠》赏析 ······················· 149
我们为什么要读唐诗
  ——电影《长安三万里》赏析 ··················· 160

下辑　电影赏析与整本书专题阅读

读诗,"在光中看见光" ································· 175
神话:遥远的记忆与当下的意义 ························· 212
包容世界,就是接纳自己 ······························· 230
世界与你我之间 ······································· 254
起点与终点:一段关乎一生的旅程 ······················· 274

后记 ··· 316

上辑　电影赏析

一段水墨山水的精神之旅

——电影《山水情》赏析

一

《山水情》是特伟、阎善春、马克宣导演,王树忱编剧,上海美术电影制片厂1988年出品的水墨动画电影。虽然这是一部只有19分钟的短片,但它却被誉为中国水墨动画片的绝唱,也成了中国动画彻底商业化之前的最后一部艺术精品。

秋风中,一位清瘦的老琴师瑟瑟地站在渡口等待过河。芦苇荡中,一个吹着口笛的少年撑着小船惊起凫群。或许是生病,抑或年迈体虚,上岸后颤颤巍巍的老琴师没走几步竟昏倒在荒村渡口。刚才撑船摆渡的渔家少年赶紧上岸搀扶起老人,并将他留在自己的茅舍里歇息。第二天,伴着阵阵鸟鸣醒来的老人发现自己竟躺在陌生的茅屋里,正当疑惑之时,窗外传来少年熟悉的口笛之声。打鱼归来的少年近窗突然听见屋内传来阵阵悠扬的琴音。老琴师低首抚琴,少年近倚倾听。清音轻奏,两人结为师徒。秋去春来,少年技艺大进,老琴师十分欣喜。慰藉之余,老琴师苦苦思虑如何使弟子的琴技更进一步。他看到雏鹰离开母鹰独自展翅翱翔的情景,豁然开朗。一日,老琴师携少年驾舟而去,经大川,波涛翻滚,湍流不息;登高山,云雾缭绕,松风阵阵。临别之时,老琴师将心爱的古琴赠送给少年,然后独自走向山巅白云之间。少年遥望消失在茫茫山野中恩师的身影,他盘坐在高山之上,手抚琴弦。悠扬的琴声在山间回响,少年的脑海中缓缓浮现往日的情景……

二

【欣赏了这部动画短片，你有什么想与大家分享的发现或感想？】

生：我觉得这部动画片蛮好玩的，人物的表情都比较生动、细腻，特别是严肃的老琴师偶尔露出满意的微笑，还有那个小孩子的天真、可爱都好像活的一样。

生：我已经记不清多久没看这样的非真人版的电影了。这也是我第一次看这样风格的动画片。

生：这部影片应该拍摄得比较早，和现在流行的动画片不大一样。

师：这是上海美术电影制片厂1988年出品的水墨动画电影。请你谈谈这部影片与当下你们看到的很多动画作品有什么不一样。

生：现在的动画人物要么比较卡通、可爱，要么比较搞笑、特别。

生：我想问什么是水墨动画电影？

师：水墨动画片可以称得上是中国动画的一大创举。它将传统的中国水墨画引入到动画制作中，那种虚虚实实的意境和轻灵优雅的画面使动画片的艺术格调有了重大的突破，被誉为世界动画电影的创举。水墨动画没有轮廓线，水墨在宣纸上自然渲染，浑然天成，一个个场景就是一幅幅出色的水墨画，所以极具中国特色与文化底蕴。

生：我想起来了，有一个暑假我也看过这样的水墨电影，电影名叫《小蝌蚪找妈妈》。

师：《小蝌蚪找妈妈》正是中国第一部水墨动画短片，而且这两部动画电影的导演都是特伟。《小蝌蚪找妈妈》是特伟1960年执导拍摄的，两部影片相隔近三十年。

生：这部影片的故事情节我看不大懂。

师：谁能大致说说这部影片的主要内容？

生：这部影片大致讲的是一个老先生应该是漂泊他乡吧，在一个岸边渡口昏倒了，那个撑船的少年就把他扶回家照顾，后来老先生为了报答这个少年的救命之恩，就收他为徒。

师：影片的结局呢？

生：这也是我看不大懂的地方。

生：我猜大概是老琴师回家了，就把自己心爱的古琴送给了少年。少年学会了古琴，目送老琴师远去，就坐在山上为他弹琴送别。

【再次欣赏影片，关注不理解的镜头语言，理解影片意象隐喻的含义与精神。】

师：的确，这部影片中很多情节，假如你没有细细品味，是很难读懂其中的意味的。请你们提出观看影片的过程中还有哪些情景不大明白、不大理解。

生：我不大明白这个老琴师为什么不回家，而是留在这个少年家里，一待就是一年。他后来为什么又要离开？

师：你怎么知道老琴师在少年家待了一年？

生：刚开始老琴师应该是在秋天晕倒在岸边的，因为他看起来好像有点冷。后来又看到他教少年学琴，几片红叶从空中飘落下来，说明是秋天。然后就是雪花飞舞，代表冬天。接着就是冰雪融化，小鸟歌唱，春笋长出来，就是春天。荷花开了，就是夏天。

生：我不大明白电影里两只老鹰在空中飞来飞去的情景。

生：那个少年最后为什么要坐在山上弹琴？

师：很好！我们一起来梳理小结一下大家的问题，基本都是围绕"老琴师""老鹰""少年"提出的。我们先来解读"老琴师"这个人物。你觉得影片中的老琴师所代表的是中国古代哪一类人物？

生：音乐家！我记得陈老师给我们讲过的中国古代音乐史，春秋战国礼崩乐坏，周王朝的这些音乐家都纷纷离开王宫，流散到各个诸侯国。这些音乐家的地位都很低，他们往往命运都很悲苦。

师：谈得好！由他的发言，你们想到杜甫的哪一首诗？诗歌的题目就直接点明了诗人的朋友流落江南。

生：我想到杜甫的诗歌《江南逢李龟年》。当时应该是安史之乱，原本在宫廷里生活的李龟年不得不离开长安，流落江南，靠卖艺为生。

生：我明白了，难怪影片中的老琴师会晕倒，会在少年家一住就是一年。那是因为这些音乐家都居无定所、漂泊四方，没有固定的收入，没有安稳的工作，所以才不得不在这里暂时停留。

师：假如我们暂不考虑老琴师的身份，他漂泊无依的身世还让你想到中国古代哪种身份的人？

生：诗人，就像杜甫，他其实也是四处漂泊，非常凄苦。

生：那些赶考或者离家的读书人也是，张籍的《秋思》、马致远的《天净沙·秋思》都是写这些读书人或诗人漂泊羁旅之苦的。

师：是啊，老琴师正是中国古代文人、音乐家的代表，他们凄苦的身世、清瘦的身躯以及清高的精神都一一浓缩于这样一部短片之中，化身为老琴师，演绎成抑扬顿挫的琴音。

师：我们再来探讨影片中老鹰的隐喻之意。影片中老琴师若有所思地看着天空中的两只老鹰，影片最后老琴师离开后，天空中再次出现老鹰，不过是一只。把两次老鹰的意象与老琴师、少年对应起来，你们发现了什么？

生：哦，我明白了，刚开始的两只苍鹰，一只是老鹰，一只是小鹰，老鹰教小鹰学飞，就比喻老琴师教少年学琴。最后老琴师走了，只剩下少年一个人，就像是天空中那只飞翔的长大的小鹰独自面对生活。

生：我觉得老鹰搏击长空，激荡风浪，凌空翱翔，也象征着老琴师的技艺高超，以及后来少年在老琴师的教导之下所达到的高度。我觉得少年就是雏鹰，最终那只翱翔的老鹰就是少年的化身。

生：我也明白了老鹰的比喻意义。一个人最终总要学会独自领悟老师所教的知识与技艺。"师傅领进门，修行看个人"，这就像是雏鹰学飞翔，最终能否翱翔高空还要靠雏鹰自己的努力练习。

师：老琴师教少年学琴象征着中国传统技艺的传承。这种师承关系一直以来都是中国传统文化艺术最为重要的传播、发扬、继承的方式。老鹰的意象，正是这种师道传承的隐喻。不过，这里请你们回顾影片，在老琴师看着空中两只老鹰的情景之后，他和少年开始游山玩水，跋山涉水，让你想到了什么？

生：是不是"高山流水"！

生：老琴师是不是想要借助这些游历，让少年领悟音乐的真谛？

生：老琴师这是在教少年如何理解真正的古琴音乐。

师：这里的场景的确隐喻着中国古代一个经典的音乐传承的故事。故事的主人公就是你们所熟知的伯牙。

（PPT呈现伯牙与成连的故事：成连善鼓琴，伯牙从之学，三年而成，然犹未能精妙也。成连曰："吾师方子春在海中，能移人情。"乃偕至蓬莱山，曰："吾将迎吾师。"乘船而去，旬日不返。伯牙但闻海水汩没崩澌之声，山林杳寂，群鸟悲号，怆然叹曰："先生将移我情。"乃援琴而歌之。曲终，成连乘船还。伯牙遂为天下妙手。此曲即名《水仙操》。）

师：《山水情》哪些场景是对成连教诲伯牙这个故事的借鉴与传承？

生：我觉得这部动画片中老琴师教育少年登山的场景就像是成连让伯牙坐在大海边倾听波浪声、松风声和群鸟悲鸣声一样。

生：我觉得《山水情》中老琴师看到两只老鹰后，让少年撑着小舟载着自己行进在波浪很急的江河中，其实也是像成连那样启发少年要用心感受大自然，这样才能真正感受音乐。

7

师：《文心雕龙·神思》中说："登山则情满于山，观海则意溢于海。"意思是说，站在山顶，情感就好像弥满了山；在海边看海，想象就如海水般澎湃。中国传统美学精神所传递的正是人与自然的精神相通，自然因为人的情感投入才显得可爱、可亲、可近、可居、可栖息、可神游，山水就成了人的心灵归所。一个艺术家只有读万卷书，行万里路，才能真正创作出感天动地的作品，才能真正演绎出感人肺腑的情感。

生：这部影片中先是江河，然后是高山，怎么让我突然想到高山流水的故事。

师：的确如此，美好的故事背后，其实是美好的情怀追求、高洁精神的寄托。你们从这个故事中读到了哪些美好的情怀与精神呢？

生：我首先看到了善良的人性之美。那个少年如果没有去救助老琴师，或许他就是一个普通的打鱼少年，每天撑船摆渡，捕鱼捉虾，闲暇的时候吹吹口笛，就这样聊以度日。是因为他善良，才会让老琴师收他为徒，从而改变了自己的一生。

生：我看到的是一种师道传承的美好关系。就像我们刚才所讨论的那样，我觉得传统的老师与学生的关系不像我们现在这样，可能是他们那时候学生也少，不像我们现在一个班级一个班级的。传统的老师与学生之间就像父子一样，彼此信任。

生：我看到的是一种说不出来的感觉，那种感觉就像中国画那样充满意境，唯美。

生：我注意到影片中的一个镜头，那就是少年房子的周围都是竹子，少年在练琴的时候，夜晚一轮圆月下是一丛丛的墨竹。竹子嘛，郑板桥说："咬定青山不放松，立根原在破岩中。千磨万击还坚劲，任尔东西南北风。"竹子代表的是一种坚贞不屈的品格，它和梅花一样不怕严寒。它应该象征着老琴师，就是刚才老师讲的中国传统文人的一种品格。

生：我觉得导演是在传承一种中国的文化和品格，这部影片应该是想让观众深深地记住自己民族的文化符号。

生：我觉得这个故事其实也包含了"知音"的典故，虽然老琴师和少年是师徒的关系，但是对于漂泊无依的老琴师而言，能将自己毕生的绝学传给少年，其实是很欣慰的，所以他才会绞尽脑汁地想如何提升少年的音乐修养。所以，我觉得少年既是老琴师的徒弟，也是他的知音。或许这个故事也在告诉我们中国文人其实是很想得到自己的知音的。

生：我怎么觉得影片最后好像老琴师不是离开少年，而是像神仙一样消失在云海间。

师：其实，影片的结局包含了中国传统文士的"隐居"思想，就像贾岛诗中所言，"只在此山中，云深不知处"。老琴师归隐于山水间，也是传统文士的一种精神寄托与心灵向往。这是自上古时期许由、巢父开始的一种精神文化。不论盛世乱世，不论春秋战国还是魏晋南北朝，每一个读书人心中都有"入世"与"出世"的追求、纠结、权衡、取舍。

你们谈得都很有道理，这个故事所引发的联想之所以如此丰富，正是因为中国文化的丰富内涵。

【你怎么理解这部电影的名字？学生畅所欲言后作如下分享。】

山水在现实的物质世界，是实实在在的"存在"。每一个生灵都享用着山的福泽与水的恩予。人类正是在山的厚爱与水的哺育下成为万物之灵的。山与水也在中国文化的传承中慢慢沉淀为一种特定的精神象征与文化符号。山伟岸，水浩渺；山崇高，水深邃；山稳重，水变化；山厚实，水空灵；山安定，水自由。山层层叠叠，不断翻越，依旧是满目青山；水潮起潮落，瞬息万变，终归是起落有恒。

山和水，代表的是中国的两种哲学思想。山代表儒家、仁者，水代表道家、智者。《论语·雍也篇》："子曰：'知者乐水，仁者乐山。知者动，仁者静。知者乐，仁者寿。'"对这段文字的理解因为断句的不同，有两种不同的解释。其一，孔子说："智慧的人喜爱水，仁义的人喜爱山。智慧的人懂得变通，仁义的人心境平和。智慧的人快乐，仁义的人长寿。"其二，"智者乐，水"——智者之乐，就像流水一样，阅尽世间万物，悠然、淡泊。"仁者乐，山"——仁者之乐,就像大山一样,岿然矗立,崇高、安宁。儒家追求入世,这是对社会责任的担当;道家追求出世,这是对生命自由的向往。当然,入世与出世也并非绝对的对立,在时间的长流中,慢慢地成为中国文人的一种集体心理。孔子自己也曾说过:"道不行,乘桴浮于海,从我者其由与?"虽然,这句话的本意是赞扬仲由(字子路)的勇敢以及对老师的忠诚,但也透露了儒者面对入世的阻碍所生的退隐之意。

  仁者爱人,这是山的厚德;上善若水,这是水的悲悯。老子《道德经》第八章:"上善若水。水善利万物而不争,处众人之所恶,故几于道。居善地,心善渊,与善仁,言善信,政善治,事善能,动善时。夫唯不争,故无尤。"老子所说的水的德行与无争,何尝不是对儒家戚戚汲汲心理的一种调剂与和解呢!无为,而非无所谓;无为,亦非全不为。"达则兼济天下,穷则独善其身",自孟子开出这副汤药,一千多年后经范仲淹之口,又提升为另一种精神境界——"居庙堂之高则忧其民,处江湖之远则忧其君"。儒道相融,就像山因水而得灵,水因山而赋形。山和水,早已成为中华文化的精神主体。

  当然,山与水还折射出哲学的另一种思考,那就是关于变与不变的叩问。苏轼泛舟游于赤壁,安慰朋友亦是抚慰自己,喟叹道:"盖将自其变者而观之,则天地曾不能以一瞬;自其不变者而观之,则物与我皆无尽也。"逝者如斯,不舍昼夜。大化如流,在瞬息万变之中,总有永恒不变的"道"——那便是"情"!天道人情,便是人世间所演化出的种种故事背后的不变之道!

  山和水,还蕴含中国禅宗思想。宋代禅宗大师青原行思提出参禅的三重境界:"参禅之初,看山是山,看水是水;禅有悟时,看山不是山,看水不是水;禅中彻悟,看山仍然是山,看水仍然是水。"参禅参的正是天地之道、山水之情。庄子在庖丁解牛的故事中,也诠释了人生追求的三重境界——"始臣之解牛之时,所见无非牛者。三年之后,未尝见全牛也。方今之时,臣以神遇而不以目视,官知止而神欲行"。起初所见全牛,三年后目无全牛,再进而以神现牛而非以眼见牛,所诠释的正是技进乎道的三重境界。

  其实,不论是庄子的道家思想,变与不变的儒家之辩,还是禅宗的山水隐喻，早已在时间的长流中融合为中国哲学思想之精髓。悬空寺，是北岳恒山的名胜奇观。寺内有一座"三教殿"，位于北楼的最高层，殿内供奉着佛教的释迦牟尼、道教的老子、儒家的孔子。三教始祖同堂供奉，耐人寻味。

【为什么这部影片成为了中国水墨动画的经典之作？】

师：我们来看看影片制作者的介绍吧！

影片导演特伟，1915年出生于上海，原名盛松，2010年病逝。1960年，执导中国第一部水墨动画短片《小蝌蚪找妈妈》，该片获得第一届大众电影百花奖最佳美术奖。1963年，与钱家骏联合执导水墨动画短片《牧笛》，该片获得丹麦顾登塞国际童话电影节金质奖。1985年，与严定宪、林文肖联合执导动画电影《金猴降妖》，影片获得中国电影金鸡奖最佳美术片奖。1988年，执导动画短片《山水情》，该片获得第一届上海国际动画电影节美术片大奖。1989年，特伟获得第一届中国电影节荣誉奖。1995年，国际动画协会（ASIFA）授予特伟终身成就奖，他也成为首个获此奖项的中国人。

影片绘画吴山明，曾任中国美术学院学术委员会委员，中国画系教授、博士生导师，中国美术家协会理事，西泠书画院院长。其笔下的"人物形象化入了氤氲的自然，神韵生动。其意象、境界和笔墨之美，显现出特有的艺术魅力，在当代画坛上独树一帜"。

影片作曲金复载，中国电影音乐协会副会长，从1978年开始应聘于上海音乐学院成为客席教师。长期从事电影音乐及电视音乐的创作，特别是在美术片音乐创作上，他针对儿童对音乐的接受程度以及民族音乐的普及，创作了许多通俗动听、富于民族特色的优秀曲子，如在《三个和尚》中，采用了佛教音乐；在《哪吒闹海》中，采用了古典旋律音调；而在《雪孩子》中，又采用了流行音调。

影片古琴演奏龚一，著名古琴演奏家、古琴教育家，第二批国家级非物质文化遗产项目古琴艺术代表性传承人，曾任上海民族乐团团长、"今虞"琴社社长。其演奏潇洒超脱，卓然成派。

师：看了影片幕后导演、艺术家的介绍，你有什么感想，又有怎样的疑问？

生：我感到很震撼，这些导演、画家、音乐家，一个个都太厉害了，怪不得这部影片能成为经典中的经典。

生：我第一次看这部影片是在刷手机的时候，一开始只是好奇，后来看了一遍不大懂，今天在课堂上慢慢理解了这部影片，我想正是这些厉害的角色才拍出了这么富有深厚内涵的动画片。

生：古琴是中国文化的代表，我觉得用古琴特别能烘托出这个影片的那种文化意味。虽然我听不大懂，但还是觉得蛮好听的。原来作曲家和演奏者都是鼎鼎大名的音乐家。

生：刚才看了这些大咖的介绍，发现《三个和尚》《哪吒闹海》《雪孩子》，还有今天我们看的《山水情》，居然都是同一个音乐家作曲的。我觉得金复载太厉害了。

生：我突然想到一个词，就是"中国风"。导演特伟拍摄的动画片和金复载作曲的这些动画片都特别"中国风"。

师：导演特伟和作曲家金复载都曾任职于上海美术电影制片厂，《山水情》正是他们合作的经典之一。上海美术电影制片厂为新中国拍摄了许多经典动画片，赢得了世界广泛的赞誉。其中《山水情》更是获奖无数，1988年获第一届上海国际动画电影节美术片大奖，1989年获第九届中国电影金鸡奖最佳美术片奖，1989年获第一届莫斯科国际青少年电影节勇与美奖，1989年获第六届保加利亚瓦尔纳国际动画电影节优秀影片奖，1990年获第十四届加拿大蒙特利尔国际电影节最佳短片奖等。这些极富中国文化元素的水墨动画影片，凝聚了这些艺术家无数的心血与智慧。正是他们齐心协力、群策群力的卓绝贡献，才成就了中国动画电影的辉煌。但《山水情》也成了中国水墨动画片的绝唱，是中国动画片彻底商业化之前的最后一部艺术精品。

【为什么《山水情》被誉为中国水墨动画片的绝唱？】

师：看了影片的介绍，你们有什么疑问？

生：为什么《山水情》被誉为中国水墨动画片的绝唱？难道之后就没有

水墨动画电影了吗？

师：拍摄于1961年的《小蝌蚪找妈妈》是上海美术电影制片厂制作的中国第一部水墨动画片。整部动画片透着水墨画晕染的美感，充满着中国画独有的气韵。这种动画的制作方法曾经是国家机密，曾被日本动画界称之为"奇迹"。至今，中国只有四部真正意义的水墨电影，分别为刚才提到的《小蝌蚪找妈妈》，今天我们欣赏的1988年出品的《山水情》，另外两部是1963年出品的《牧笛》以及1982年根据民间故事改编的水墨动画片《鹿铃》。这四部动画电影一经问世就赢得热烈的赞扬，获奖无数。好作品的诞生正缘于无数艺术家卓绝的才华与无私的奉献，但依然存在技术要求苛刻与制作成本高等问题。据传，《小蝌蚪找妈妈》片中的动物取材于画家齐白石创作的鱼虾形象，工作人员为这部动画画了几万张原画。此片成功之后，上海美术电影制片厂1961年开始筹备拍摄《牧笛》，历时两年才制作完成。同《小蝌蚪找妈妈》一样，这部动画片的制作团队依然是大师云集。背景设计是来自西安的国画大家方济众，大师李可染也曾借出几幅牧牛图挂在摄制组的墙上，供制作人员学习、参考。如果放到现在，这样的制作成本简直是不可想象的。

生：为什么电影中没有人物的对话？

师：无声的故事传递出的正是《山水情》所营造的诗画意境，蕴含的正是中国哲学无言静对的境界。但这也给影片的大众推广与观赏的普及带来了局限，阳春白雪的中国诗画艺术，一直以来都是文人雅士的精神追求，这种近乎"象牙塔"的文艺雅玩，往往使普通百姓产生一种隔阂感与距离感，这也正是中国水墨动画不能更好讲述普通百姓喜闻乐见的故事的原因之一。中国传统文化的局限性对动画电影制作带来的影响，还在于儿童本位思想的缺席。自儒家思想成为皇权统治百姓的核心思想，中国思想界对儿童的定义都是"未成人""等待教育、驯化的童子"，缺少对儿童的尊重与体认，才导致儿童游戏精神的缺席，这也正是中国传统文化与儿童心理隔阂的深层原因。

当然，除了上述中国文化的内在缘由，外来文化的影响也是阻碍中国水墨动画电影发展的一个原因。随着改革开放的深化，中国经济水平的提升，电视进入了普通家庭，越来越多的日本动漫与西方动画传入中国；而随着国家对经济政策的调整，原本以举国之力办事的政策逐步放开为自负盈亏的市场经济模式。《山水情》拍摄完成两年之后，国家电影局停止了对上海美术电影制片厂的资助，美影厂开始自负盈亏，于是大批精英员工去了广州、深圳发展。同时，艺术价值同商业价值的脱离，也使得水墨动画电影面临着无以为继的尴尬局面。这也正是《山水情》之所以成为中国水墨动画电影之绝唱的直接原因。

三

怎样重新开发、运用中国文化元素，利用现代的电脑技术，讲好儿童喜欢的故事，应该是一条值得思考与探求的重塑民族文化自信的复兴之路。怎样才能重塑民族的文化自信？我们必须要追本求源，知道我们的文化发端，从而知道今天我们的民族心理从何而来。同时我们又要立足当下，思考我们究竟要到哪里去，从而探求我们的文化继承与创新，从而知道今天我们的责任担当与文化朝向。同时，如何让新时代的中国儿童重拾对中国文化的体认与兴趣，从而培养未来中国少年的民族审美品格，也是每一个教育工作者需要深思的问题。这也正是我们赏析《山水情》的意义所在。

每个人的心里都住着一个汤姆·索亚

——电影《汤姆·索亚历险记》赏析

一

《汤姆·索亚历险记》是美国小说家马克·吐温1876年发表的长篇小说。小说取材于作者儿时在故乡——汉尼拔小镇上的所见所闻、亲身经历的人和事，真切地反映了儿童充满童趣和冒险的生活。不论生活在哪一个时代、地区的孩子们，或许都能在书中的人物身上找到与自己相似的地方，大人们也能在书中拾到些自己童年时的味道。

小说的主人公汤姆·索亚是一个聪明但调皮、喜欢冒险的男孩。他父母双亡，住在严厉但也十分疼爱他的波莉姨妈家里。他活泼好动，还有着许多精灵鬼点子，而且不爱学习，总喜欢逃学去钓鱼，和流浪儿哈克贝利·费恩去闲逛，去当"海盗"，搜集各种奇怪的物品……

和汤姆·索亚一起来到姨妈家的还有他的同父异母的弟弟席德，一个循规蹈矩、成绩优异的"模范"儿童，但喜欢向波莉姨妈告汤姆的状，经常和汤姆作对。波莉姨妈还有一个乖巧懂事、比汤姆略大的女儿玛丽。

汤姆在圣彼得斯堡镇上有一个死党，那就是被小镇居民公认为"野孩子"的哈克贝利，他的父亲因为酗酒常年不知所踪，哈克贝利就成了一个自生自灭的流浪儿。"他经常穿着大人丢掉不要的破衣烂衫，全身一年四季都在开花，衣服上绽开的破布条随着他的蹦蹦跳跳而飘舞。他头上戴着一个很大的破帽子，一块弯月亮样的帽边搭拉下来遮住了半边脸，肥大的上衣几乎拖到脚跟，裤子只一根背带挎在肩上，另一根背带不知哪里去了，裤裆像个大口袋吊在两腿之间，一只裤脚卷着，还有一只毛了边的裤脚拖到地上，走一步带起一阵灰尘。"后因救了道格拉斯寡妇一命而被其收养。

汤姆还有一个志同道合的朋友——乔埃·哈波，一个同样淘气顽皮的大男孩，因为被母亲冤枉偷喝一碗奶酪，还被其揍了一顿，和汤姆一拍即合决定到距离圣彼得斯堡镇三英里远的、密西西比河上的杰克逊小岛当"海盗"。

汤姆还喜欢过两个女孩，第一个女孩叫艾美·劳伦斯。她在贝琪·萨切尔出现之前可是汤姆心心念念的公主。"这女孩长得可真漂亮，一双可爱的蓝眼睛上闪动着长长的睫毛，一对金黄色头发编成的长辫子在身后晃荡，白色的衬衫扎在宽松的绣花长裤里，显得格外整洁动人。我们刚刚在战场上获得大胜的大将军汤姆心想，像这样的美人，一定属于我这样的英雄。"贝琪是小镇新来的法官的女儿，一个漂亮但有点傲娇的女孩。一双蓝眼睛漂亮迷人，一头金发编成两条长长的辫子，上穿白色衬衫，下穿绣花灯笼裤，这个高贵的公主让我们的主人公第一眼看到便爱上了她。

小说以汤姆被姨妈追打逃脱开始，紧接着便是逃学游泳后回家说谎被弟弟席德揭穿，然后就是和一个穿着讲究的新来的男孩打架。一个顽童形象便跃然纸上。一系列的错误迎来的惩罚便是周六得老实地待在家里做苦工——刷一道长三十码、高九英尺的围墙。"诡计多端"的汤姆摆出非常享受的样子，成功地吸引来一群伙伴轮流用自己的玩具或别的物件来换取刷墙这项"有意思的苦力活"。汤姆总是有办法在他的一群伙伴中显示出自己的高明来。一个星期天，当小镇的法官莅临"主日学校"视察时，汤姆竟然当着急于表现自己的校长的面，拿出用小玩意换来的九张黄条、九张红条、十张蓝条，从而光明正大地拿到了其他孩子必须要花费无数精力才能得到的一本《圣经》。可当他被法官提问，要他回答耶稣最初选定的两个门徒是谁时，他只得尴尬地当众出丑。

一天深夜，他与好朋友哈克贝利到墓地玩耍，无意中目睹了一起凶杀案的发生。两人因害怕凶手印江·乔埃，发誓谁都不说出真相。而备受良心折磨的汤姆夜里常常说梦话，白天一有空就偷偷地从一扇装着铁栅栏的小窗户给地牢里的被冤枉的"凶手"——莫夫·波特送去一些安慰自己良心的东西。而心爱的女孩贝琪对汤姆的不理不睬，更加重了他内心的忧郁与绝望。于是汤姆、哈克贝利带着另一个小伙伴乔埃·哈波——那个因为被误解偷吃奶酪的男孩，一起偷走一艘小船逃到一座荒岛上做起了"海盗"，家里人以及小镇的居民在搜寻无果后都以为他们被河水淹死了。思家心切的汤姆偷偷溜回家听到姨妈、玛丽以及乔埃·哈波母亲伤心的谈话，竟然酝酿了一个"惊喜"的闹剧——几天后，当小镇的居民在教堂默默地为他们举行葬礼时，他们却出现在了自己的葬礼上。

经过这场闹剧后，汤姆始终经受着良心的不安与恐惧，因为谋杀案要开庭审理了。目睹真相的汤姆一方面知道谋杀鲁滨孙医生的真凶并非和印江·乔埃一同盗墓的醉汉莫夫·波特，一方面又害怕真凶——心狠手辣的印第安人印江·乔埃。经过激烈的思想斗争，汤姆终于勇敢地站了出来，在法庭上指证了凶手。莫夫·波特获救了，汤姆成了小镇的英雄。可白天风光换来的却是漫漫长夜的担心——担心歹徒深夜报复。当时间慢慢冲淡了内心的恐惧之后，汤姆便又重新焕发了顽童的本性，他决定与哈克贝利一起去寻找宝藏。一个周六的正午，挖掘宝藏屡屡受挫之后他俩将希望寄托在之前根本不敢靠近的位于山谷中间的"鬼屋"。可是冤家路窄，竟在鬼屋的阁楼上看见印江·乔埃和他的同伙。比差一点让这个歹徒发现更加令人沮丧的是，印江·乔埃竟然真的在鬼屋里挖到了藏着的宝藏——一箱子的金币。之后汤姆和哈克贝利分工跟踪印江·乔埃，以便发现巨额财宝所藏之地。

就当汤姆暂时放下对宝藏的觊觎，参加心仪女孩贝琪组织的野餐活动的那个夜晚，印江·乔埃潜入道格拉斯寡妇的住宅想要一报当年她丈夫对他的责罚之仇。勇敢的哈克贝利趁着夜色跑到威尔斯老人家里报信，从而救下了道格拉斯寡妇。而另一头汤姆则与贝琪在一个岩洞里迷了路，整整三天三夜饥寒交迫，面临着死亡的威胁。后来终于成功脱险，并和好友哈克贝利一起找到了凶手埋藏的宝藏。

二

改编自同名经典著作的电影《汤姆·索亚历险记》，由赫敏·亨特格博斯执导，路易斯·霍夫曼、莱昂·塞德尔等参加演出，于2011年11月17日在德国上映。

通过原著与电影的对比，更深入地关注经典著作的文学价值，从而引领孩子们再一次深入原著，是一次蛮有意思的尝试。同时，站在电影的视角，和孩子们一起试着思考如何"翻拍"名著，也是一次"翻转"名著价值的探索。

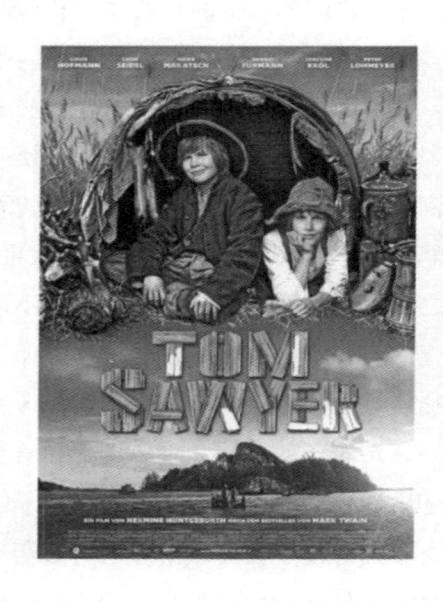

【你怎么看待汤姆·索亚这个小说人物？结合小说具体情节来交流。】

不论是从家长的角度，还是教育者的角度，汤姆都不是一个好孩子。他顽劣，爱撒谎；他淘气，打架逃学是家常便饭；他心性不定，不爱读书，在任何一个时代都很难成就一番所谓的大事；他还早恋，善变，先是喜欢艾美·劳伦斯，可一见到贝琪·萨切尔，便立即移情别恋了；他浮夸，爱吹牛，一段离家出走当"海盗"的荒唐经历就可以添油加醋地吹上许久。

奇怪的是，这样的孩子特别有"人缘"——当然，你也可以说他们是物以类聚，臭味相投。但偏偏像贝琪这样的大家闺秀就特别喜欢他，连她的父亲——小镇上的大人物，也同样表现出对汤姆的好感。这是为什么？汤姆这个人物身上到底有怎样与众不同的魅力呢？首先，汤姆是一个重感情的人。对他的姨妈，对他的朋友，对他喜欢的女生，他都充满着饱和度、精纯度极高的真挚情感，如因为思念姨妈深夜潜回家探望，甘愿替贝琪接受老师严厉的惩罚。其次，汤姆是一个有良知的人。他会为一个和自己毫不相干的醉汉被误判为杀人犯即将接受死刑而深感不安，最后冲破对印江·乔埃的恐惧当庭作证。当然，汤姆的"鬼机灵"也是这个人物之所以能在形象上加分的原因。山洞冒险，最终找到出口，便是其机灵的最佳表现。

【为什么汤姆·索亚能成为文学史上的经典人物形象？】

真实、鲜活、饱满、丰富，是这个人物塑造之所以成功的原因。我们不仅能看到一百多年前美国小镇真实的生活样貌，以及那个时代孩子身上的鲜明特质；而且能跨越时代的限制，透过孩子的天性，重回童年，看到自己的影子。因为，汤姆身上的这些缺点和优点其实都是人的天性，也正因如此，所以不论成人还是小孩、不论乖巧还是顽皮，似乎每个男孩心里都住着一个汤姆·索亚。顽皮的孩子在汤姆身上看到了自己，惺惺相惜，同类认同，熟悉的桥段，英雄的壮举，大胆的冒险，那是和汤姆一同闯荡的"精神盛宴"与"心灵狂欢"。乖巧的孩子心底里其实也渴望冲破现实的条条框框，勇敢地活出自己原本想要的样子。现实的缺失，使他们只能在阅读中寻找另一种"刺激的满足"与"失衡的慰藉"。正如马克·吐温在原序中所说："写这本小说，我主要是为了娱乐孩子们，但我希望大人们不要因为这是本小孩看的书就将它束之高阁。"因为阅读这本小说能让"成年人从中想起当年的他们自己，那时的情感、思想、言谈以及一些令人不可思议的作法"。

三

【观看影片，然后对比研讨电影与原著的不同。】

生：电影的开场和原著的第一章不同。原著的第一章是从汤姆被姨妈追骂开始的，电影则是从汤姆和哈克贝利在码头追逐嬉闹开始的。

师：你关注到了电影开场与原著的不同。请你们顺着这个思路想一想，为什么电影要这样开场？原著这样开始又有什么用意？

生：原著好像更能让读者一下子看到汤姆的调皮。

生：电影则是汤姆与他的好朋友一起出场，交代了故事的主要人物。

师：电影开场除了直接引出主要人物，你们还看到了什么？

生：哦，我明白了，电影一开始就勾勒出圣彼得斯堡小镇的风貌，码头的繁忙，来来往往的各色人等，河流上的轮船、蒸汽船，各色的建筑等等。

生：电影一开始就出现了印江·乔埃与他的同伙在船上行凶盗取货物的情景。

师：对照原著快速浏览，印江·乔埃这个反面人物最早是在哪一章出现的？

生：原著中，印江·乔埃是在第八章《目睹墓地凶杀案》中才出现的。

师：请你们对比原著思考，为什么电影一开场就出现这么多主要人物呢？这样拍摄的用意是什么？

（学生充分讨论后，分享原著与影片叙事线索的不同）

师：小说以汤姆的行动为线索，这样的好处在于全景式地介绍以汤姆为中心的小镇生活。但电影为了避免叙事松散，主要以"凶杀案发生始末"为线索安排汤姆的活动轨迹。这样的叙事逻辑，一方面将主要人物的行为动机始终联系在一起，利于观众在短短一百多分钟的时间里理解电影讲述的故事；同时删去许多原著的情节，也节约了电影的拍摄成本，使得影片的时长控制在常规的两小时以内。所以，电影一开场就抓住了汤姆、哈克贝利与印江·

乔埃这对主要矛盾展开剧情，同时把联系这对矛盾关系的纽带式的人物、谋杀案的替罪羊——酒鬼莫夫·波特也一并提前叙述。电影中，汤姆和哈克贝利在船上看到印江·乔埃偷东西后逃回哈克贝利的"流浪窝"，可还没等故事往下讲述，汤姆便匆匆离去——做"生意"去了。汤姆一手拿着从两个伙伴那儿得来的红条，带着他俩去捉弄酒鬼莫夫·波特。整部电影的叙事线索就此展开。

【交流电影中哪些重要情节遵循了原著，又有哪些与原著不同。】

生：电影把原著最有意思的一些情节都保留了，比如汤姆用各种杂碎的玩意或把戏从伙伴那儿弄来红条、蓝条、黄条，以此来换《圣经》的场景；最有意思的是骗其他伙伴刷墙的情景，和原著基本一样，只不过刷墙在电影里变成了刷栅栏。

师：对比原著第二章《光荣的粉刷匠》与电影中的这个场景，还有什么不同？

生：电影直接拍摄汤姆刷栅栏遇见第一个被骗的男孩贝恩·罗杰斯，但原著用较长的语言描写了汤姆因为周六被罚刷墙的沮丧心理，同时对贝恩·罗杰斯也用了很长的一页描写他边吃苹果边扮演"大密苏里号"轮船的情景。

师：你更喜欢原著还是电影对这个场景的表现？

生：我觉得电影拍得挺好的，虽然省去了一些场景，但从汤姆的表演者神气活现的表情中还是很能看出他的得意以及其他孩子的傻来。

生：读原著后再看电影这个片段，就没有第一次读原著时觉得那么好玩、新鲜，这个汤姆实在太狡猾了。明明是骗人，竟然还能装得如此有道理！

生：我觉得电影在这个场景中加入的音乐特别妥帖，这段音乐很俏皮，刚好衬托出汤姆狡黠的个性来。

师：的确，文学文本更擅于刻画人物细腻的心理，但电影则善于通过画面与音效带动观众的直观体验。

生："墓地探险"这个章节内容和电影里的也基本相同，从拿着死猫到墓地里探险治疗汤姆脚上的什么疣，然后目睹凶杀案的发生，然后拼命逃跑并害怕地发誓都基本和原著一样。

生：贝琪和汤姆见面的情节和原著不一样。原著是在第三章《小天使降临人间》中，汤姆在杰夫·萨契尔的花园里第一次看见这个美丽的姑娘，然后在第六章汤姆因为与哈克贝利聊天迟到而被老师责罚与女生坐在一起，而这个女生就是汤姆心心念念的姑娘——贝琪。但电影是在开头，汤姆和两个伙伴捉弄完酒鬼来到游乐场，然后看见贝琪拉着他父亲的手经过。

生：我注意到原著中汤姆为了宽慰自己良心的不安，白天一有空就去探望莫夫·波特，只是一句带过，但电影中探望这个场景是汤姆和哈克贝利一起去的，而且还冒险去偷酒，被印江·乔埃发现。

师：电影中加入这个情节，而且后面还加入印江·乔埃与波莉姨妈在桥上相遇，印江·乔埃帮波莉姨妈推车，波莉姨妈则给了印江·乔埃一罐什么果酱，后来印江·乔埃为了证实汤姆发现自己是真凶的猜测到波莉姨妈家吃晚饭等情节。加入这些情节有何用意？

生：使得电影情节始终围绕汤姆与印江·乔埃这对死对头展开叙述。

师：再想一想电影的结局部分即山洞遇险与原著有何不同，这样处理又有何用意？

生：我现在明白了，电影中汤姆和贝琪在山洞中遇见了印江·乔埃，而且还展开了激烈的打斗，最终汤姆靠着勇敢和机智用刀割断绳子，印江·乔埃摔晕过去才得以脱险。这样的情节设计都是为了让故事更加惊险，同时让故事人物更加"聚焦"。但是我还是觉得这样的设计过了点，有点不符合原著，也不大符合常理。要知道印江·乔埃可是一个杀人不眨眼而且身经百战的歹徒，怎么可能被汤姆一个小孩就给打败了。

生：电影中汤姆和哈克贝利害怕遭到凶手的报复，决定踏上逃亡的旅途，他们来到了一座荒岛上，在此开始了惬意的生活。原著中则是因为汤姆感受不到家人的爱，所以才想逃离到荒岛当"海盗"。我觉得电影这么改编，正是想让故事始终出现汤姆、哈克贝利、印江·乔埃几个人物。

师：电影更加关注汤姆的"历险"，电影开场即呈现汤姆目睹印江·乔埃在码头仓库行凶抢劫，然后墓地再遇印江·乔埃杀人陷害醉鬼莫夫·波特，并详细设计了汤姆当夜梦见印江·乔埃来找他的桥段，接着新增印江·乔埃到波莉姨妈家试探威胁汤姆的情节，而不堪忍受良心折磨的汤姆勇敢地在法庭上指证印江·乔埃，为此夜夜担惊受怕，最后在山洞遇险再次碰见印江·乔埃并与之展开生死搏斗。可以说，整部电影从始至终都围绕着"历险"展开。而原著则更全面地展现了汤姆的成长历程，从开篇的顽童，到法庭上的勇敢男孩，到最后山洞遇险沉着冷静的男子汉，可以说随着故事的展开，他的形象不断丰满，他的心理也不断成长。

【交流电影中哪些人物的设计与原著不同。】

生：电影删去了波莉姨妈的女儿玛丽这一人物。

生：和玛丽一样被删去的角色还有汤姆的好兄弟——那个一起逃到荒岛上当"海盗"的乔埃·哈波。

生：电影中删去的人物还有杜平老师，原著中贝琪因好奇偷看而不小心撕破的正是杜平老师为了考取医生资格证而秘密放在抽屉里的生物书——上面有各种人体的彩色插图。但电影中，这个人物被置换成了校长华尔特先生。

生：电影中的贝琪似乎比原著要好一些，我读原著的时候总觉得贝琪太骄傲，不是很喜欢，但电影中的贝琪被塑造得特别有修养、有思想的样子。

师：原著中汤姆与贝琪还闹了蛮久的别扭，并用了不少的文字表现他们之间的互相试探、较真的心理，并以贝琪与家人离开小镇外出度假而暂告一个段落，然后贝琪回到小镇，汤姆与她重归于好，并一同参加贝琪组织的野餐开始山洞探险。为什么电影会省去这些情节？联系刚才谈到的电影删去的几个人物一同思考，你们又有怎样的发现？

生：好像这几个人物本身在原著中就没有多少故事情节。

生：电影主要讲述的是汤姆和哈克贝利的故事，所以以他俩为核心展开拍摄，其他一些非主要人物就可以省略。

师：这样"删改"的好处便是减少了出场的人物，使得剧情更加集中。电影删改的还有一个人物，就是汤姆的"假想情敌"——那个小说开篇就挨了汤姆一顿揍的公子哥——亚尔弗勒,他因为贝琪与汤姆闹别扭,想要讨好贝琪未果,用墨水泼脏了汤姆的拼音课本,想以此让老师惩罚汤姆从而公报私仇。电影将这个人物删除,并将贝琪撕破老师的生物书改为不小心碰翻墨水瓶弄脏书本。对这个原著情节的"移花接木",不仅使电影的叙事更加紧凑,还增加了影片的戏剧效果。

师:现在我们来讨论电影中波莉姨妈与原著有什么不同。波莉姨妈的年龄——在原著中,她是一个老太太,婆婆妈妈,脾气暴躁,典型的小镇劳作妇女的形象;但在电影中,却是一个风韵犹存的妇女,三十多岁的年龄,虽然衣着朴素,但难掩优雅与美丽。这是为什么?

生:我想这应该是商业电影的模式,因为波莉姨妈也算是半个女主角吧,可以说她的戏份在电影中一点都不比贝琪这个所谓的女一号少。

生:我觉得还有一个原因,就是电影中新加入了一个场景,印江·乔埃到波莉姨妈家吃饭,并试探汤姆是否真的去过墓地。这里面有一个汤姆的梦境,他做噩梦看见姨妈和印江·乔埃暧昧地跳舞,我觉得这也是商业电影的惯有桥段吧,好像非得来一点观众喜欢看的男女爱情的场面不可!

师:的确,这是商业电影的模式,但好在这部以儿童小说为蓝本的电影,点到为止,没有过多地节外生枝。现在我们来讨论印江·乔埃这个人物。电影中有一个情节,汤姆和两个小伙伴来到小镇集市的游乐园玩。在一个白人大叔摆的摊位上,顾客用小沙包砸一个印第安人头像的"嘴巴",砸中就得奖。可就是这样一个游戏,摊主却只允许白人玩,拒绝了印江·乔埃。印江·乔埃愤愤地说:"我的钱是白的!"摊主不屑地说:"但你的皮肤是红的!找点印第安人能玩的吧!"随后,愤怒的印江·乔埃拿起一个沙包狠狠地砸中"嘴巴",并砸塌了那面画着印第安人头像的木板墙。酒吧里不论是卖酒的老板还是后来被杀的医生都表现出对印江·乔埃的歧视。这些细节透露出导演怎样的意图或思考呢?

生:我觉得印江·乔埃这个人物虽然非常残忍,但是从原著和电影中我们都可以知道他年少的时候受到不公平的待遇,所以才对小镇上的白人充满仇恨，尤其是那些责打过他的人。

生：我也这么认为，所以电影中才加入他受到歧视的一些情节。

师：汤姆被姨妈惩罚刷围栏，这时走来一个穿着非常绅士的男子竟然嘲讽汤姆说，这是只有黑鬼才干的活。当我们把这两个场景联系在一起，或许就能更好地理解电影导演与原著作者在对待"黑人""印第安人"这两个关乎美国历史的种族问题上不同的理解与态度。显然，对于21世纪的导演而言，人性平等、种族平等已然成了常识。以历史思维来看原著，我们就可以发现文学的力量——它不仅能真实地记录一个时代的生活，还能保存历史问题以留待后人继续探索。

【如果让你以《汤姆·索亚历险记》为脚本拍摄电影，你会怎么设计场景和情节？】

师：刚才我们着重讨论了电影与原著在情节与人物上的相同点与不同点，现在请你们回顾一下这部电影，电影主要以哪几个场景为拍摄重点展开故事？

生：我觉得电影主要抓住小镇的全貌——码头、学校、山坡、森林等场景展开拍摄的。

生：我觉得电影主要围绕码头、波莉姨妈家、学校教室、哈克贝利河边的"窝"、森林、小镇的街上、小岛、山洞等场景展开拍摄的。

生：电影主要围绕墓地探险、学校趣事、小岛探险、山洞遇险这四个场景展开的。

师：和小说的三要素相似的是，电影虽然以画面为主要手段展开故事的讲述，但人物、情节、环境依然是三个最重要的元素，假如让你重新拍这部电影，你会怎样设计人物？怎样取舍情节？怎样设置环境？

（小组合作讨论，然后分组交流）

生：我们小组想站在贝琪的角度拍摄——后来，贝琪因为父亲工作的原因离开了小镇。许多年后，贝琪大学毕业，嫁为人妻，也有了自己的小孩。她带着自己的家人重新回到小镇，往事历历在目……

生：我们小组想另辟蹊径，站在酒鬼莫夫·波特的角度来拍摄——自从死里逃生后，莫夫·波特决定重新做人。若干年后，他一手抱着自己的孙子，缓缓地跟孙子讲述小镇的往事——汤姆是如何拯救自己的故事。

生：我们小组想站在成年后的汤姆的视角来拍摄——回忆童年的人和事。

生：我们小组想站在小说中故事很少的一个人物艾美·劳伦斯的视角来拍摄。我们也觉得贝琪最终离开了小镇，后来汤姆和艾美·劳伦斯结为夫妻。许多年后，小汤姆出生了，他在妈妈的怀里问起爸爸，艾美·劳伦斯告诉他，爸爸到外面闯荡去了，然后艾美·劳伦斯回忆起小镇上的童年故事。

师：其实，作者马克·吐温也给这个故事写了续集，只不过换了一个主人公——《哈克贝利·费恩历险记》，你们课后可以到图书馆借阅。

下里巴人也渴望知己

——电影《与玛格丽特的午后》赏析

一

什么是知己？知己是单一维度的理解、欣赏，还是彼此双向的认同与信任？

知己不单指了解自己的人，否则庞涓与孙子、李斯与韩非子、诸葛亮与司马懿就是知己！知己是同等高度的心灵共契，更是同个朝向的意气相投。知己，可以是对手，但绝不是死敌。就像张艺谋导演的《英雄》中的无名与秦王嬴政，本是死敌，却在生命最后一刻成为知己。当无名领会到"残剑"话中的含义，为了天下一统，为了苍生黎民不再饱受长年战争、各国分裂之苦，无名放下个人恩怨，掷下手中那柄飞雪剑，放弃了刺杀秦王。而秦王为了天下，不得不下令射杀了无名。那一刻，同样的理想追求，让他们成全了彼此，宿敌终成知己。

知音需要一定的高度，"摔碎瑶琴凤尾寒，子期不在对谁弹！春风满面皆朋友，欲觅知音难上难"。高山流水之所以成为千古绝唱，那是因为同样高度的灵魂，心心相契，纯粹至诚，感人肺腑，震人心魄。但知己却是每个普通人共同的心理渴求，因为每一个人都渴望世界上有另一个人能真正懂得自己。

知音难觅，知己又何尝易求！因为，"懂你"，首要的前提是，得有人"读你"！茫茫世界，人来人往，风起云涌，过眼云烟。人生匆匆，连自己都没有时间读懂自己，又怎能希冀有一个人愿意读你千遍也不厌倦呢！有人读你，是生命的机缘；有人懂你，那是生命的奇遇！就这样，在一个冬日融融的午后，我和我的学生们走进了《与玛格丽特的午后》。

二

《与玛格丽特的午后》是让·贝克导演，热拉尔·德帕迪约、吉赛勒·卡扎德絮、帕特里克·伯利奇等主演的法国电影。

勒尔曼是一个近乎文盲的五十多岁的男人。他生活简单，性情粗俗。

玛格丽特是一个已经九十五岁的苍老女人。她博学多识，优雅端庄。

勒尔曼住在母亲花园旁的房车里，平时打理菜园，和朋友们泡小酒吧，时而和年轻女友安妮特在小窝里浪漫温存，过着平静的生活。

玛格丽特住在小城的疗养院中，每日午后都会到公园安静地度过一个下午，看看鸽子，翻翻书，安详而充盈，平和而满足。

然而——

看似粗壮的勒尔曼内心却有着不为人知的脆弱和苦楚。

看似平静的玛格丽特生活背后也有着即将发生的危机。

但是——

那个午后的邂逅，却改变了两人的人生境遇。

【男主角勒尔曼原本是一个怎样的人？】

生：原本，我觉得勒尔曼是一个比较粗俗的人，他在酒吧里骂人，还不顾工作人员的劝阻，在公园纪念碑上随意涂画来发泄自己的不满。

生：我觉得一开始，勒尔曼脾气还是有点大的，就像影片开头，他被雇主耍了，克扣了工钱，他狠狠地用脚踢雇主的门，大大咧咧地骂着粗话。

生：我觉得虽然勒尔曼脾气不是很好，可以说有点暴躁，但内心还是很善良的。一个镜头就是，在酒吧里，有一个自命清高的中年人不断侮辱勒尔曼什么也不懂，自己装着好像是作家的样子，学富五车似的。但是后来一天深夜那个中年人好像因为妻子去世伤心欲绝想要自杀，勒尔曼不计前嫌，敲开他的门，安慰他，劝阻他。

生：我觉得勒尔曼一开始应该是一个比较孤僻的人吧，虽然他也有朋友，也有女朋友，但他其实是一个封闭自我的人。他的生活非常固定，也非常单调。

生：我觉得一开始勒尔曼是一个不讲道理的人，他在公园纪念碑上写自己的名字，工作人员劝阻他，他还理直气壮地反驳——为什么我不能写，为什么要把我的名字擦掉。这有点无理取闹的样子。

师：为什么勒尔曼的性情会如此呢？你能联系影片中"插叙"的勒尔曼的身世、遭遇来谈谈他性格的成因吗？

生：勒尔曼的出生或许就是一个错误。他从来没见过自己的父亲，按照他母亲的说法，他是自己和一个年轻帅气的军官相恋后不小心怀上的。后来那个年轻的军官抛弃了他母亲，所以，他母亲从小就不喜欢勒尔曼。

生：在读小学的时候，他的老师因为勒尔曼有阅读障碍，成绩很差而不喜欢他，这样他就更加自卑。

生：我记得电影中有一个场景，就是勒尔曼回忆自己的童年经历。一次，他在商场不小心碰翻了一个玻璃奶瓶，牛奶洒了一地。母亲一边抱怨，一边清理，勒尔曼又害怕又难过。

师：勒尔曼的母亲真的不爱他吗？

生：可能他的母亲也是非常抱怨自己的命运吧，总是得不到别人的爱，所以把自己一肚子的气往勒尔曼身上撒。其实，她还是很爱勒尔曼的，后来拼命打工赚钱，把房子买下来送给了勒尔曼。

师：母亲对童年的勒尔曼真的从未透露过自己的慈爱吗？

生：我记得有一次，母亲把一个男人带回家住了一段时间。一次吃晚饭，那个男人觉得勒尔曼侮辱了自己，就一巴掌打了过去。勒尔曼的母亲命令他向自己的儿子道歉，男人刚开始还以为听错了，后来，母亲用一把钢叉叉向男人的大腿，把他赶出了家门。我觉得母亲把自己对勒尔曼的爱藏在了心底。

师：还记得律师交给勒尔曼母亲生前留给他的遗物吗？

生：哦，母亲其实是爱着勒尔曼的，她珍藏着勒尔曼小时候吃过的奶嘴。

生：母亲还保留着一段脐带，这是母亲爱勒尔曼的生命记忆。

师：人皆凡物，我们可以看到勒尔曼母亲身上诸多的缺陷，如爱慕虚荣、头脑简单、脾气暴躁等；我们也可以看到母亲这些缺点带给勒尔曼的童年极大的伤害，以至于让他的性情变得比较孤僻、木讷、粗野，不善控制情绪。但可以肯定的是，勒尔曼的母亲对他的爱是深沉的，从勒尔曼出生到她自己的生命走到终点，这份爱从未改变过。

【与玛格丽特邂逅之后，勒尔曼发生了怎样的变化？】

生：与玛格丽特邂逅之后，他好像变得自信了，原来在酒吧里总是被别人嘲笑无知、弱智，后来竟然说出一些别人没听过的词语、知识，这让他的朋友刮目相看。

生：与玛格丽特邂逅之后，他好像变得温顺一些了。

生：与玛格丽特邂逅之后，他好像变得开朗一些了。

生：与玛格丽特邂逅之后，他好像被书中的故事吸引，慢慢地开始尝试看词典。

师：关于这本玛格丽特送给他的词典，中间还发生了一些波折，还记得吗？

生：刚开始勒尔曼努力克服童年的心理阴影，努力克服阅读障碍，尝试一页一页地识别单词，后来好像崩溃了，把这本词典还给了玛格丽特。最后玛格丽特因侄子支付不起昂贵的疗养院费用，即将搬到偏远落后的敬老院，她又把这本词典留给了勒尔曼。

生：我觉得勒尔曼最终原谅了母亲带给他的伤害。这和母亲留给他的房子、遗物有关，是不是和这段时间听书、读书也有关？和玛格丽特邂逅之后，他的内心慢慢变得和之前不一样了。

生：我觉得与玛格丽特邂逅之后，勒尔曼整个人的气质变了。影片一开始他是拉里拉跨的，穿着宽松的衣服，后来好像变得整洁、干净了许多，走路的样子都变了。整个人的表现也不一样了，之前总是骂骂咧咧，后来变得温和很多；之前总是在公园的纪念碑上涂写自己的名字，后来就没发生这样的事情了。

生：之前的勒尔曼是自卑的，因为愚笨经常被人嘲弄，后来变得自信了，阳光了，受人尊重了，甚至朋友开玩笑说，假如他天天拿着书，说一些他们听不懂的话，就不理他了。

三

为什么性格孤僻的勒尔曼会在与玛格丽特邂逅之后发生这样的变化？为什么原本对阅读有心理障碍的勒尔曼会愿意倾听玛格丽特的朗读？为什么玛格丽特会读书给勒尔曼听？他们在彼此身上都看到了什么？让我们再次回到他俩第一次见面的故事现场。

因为被雇主克扣了两个小时的工钱，勒尔曼不顾正巧路过的公交车司机女友的劝告，愤愤不平地在公园纪念碑上发泄似的涂上自己的名字。他迈着散漫的步伐来到公园一角，看着地上正在吃食的鸽子，竟然耐心地数着，一、二、三、四……"十九只！"坐在公园长凳上的玛格丽特说道。"你在跟我说话吗？"勒尔曼眼神里充满了惊讶。"年轻人，一共十九只。"显然，一个五十多岁的老男人竟然被人称呼为年轻人，这让勒尔曼很吃惊，忍不住笑出了声。"有什么好笑的吗？""你叫我年轻人？""跟我比起来你就是年轻人。"

这便是勒尔曼与玛格丽特邂逅的第一个场景。

【回顾他俩的第一次邂逅，哪些细节是影响玛格丽特愿意继续和这个所谓的"年轻人"交往的原因？又是什么原因促使勒尔曼在接下来的每天午后到公园与玛格丽特见面？】

生：我觉得首先是他俩都对鸽子产生了兴趣。

生：我觉得是好奇，勒尔曼对玛格丽特的好奇在于，这个老太太竟然和自己一样喜欢鸽子，还对草地上的鸽子了如指掌。而玛格丽特对勒尔曼的好奇在于，这个年轻人和其他人不大一样，竟然还给鸽子取名字。

生：我觉得打动玛格丽特的是勒尔曼的善良。其中有一个细节，当勒尔曼转身离开去酒吧的时候，特意叮嘱玛格丽特注意放在地上的包，小心被人抢走。

生：我觉得玛格丽特从勒尔曼身上看到了一个有趣的灵魂，勒尔曼竟然给每只鸽子取名字，什么"固执""小偷"啊。而在勒尔曼眼中，玛格丽特同样充满了有趣、神秘的感觉。

师：还记得其中一只鸽子，名字很特别吗？

生：哦，我觉得他们能继续交往可能是某种巧合，因为勒尔曼给其中一只鸽子取名叫"玛格丽特"，恰巧和老奶奶的名字相同。

师：的确，这种机缘巧合使得他俩的聊天更亲近了。在生活中，很多时候人与人的相遇，是一种机缘，充满了偶然性。

生：我觉得他俩继续交往还有一个原因，就是都没有孩子，都很孤独。

生：我觉得吸引玛格丽特的还有勒尔曼身上的直率和幽默。

因为，玛格丽特说自己是父母爱情的结晶，这触碰到了勒尔曼的伤心处。

"不，并不都是这样，我就是他们粗心的产物！"他俩的第一次见面就在玛格丽特的错愕中结束了。他俩的第二次见面是在早上。勒尔曼先到，他正在数鸽子。之后他们的谈话中，博学的玛格丽特竟然通过勒尔曼无意中说他一个朋友名叫"大厨"，然后根据英语单词的意思推测出他的朋友是"厨师"的身份，这让勒尔曼很惊讶，同时也第一次感受到语言的有趣。无意中学到的这个英语单词"厨师"，使勒尔曼第一次在嘲笑他一个法国人竟然不知道法国大文豪莫泊桑的朋友面前显摆了一回，这让他非常满足、得意。于是，第三次，勒尔曼主动在公园的长凳上静等玛格丽特的到来。彼此直接称呼对方的姓名后，竟然像老朋友一样聊起自己的生活处境，然后由鸽子又聊到了书。玛格丽特拿出老花镜优雅地戴上，从包里拿出一本书，翻看书页念起来："你能想象一个没有鸽子、绿树、花园的城镇吗？那里听不到翱翔的翅膀在空气中拍打的声音，听不到风吹拂过叶子沙沙的音符，一个什么都没有的城镇，四季的变换只能在天空中明了……"嚼着三明治的勒尔曼听得发愣。玛格丽特问道："喜欢吗？""是的，可以重新开始吗？这一次慢一点！"新奇的语言，唤醒了粗糙的灵魂，第一次真正让勒尔曼感受到了语言本身的美丽。当然，很重要的是，鸽子，让他亲近，也让他能真切地感受、理解这段文字。

"书名是什么？""《瘟疫》。"（注：中文翻译为《鼠疫》）"艾伯特·加缪。""艾伯特，和我奶奶的名字一样。""你要喜欢的话，我把它借给你？""不，不用！"因为阅读障碍，以及因此而被老师、同学嘲讽的经历，让勒尔曼对阅读产生了深深的抗拒与恐惧。"你要我念下一段吗？"玛格丽特试探性地问道。"是的！""正合我意，我喜欢大声朗读。"

师：你觉得玛格丽特真的是因为担心被人误解自己在公园大声朗读是疯子的行为，才决定读书给勒尔曼听吗？

生：我觉得不是，否则她就不会跳过第一页，直接读正文了。玛格丽特这是细心地关心勒尔曼。因为小说开头往往都是大段大段的环境描写，而勒尔曼更喜欢的是故事的情节。

生：我也觉得不是，因为在没有遇到勒尔曼之前，玛格丽特就常常在这个公园里读书。

生：我觉得这是在呵护勒尔曼的自尊心。

师：当读到一个段落结束的时候，玛格丽特停下来问勒尔曼，写得很好，对吗？勒尔曼回答道，是的，像一只无助的被抓住耳朵的兔子。那你觉得玛格丽特是真的不需要听众吗？

生：我觉得虽然玛格丽特大声朗读是为了让勒尔曼进入到书的情境中，但其实她也是很孤独的，很想要与一个人分享自己的阅读感受。

生：我觉得玛格丽特需要听众，我们任何人都是需要听众的，就像我看了一本书，就想把它推荐给朋友。

生：我觉得勒尔曼既是玛格丽特的听众，又是陪伴她度过一个个下午时光的朋友。

用了整整十天时间，玛格丽特读完了这本《瘟疫》。勒尔曼也深陷其中，意犹未尽地听了十天。玛格丽特告诉勒尔曼，你是一个很好的读者。读即是听，听即是读。然后玛格丽特把这本《瘟疫》塞给了勒尔曼，并对想要拒绝的勒尔曼说道："这个世界上，我们总是在传递东西。"

当玛格丽特视力下降无法再大声朗读的时候，勒尔曼起先感到非常沮丧，在女友的启发下，他勇敢地到书店找到一本短篇小说集，决定为玛格丽特大声朗读。阳光明媚的午后，两人如约相见。勒尔曼请玛格丽特闭上眼睛，说有礼物送给她。当玛格丽特轻轻闭上眼睛的时候，勒尔曼快速而紧张地从身后拿出那本书，郑重其事地读起来……

四

关于这部被影迷评价为"近乎奢侈"的电影，可以讨论、赏析的视角很多：比如电影拍摄的节奏——浪漫、舒缓，如同秋日午后的阳光，那么自然、迷人，又那么让人流连，你感觉到的是真真切切的平和；再如电影男主角童年母爱的缺失与救赎，我们可以深入探讨生命治愈的话题；我们还可以借助这部电影讨论阅读的重要性，一个原本粗糙而孤僻的中年人，竟然在倾听朗读与阅读的浸润中发生了精神质感的悄然变化；当然我们还可以从玛格丽特的角度探讨生命优雅老去的话题，就如杨绛先生、叶嘉莹先生那般，"走在人生边上"依然保持那份高贵的素雅、平静的祥和、丰富的笃定。

但我想借助这样一部反映普通人心灵诉求的电影，通过勒尔曼与玛格丽特的生命邂逅，和孩子们讨论普通人对"知己"的理解与渴求的话题。

【为什么性格孤僻的勒尔曼会在与玛格丽特邂逅之后发生这样的变化？他们在彼此身上都发现了什么，收获了什么？】

生：我觉得勒尔曼首先被玛格丽特广博的知识吸引，然后被她优雅的气质吸引，在倾听玛格丽特朗读时，他的内心也慢慢安静下来。所以，我觉得是玛格丽特改变了勒尔曼。

生：我也这么认为，一开始略显暴躁的勒尔曼，为什么后来慢慢脾气变得温顺了，那是与玛格丽特接触之后，他长了见识，在朋友面前很有面子。他也在玛格丽特的影响下开始了艰难的阅读。我觉得是玛格丽特以及阅读改变了勒尔曼。

生：一开始嘛，勒尔曼的朋友也都是打工的人，他们聚会的地方都是酒馆，除了喝酒还是喝酒，要么就是聊些女人之类的话题，总之是非常粗俗的。后来是玛格丽特打开了勒尔曼的窗子，原来世界上还有这么安详的人，还有这么谈吐优雅的人。

师：仅此而已吗？那你们换个角度思考，玛格丽特与勒尔曼交往之后，她又有怎样的改变？

生：我觉得一开始玛格丽特是比较孤独的，虽然有书籍的陪伴，从阅读中可以获取很多知识，但是她缺少一个朋友。恰好，善良的勒尔曼成了她的朋友，愿意每天来陪伴她。

生：我觉得玛格丽特遇见勒尔曼之后，生活中有了一个"听众"，勒尔曼可以陪她聊天，聊鸽子，聊自己的遭遇。

师：两个完全陌生的人，为什么仅仅凭着对鸽子共同的兴趣，就成了畅所欲言的朋友呢？

生：首先，他俩都从对鸽子细致的观察中看到对方不是坏人，同时，勒尔曼临走前特意叮嘱玛格丽特看管好自己的包，这让玛格丽特相信这个年轻人很善良。

师：生活中，我们往往会有这样的经历。越是熟悉的人，我们越不敢把自己的遭遇、心事向他吐露，因为熟悉并不代表信任。而面对一个值得信任的陌生人，反而可以袒露心扉，因为彼此听过之后，并不会在生活中产生任何交集。因此，相对于身边熟悉的人，玛格丽特与勒尔曼之间更容易产生有安全感的对话。

师：现在请你们回顾整部影片，想一想勒尔曼与玛格丽特在彼此身上都发现了什么，收获了什么？

生：我觉得他俩都在彼此身上感到了被信任的快乐。

生：我觉得每个午后，可以说是玛格丽特陪伴勒尔曼，也可以说是勒尔曼陪伴玛格丽特，他们都收获了快乐。

生：我觉得他们就像是老朋友，他们是知己，彼此信任，都感到特别开心。

生：我觉得玛格丽特是一个特别特别智慧的人，她年轻时曾经是联合国卫生组织的成员，到过很多地方，帮助过许多人。一开始，她就能感觉到勒尔曼的善良，同时，也觉得这个年轻人比较粗俗，会说一些脏话，但是正因为她经历了许多，所以才会包容勒尔曼身上的缺点。可以说，一直都是玛格丽特指引着勒尔曼朝着一个方向前进。后来慢慢看到勒尔曼的变化，她就像一个老师看到自己的学生进步一样开心，所以邀请勒尔曼到自己的养老公寓喝茶。也就是这次喝茶的经历，让勒尔曼真正了解了玛格丽特的阅历，使他更加敬佩这位长者。所以，后来得知玛格丽特眼睛即将失明，他才那么难受。我觉得从勒尔曼给玛格丽特制作拐杖开始，他俩就由朋友往亲人的方向发展，也为故事最后勒尔曼把玛格丽特从偏远的养老院接回家做了铺垫。

师：同学们，有没有发现，一开始是玛格丽特在"读"这个年轻人，后来是勒尔曼在"读"这个老夫人。如果说，之前的书是玛格丽特指引勒尔曼的灯，那么这个勒尔曼亲手制作的拐杖就像是彼此由朋友、忘年交走向知己、亲人的路。

生活中，有一个人愿意静静陪你一个下午，那是一种幸福；生活中，有一个人愿意静静地读书给你听，那是一种幸福；生活中，有一个人愿意静静地听你读书，那也是一种幸福。这让我想起了《小王子》中的狐狸与小王子，生命的偶遇，化作彼此的驯养。这就叫知己。知己，是愿意读你的人；知己，是愿意听你的人；知己，是内心契合的两个人。这是两颗孤独的灵魂遇到倾听者的欣喜，这是两颗漂泊的心灵找到港湾的精神安宁。这种纯粹的交流，让彼此精神满足，就如同午后的阳光一般照亮了内心的阴霾。

【当玛格丽特去世之后，你觉得男主角勒尔曼的生活会怎样？】

故事的结局非常圆满，非常感人。勒尔曼的母亲去世前，留下遗嘱，把晚年打工挣钱买下的小房子留给了勒尔曼。勒尔曼终于明白，母亲乖张暴戾的脾气背后，其实一直藏着深爱他的心。玛格丽特因为侄子无法支付疗养院高昂的费用，被送到了偏远的养老院。勒尔曼赶来找她时，发现只留给他那本原本就送给他、又被勒尔曼还给玛格丽特的厚厚的词典。勒尔曼得知玛格丽特侄子的家庭住址，然后循着线索，终于找到了住在偏狭、拥挤、昏暗的养老院里的玛格丽特，并把她接回了家……

我们深知，已经九十五岁风烛残年的玛格丽特在勒尔曼的照料下，一定能幸福地走完人生最后一程。但我想问的是，当玛格丽特去世之后，你觉得男主角勒尔曼的生活会怎样？不论怎样，勒尔曼的生活、心境、性情已经发生了巨大的改变。还记得当玛格丽特将《瘟疫》这本书送给勒尔曼时所说的话吗？"这个世界上，我们总是在传递东西。"玛格丽特已经将生命中最珍贵的信任、最贴心的关切、最温暖的慰藉传递给了勒尔曼。

知己不在，记忆长存。玛格丽特留给勒尔曼的阅读体验，引导他开启了自己的阅读人生，可以让他在书中找到知己，最终自己成为自己的知己。因为，他的心灵已经得到了诚挚的回应。精神的温润，让原本的璞玉已经擦拭出人性的光辉，这道光将指引着勒尔曼，也将指引着你、我找到正确的方向……

【影片中玛格丽特为勒尔曼朗读的第一本书《瘟疫》，也是送给勒尔曼的第一本书，有什么特殊的象征含义吗？为什么导演和编剧要设置这本书？】

《瘟疫》，中文版本翻译为《鼠疫》，是法国作家阿尔贝·加缪创作的长篇小说，也是其代表作，1947年首次出版。

小说讲述了20世纪40年代某年的一个4月，北非的阿尔及利亚奥兰城突发了一场灾难性的瘟疫，成千上万的人丧生于病魔之手，奥兰沦为与世隔绝的一座孤岛。突如其来的瘟疫，让所有人都不知所措。城市被重重封锁，无人能够自由进出。恐慌无助，自私贪婪，颓废沮丧，人性的幽暗被这场瘟疫放大到了极致。狂妄无知的政客，企图掩饰过错，甚至想利用灾难牟取利益；一些原本不起眼的小人物，依靠投机倒把，偷卖各种禁品，一时成了风云人物；被困在城中的百姓，朝思暮想着逃往城外的亲朋好友家里暂避祸乱。而面对厄运，总会有人挺身而出，拯救百姓于危难之中。贝尔纳·里厄医生与一些志同道合的人成了莫逆之交，他们积极开展了救援行动。与此同时，他的妻子却远在城外的疗养院，生死未卜。最终瘟疫退却了，尽管喧天的锣鼓冲淡了人们对瘟疫的恐惧，可是奥兰人永远不会忘记瘟疫曾给他们带来的梦魇。

《鼠疫》创作思想开始酝酿的时期，是在1940年巴黎被德国法西斯占领以后。加缪当时已打算用寓言的形式，刻画出法西斯像鼠疫病毒那样吞噬千万人生命的恐怖时代。但正如评论家所说的，加缪的小说所描写的鼠疫不仅仅是战争，而且也是人类过去曾经经历、现在正在面对，甚至将来仍旧无法幸免的各种灾难的象征和缩影。

如果把《鼠疫》从宏大的历史叙事中抽离出来，其实每个生命个体的内部就像是一个复杂的世界。我们每个人在不同的处境中，内心都会面临一场场"鼠疫式"的挣扎、恐慌、斗争、逃离，甚至是绝望。当我们从这个视角来审视《鼠疫》这部小说在影片中出现的象征含义时，是否发觉威胁我们每个人幸福和快乐的"鼠疫"正是我们内心的孤独、仇恨与积怨,这些幽暗的情绪不断蔓延,滋长,直至泛滥成灾。这时,假如世界上但凡有一个人真正懂你,有一个人真正愿意倾听你失落时的哀叹,你的内心就不会荒芜,你就不会在生命的节点做出绝望的选择。那一刻,那个读懂你的人,那个愿意倾听你真实诉说的人,就是你"午后的玛格丽特"。

【假如你一直没有在现实生活中遇见玛格丽特,该怎么办?】

影片结尾呈现了一首诗,一首以勒尔曼为视角创作的诗,一首点明影片主旨的诗:"这不是一场平凡的相遇,/除了爱与温情,/没有其他的形容词。/她以花为名,活在文字中,/在缠绕的形容词中,/在莺飞草长的动词中,/有人以刚挣脱,/她却以柔胜出,穿透我身,直至我心。/关于爱的故事中,并不只有爱情,/有时候,/甚至没有一句'我爱你',/可我们依然相亲相爱。/这不是一场平凡的相遇,/我偶然在广场的长凳上寻到她,/她并不起眼,如同一只小白鸽,/带着她那纤巧的羽毛,/她活在文字中,/与我一样在平凡的字词中周旋,/她赠我一本书,然后是两本,/一页页在我眼前闪现。/别枯萎,还有时间,等一下,/还不是时候,我的小花,/再与我多分享一些,/分享一些你的人生,/等一下……关于爱的故事中,并不只有爱情,/有时候,/甚至没有一句'我爱你',/可我们依然相亲相爱。"

生命充满了偶然性。生命的稍纵即逝,生命的一去不返,都让我们的人生充满许许多多的机缘巧合。这些巧合的相遇,或许有时候就成了改变生命长河的一个关键因素。假如你一生都没有在现实生活中遇见玛格丽特,该怎么办?生命的知己,可遇,但很多时候又不可求。正因为知己的不可求,正因为擦肩而过或许就是一生的永别,所以,我们才特别珍视当下彼此的遇见。遇见,美好!感恩,遇见!人生每一次相遇,不论相遇的是人,是事,是物;不论是生活中相遇,抑或阅读时相遇;不论是瞬间的心有灵犀,还是相知莫逆之交,但凡相知,皆是美好的!

知己,不是热闹时的觥筹交错,而是宁静时的心意相通。永远都不要哀叹为什么没有人懂你,不必着急,因为,或许某个阳光灿烂的午后,某个静谧安详的角落，有你生命中的玛格丽特在等着你！因此，在生命的行走中，在没有遇见你的玛格丽特之前，你要尝试着学会与自己对话，与自己沟通，学会在孤独中寻找生命的烛光，学会在阅读观影中汲取生命的力量。有一天你会突然发现，你与那些伟大的灵魂——老子、孔子、鲁迅、雨果、泰戈尔、纪伯伦……是朝着同一个光亮的方向前进。那一刻，你将拥有人类最伟大的知己；那一刻，你已将自己孤独的行走修炼为另一种生命的高度。当你迷茫时，这些精神的知己，会站在与你平行前进的山巅，向你召唤，与你对话，他们仿佛在对你说：孩子，心向美好，生命从不缺乏知己！

就让我们用影片中的一段话当作此次影片赏析的结尾吧！"有时候我想，应当把我的心空出一个地方，去盛放不切实际的白日梦，在书本里做过的旅行，简洁而直接信任人的勇气，以及对爱的轻柔暖和的眷顾。有一天，当这块地方被一个人光顾，不管我们是否能共度余生，你都将是唯一的爱人。"

来自 B612 星球的启示

——电影《七号房的礼物》赏析

人类自洪荒时代从自然的搏杀中逐渐成为万物之主,披荆斩棘,筚路蓝缕,优胜劣汰,充满强大的精神与力量。但历史的车轮滚滚向前,人类文明的曙光照亮宇宙时空,残忍、好杀、自私似乎也以一种人类共有的基因留存于子孙后代的血液之中。战争、人祸、残杀、贫穷、疾病、争端、对抗,在历史的长河中人类家园几无消停之日,和平、祥宁、安全、幸福,成了人类共同的祈求、祝愿和祷告。我们这个世界会好吗?我们究竟从哪里寻求答案?我们如何透过事物的表象看到本质,就如同"小王子"能透过木箱看到里面的那只能活得很久的小羊一样?或许读一读这本被誉为20世纪流传最广的童话,我们会获得一点点清凉而冷静的启示。

一

【重温法国圣·埃克苏佩里所著的《小王子》,请你试着概括整个故事的主要内容。】

"我"驾驶的飞机发生了故障,迫降到撒哈拉大沙漠中,碰巧遇到一个来自外星的小王子。通过与小王子共度八天的交流,"我"了解到他所居住的星球的奇特情况,并了解到他在太空中的奇遇:小王子曾先后拜访了国王、爱慕虚荣的人、酒鬼、商人、点灯人和地理学家的星球,最后他来到地球,又遇到蛇、玫瑰花、狐狸、扳道工、商贩等,这段丰富的经历让他懂得了生命

的本质。最终他回到了属于自己的遥远的 B612 星球。

师：你能说说小王子所住的星球是怎样的吗？

生：小王子住的那个星球据说是 1909 年一个土耳其天文学家用望远镜发现的，命名为 B612 星球。那是一个很小的行星，比一座房子大不了多少。

生：小王子的星球很小，上面有两座活火山，还有一座死火山。

生：在小王子的星球上，一天可以看四十三次日落。

生：星球上生长着许多猴面包树的树苗，假如不及时把它们拔掉，那么整个星球就会被猴面包树覆盖。

生：这个星球上还有一朵玫瑰，那是小王子的最爱。

【小王子来到地球之前都到过哪些星球？这些星球上分别住着哪些人？】

生：他第一个到的星球是国王的星球。这个国王是一个权力欲和控制欲极强的人，因为小王子的到来，让他真正拥有了自己的臣民，第一次满足了当国王的那种感觉。要知道，之前他只是自己封自己当国王。他极力地想在小王子面前保持那种受到尊敬的威严感。

生：我觉得这个国王其实蛮可怜的，他活在自己的世界里，总觉得世界是他命令才运转的，其实他什么也不是，他只是一个孤独的人。

生：小王子第二个到的星球，遇到的是爱慕虚荣的人。他要小王子钦佩他、赞美他是星球上最美的人、服饰最好的人、最富有的人、最聪明的人。

生：小王子第三个访问的星球上住着一个酒鬼。

生：小王子第四个访问的是实业家的星球。那个人整天忙得不可开交，计算个不停，他的工作就是不停地计算自己已经占有了多少颗星星。

生：他到的第五个星球上住着一个点灯人，他的工作就是不停地点灯，关灯，再点灯。

生：小王子到的第六个星球上住着一个年老的地理学家。

师：在这些人物中，小王子愿意和谁交朋友？为什么不是其他人？

生：小王子愿意和点灯人交朋友，因为他觉得点灯人虽然荒唐可笑，但是他忠实于自己的使命，他所关心的是别人的事，而不是他自己。

师：你能分别用一两个词概括这些星球上的人物的特点吗？

生：国王权力欲望极强。

生：第二个星球上的人爱慕虚荣。

生：酒鬼逃避现实。

生：实业家贪婪无知。

生：点灯人忙忙碌碌。

生：地理学家迷信知识，纸上谈兵。

师："地球可不是一颗普通的行星！它上面有一百一十一个国王，七千个地理学家，九十万个实业家，七百五十万个酒鬼，三亿一千一百万个爱虚荣的人。"盲目自大，爱慕虚荣，逃避现实，贪婪忙碌，纸上谈兵，其实这些不都是我们每个人身上都具备的特性吗？那个看起来很傻的国王，其实若说他毫无思想，其实也未必，他对小王子说的这句话，就很能带给我们哲学的启示，"审判自己比审判别人要难得多！你要是能审判好自己，你就是一个真正有才智的人"。

【小王子来到地球又遇见了哪些人？蛇在其中充当怎样的角色？】

43

生：小王子来到地球遇见了蛇、五千朵玫瑰花、狐狸、扳道工、商人，还有就是飞行员——"我"。

师：蛇在这个故事中充当怎样的角色？

生：蛇是小王子在地球上遇见的第一个有生命的东西。奇怪的是，蛇一开始没有伤害小王子，还像一个金手镯一样缠绕在小王子的脚腕子上和他聊天。

生：蛇最终咬了小王子。小王子还担心蛇是否还会伤害"我"。

生：这应该是小王子自己愿意让蛇咬一口的，因为这一天B612星球刚好经过地球上空，而小王子想要回到B612星球又觉得自己的躯体太重了。

师：你怎么理解蛇所说的话？"到了有人的地方，也一样孤独。""我可以把你带到很远的地方去，比一只船能去的地方还要远。"

生：小王子和蛇说话就像是猜谜语。我觉得蛇很神秘。

生：蛇的话充满哲理，就像是对孤独的理解。小王子说在沙漠中没有人感到很孤独，蛇却说有人的地方一样孤独。我对这句话一开始不大懂，后来想一想是不是讲人与人之间因为缺乏信任，即便在扎堆的人群里你也同样会感到孤独？

生：蛇说死亡就是去很远的地方，它可以帮助别人实现这个愿望。蛇本来就让人毛骨悚然，它的毒液能致人死亡。还有，蛇因为总是躲藏在暗处，所以给人很阴险的感觉。

生：蛇是不是象征着邪恶？我以前读过亚当与夏娃的故事，它在里面充当着引诱人类犯罪的坏人角色。

师：那小王子为什么还要和它聊天？后来担心"我"被蛇伤害，还说了这么一句话："蛇是很坏的，它随意咬人。"蛇一开始为什么没有伤害小王子，竟然还和小王子聊天，并在小王子的要求之下才咬他？要知道，这对于蛇来说，既不符合它处事的逻辑，又违背了它的本性。

生：真正邪恶的东西可能会伤害你的躯体，但它绝不能伤害你的心灵。

生：一颗真正纯净的心是不惧怕任何威胁的。

生：蛇象征着邪恶，是不是印证了那句话，身正不怕影子歪，只要你的本性坚定不移，任何外在的诱惑和邪恶的力量都不能改变你、动摇你。

【你怎么理解狐狸对小王子所说的"驯服"一词的含义？】

师：小王子遇见了狐狸，并建议它和自己玩。狐狸一开始拒绝了小王子，给出的理由是"我还没有被驯服呢"。驯服这个词，有的版本翻译成"驯养"，有的则翻译成"征服"。你认同哪个版本，或者你还有更好的解释？

生：狐狸的解释是"建立联系"。

生：我觉得应该是建立友情或爱情。

生：我觉得应该是情感的联结。

师：是一般的联系，一般的联结，一般的情感吗？"你有着金黄色的头发。那么一旦你驯服了我，这就会十分美妙。麦子，是金黄色的，它就会使我想起你。而且，我甚至会喜欢那风吹麦浪的声音……"狐狸沉默不语，久久地看着小王子说："请你驯服我吧！""只有被驯服了的事物，才会被了解。"小王子不解地问狐狸，"被驯服"有什么好处呢？而且还给狐狸带来分别的痛苦。狐狸说："由于麦子颜色的缘故，我还是得到了好处。"

生：我想到了故事的结尾。"我"和小王子相处了八天，小王子要离开了，"我"万分不舍。他安慰"我"说："这就像花一样。如果你爱上了一朵生长在一颗星星上的花，那么夜间，你看着天空就感到甜蜜愉快。所有的星星上都好像开着花。""夜晚，当你望着天空的时候，既然我就住在其中一颗星星上，既然我在其中一颗星星上笑着，那么对你来说，就好像所有的星星都在笑，那么你将看到的星星就是会笑的星星。"

生：我觉得应该是一种非常深厚的情感联结，那种刻骨铭心的情感，此生都不会忘记的。

生：狐狸还跟小王子解释，驯服就必须负责到底。所以，我觉得这是一种全身心付出的情感，是不可替代的。

生：我觉得是彼此的深入了解，还有就是必须是双向付出的，应该是彼此的一种联结。

生：这就像地球上花园里五千朵玫瑰与他心中 B612 星球上那朵玫瑰的区别，那朵玫瑰在小王子心中是独一无二的，它是小王子生活的核心。

【你怎么看小王子心中的那朵玫瑰？】

生：我觉得这朵玫瑰很傲娇，总是习惯性地要小王子干这个干那个。

生：我觉得她美丽、动人，也正因为这个小王子才会爱上她，并且心甘情愿地为她做一切事情。

生：我觉得这朵玫瑰敏感、多疑、虚荣，所以小王子才会离开她，或许有点受不了她了，想要逃避。

生：我觉得这朵玫瑰就是小王子的真爱，否则为什么最后他听了狐狸的话后会后悔，会更加思念心中那朵唯一的玫瑰呢？这也是最终小王子请蛇帮忙重回 B612 星球的原因。

师：B612 星球上的那朵玫瑰花是一种象征，因为每个人心中都会有这样一朵玫瑰——深爱的玫瑰。这朵玫瑰将会用其一生教会你如何去爱、如何理解爱、如何感受爱、如何表达爱！爱这个世界，爱你的爱人，她们温柔、美丽，但又难免存在这样那样的缺点，但不论如何，爱她就要爱她的全部！爱，本就是一件难事！爱，便是希望你今后能幸福！这也是小王子离开 B612 星球时，玫瑰花对他说了两遍的道别而致歉的话。周游宇宙，受到生命启迪之后的小王子才最终领悟到，"我那时什么也不懂！我应该根据她的行为，而不是根据她的话来判断她。她使我的生活芬芳多彩，我真不该离开她跑出来。我本应该猜出在她那令人爱怜的花招后面所隐藏的温情。花是多么自相矛盾！我当时太年轻，还不懂得爱她"。有人说，这是作者圣·埃克苏佩里对妻子的忏悔。因为，"重要的东西，眼睛是看不见的，唯有用心灵去体会"。

二

【这本书带给我们的启示是什么？小王子又有怎样的象征意义？】

友好、和平、幸福、信任以及真诚，这些在孩童世界里都是不言而喻的道理，可是到了大人的世界里却成了稀缺之物。更为糟糕的是，这些都是大人给孩子灌输的、而自己却违心背离的理念。这是为什么，为什么我们越长大，懂的东西越多，反而越远离人类最初的希求与最基本的精神追求了呢？

　　随着年龄的增长，阅历的丰富，人慢慢从躯体上变高、变大，心也慢慢变得僵硬、变得数字化了。大人们习惯周遭的"数字化评价"，习惯以数字的价值来衡量一个人的价值。那些原初、童年时候内心最柔软的东西，慢慢被稀释，慢慢被消融，慢慢被遗忘，人们最终彻底变成了千篇一律的"社会机器"。

　　或许，你会担忧，当然我也担忧并且看到这些担忧在渐渐成为现实，在这个全球化的娱乐时代，手机的普及带来的网络信息的敞开，使当代儿童的思维越来越与成人思维趋同，填塞、充斥在他们心田的荒芜信息就如同 B612 星球上的猴面包树疯狂滋长。如何共同面对这个困局？这正是我们要重读《小王子》的意义。找回原本的那份纯真，才是荒芜里重生的希望！小王子就是我们的点灯人！他怀着最柔软的心，感受着生活的本质，守护着宇宙的美好，也守护着自己的纯真。这正是这本小书带给我们的感动与希望——始终相信美好，永葆希望与善念。

三

　　《七号房的礼物》是土耳其导演梅米特·艾达·厄兹泰金改编自韩版的同名电影，2019 年在土耳其上映。

　　梅莫是一个智商只相当于六岁小孩的智残父亲，他有一个可爱、懂事得令人疼惜的女儿奥娃，父女两人在梅莫奶奶的照顾下，过着平静幸福的生活。当太奶奶告诉奥娃，爸爸和你一样是个孩子时，奥娃没有疑惑或嫌弃，而是在心中默默种下了我要和爸爸一起长大的愿望。尽管梅莫被人嘲笑是傻子，尽管他无法如常人那般完全融入社会，但他也会竭尽所能地满足女儿的愿望。正当梅莫攒够零钱准备给奥娃买下一个她期待已久的红色书包时，不巧商店

里仅剩的这款书包被一个司令官的女儿买走了。

　　一日，司令官和家人在野外聚餐，小女孩背着的那个红色书包吸引了在附近放羊的梅莫的注意。无知的小女孩看着眼前这个傻傻的男人，一边调皮地引着他爬上海边的山崖，一边也将自己一步步引向危险。失足掉下悬崖的小女孩死了，梅莫抱着小女孩无助地想要救她，却意外卷入这场命案，含冤入狱被判死刑并被关进七号牢房。在这里，聚集着犯下各种罪孽的"恶人"，有黑社会老大阿斯柯罗佐、轻信别人的谎言导致女儿死亡因此深陷自责浑浑度日的优素福等等。起初，得知梅莫是一个残杀孩子的罪犯，这群穷凶极恶的罪犯也感到义愤填膺，把梅莫拉到厕所暴揍了一顿，几乎要了他的命。司令官坚持要让梅莫承担杀女之罪，不仅命令狱警保护好梅莫，不让他死在监狱，为的是最终审判公开绞死梅莫；而且命令医院证明梅莫智商正常，以免其逃脱审判，甚至不允许梅莫的家人来探视。

　　即使身陷囹圄生死未卜，梅莫却只担心奥娃会不会好好吃饭，什么时候能见到女儿。对于他来说死亡不可怕，真正可怕的是无法陪伴奥娃长大。渐渐地，梅莫孩子般纯洁的心感动了七号牢房的罪犯们，他们冒险将奥娃偷运入牢房与梅莫团聚。于是，黑暗冰冷的监狱中，七号牢房阳光满满地迎来了一份暖化人心的礼物。

怀有正义、慈悲之心的监狱长沃尔登，慑于军方的权势，明知梅莫智力有问题，却只能自欺欺人地说卫生机构证明梅莫是正常人。但是，当奥娃说出有证人可以证明梅莫无罪时，他终于听从自己的良心，说服表面上举止粗暴、蛮横，但其实也有同情心的监狱宪兵队长法鲁克中尉帮助梅莫寻找证人。

当沃尔登和法鲁克终于找到那个当天躲在山洞里目睹真相，能证明梅莫无罪的逃兵时，闻讯的司令官命人带走了这个逃兵，并偷偷开枪打死了他。监狱长沃尔登知道梅莫的时日不多了，他冒着被问责的风险，安排奥娃与梅莫在他的办公室见最后一面，父女二人深情地拥抱在一起。行刑前的那个夜晚，梅莫似乎也感觉到死期已近，他深情地与狱友们一一告别。

最终在善良的法鲁克中尉、监狱长沃尔登密谋之下，本就万念俱灰、渴望一死与女儿在天国相聚的罪犯优素福被蒙上头套代替梅莫上了绞刑架……

【看完这部电影，哪些场景让你难忘？哪些场景让你愤怒？哪些场景让你感动？】

生：让我最难忘的是梅莫被司令官踢倒在地的画面，梅莫想给女儿奥娃买那个红色的新书包，可是书包被司令官买走了，所以梅莫赶出去想要跟司令官解释。梅莫是真的爱自己的女儿。我特别感动。

生：让我最难忘的画面是，梅莫被关押在监狱里，太奶奶带着奥娃去探望，可是被拦在监狱外面，不允许她们进去。奥娃就沿着监狱高高的围墙一边敲墙一边高喊爸爸，梅莫在监狱里竟然听到了奥娃的呼唤。就这样他们被一堵墙隔着，一个在外面喊，一个在里面应。看得我都哭了。

生：让我最难过的一个场景是，奥娃的老师带着奥娃到监狱长的办公室探望梅莫，老师和监狱长其实知道这是梅莫和奥娃父女俩的诀别，见完这最后一面，梅莫就要被绞死。梅莫抱着奥娃不肯放手，嘴里不停地说我不想变成天使，我要我的奥娃。奥娃眼里满是泪水，祈求地看着老师，问老师爸爸会被处死吗？老师无奈地撒谎说不会。我当时看到这里真的很难过。

生：我感到最愤怒的场景是司令官打死证人的那个画面。虽然司令官死了女儿很难过，但是他也不能让无辜的梅莫，还有那个看到他女儿自己掉下山崖的逃兵陪葬啊！我觉得这个司令官太可恶了，太残暴了。

生：让我最感动的画面是，七号牢房的犯人看到梅莫的弱智和善良，知道他根本不会去伤害别的孩子，又看到梅莫那么思念女儿，就让奥娃假装成另一个犯人的女儿，然后由前来探望他的妻子带到监狱，接着偷偷地把奥娃藏在一个运送东西的餐车里带到了七号牢房。梅莫躺在床上蜷缩着身子思念奥娃，突然他好像听到奥娃在叫他，起先他觉得可能是自己听错了，后来他慢慢坐起来，竟然发现奥娃就在自己的眼前，父女两人紧紧地抱在一起痛哭。这个画面真是太感人了。

生：让我最感动的画面是，电影的最后梅莫调皮地从一辆汽车后面探出脑袋得救了的画面。梅莫笑得那么灿烂，我看得都哭了。

生：我感到最愤怒的是，士兵们不问青红皂白就把梅莫毒打了一顿，我觉得他们就是一群只知道听从上级命令的人，根本没有同情心。不管怎样，总得要先调查清楚再由法官来审判，而不是残暴地毒打别人，更何况梅莫根本不是罪犯。

生：我感到最痛恨的是，梅莫被强行按手印的画面，虽然梅莫是弱智，但他知道不能签字，因为他知道自己没有犯罪。但是他根本不是士兵的对手，他痛苦地蜷缩着身体，痛哭流涕。我感到特别无助和愤慨。

生：让我最难忘的画面是，梅莫被当作罪犯带走，奥娃哭着追赶汽车，梅莫在警车里一边无助地祈祷奥娃不要再追，生怕她摔倒受伤，一边和奥娃大喊"独眼巨人看到了"。奥娃听懂了梅莫的暗语，并找到了那个山洞里的叔叔，可是当她带着太奶奶再次来到山洞时，那个叔叔已经不见了。就像是最后一根救命稻草突然又消失不见了，这真是让人绝望。

生：我感到特别难过的是，梅莫在监狱里给女儿写信，可是每次狱警拿到信非但不把它寄出去，还马上把信撕毁。每次梅莫焦急地等待奥娃给他回信，可是都没有，他只能站在门口对着窄小的窗口哭泣地喊叫奥娃。

生：我感到特别震惊的一个画面是，梅莫的狱友——那个大胡子半夜起来上厕所，另一个犯人拿着刀要刺杀他。梅莫看到了竟然不顾危险去阻止，最后被刺伤了，还想着不让他们互相伤害。我觉得梅莫智商虽然不高，但人特别特别善良。

生：我印象特别深的一个场景是，狱友为了报答梅莫的救命之恩，将奥娃偷偷藏在餐车里带到七号牢房，正当梅莫和奥娃沉浸在团聚的欢乐之中时，突然监狱长来查房。无知的梅莫直接告诉监狱长女儿藏在床底下，愤怒的监狱长正准备带走奥娃，七号牢房的犯人们拦住了他，并告诉了他事情的真相。

生：让我特别难过的是，在监狱长的帮助下，奥娃被再次带到了七号牢房与梅莫团聚，奥娃却告知梅莫太奶奶变成了天使，梅莫伤心绝望地抱着奥娃痛哭。这个画面太让人难受了。

生：让我最震撼的是梅莫穿着帅气整齐的西装——与狱友告别的画面。说实话，我还以为梅莫最终会被绞死，因为司令官要他死，他不得不死。看到这里时我真的特别难过。

【你认为"七号房的礼物"是什么？学生充分思考后，拿起笔写下自己的想法，然后交流分享。】

生：我觉得"七号房的礼物"就是那个代替梅莫上绞刑架的狱友送给奥娃的小盒子，也就是电影一开始长大后的奥娃手里拿着的那个已经生锈变黑的盒子。盒子应该是那个替死的犯人的女儿生前留下的，奥娃让他想起了自己的女儿，所以他才愿意代替梅莫去死，一方面是因为他想要与死去的女儿在天堂团聚；另一方面可能是觉得反正自己也不想活了，就把活着的机会留给梅莫，因为太奶奶死了，假如梅莫也死了奥娃就成了孤儿。

生：我觉得"七号房的礼物"应该是牢房中的所有人，包括监狱长、宪兵队长在内所有好心人对奥娃的爱。正是所有人的努力，才让人物的命运在影片最后得以翻转。

生：我也这么认为，奥娃珍藏着这个小小的铁盒子，其实是珍藏着对所有人的感恩，没有他们，就没有现在的自己。

师：还有别的思考吗？如果说爱是相互的给予，梅莫和奥娃给予七号牢房的罪犯以及监狱长、宪兵队长的又是什么样的礼物呢？

生：我觉得梅莫给予狱友的是善良，虽然他是弱智，但是他那么善良，根本不愿意任何人受到伤害。要知道眼前这些罪犯曾经打过他，甚至差点打死他，但他依然毫不犹豫地挺身而出救下了那个罪犯。正是梅莫的善良，最终改变了狱友对他的态度，甚至改变了他们自己的思想。要知道他们绝大多数人都是穷凶极恶的罪犯，却为了一个弱智的梅莫冒着被加刑的危险，甘愿把奥娃带到监狱里。

生：我觉得奥娃的出现也是七号牢房中所有人的礼物。对于这些罪犯来说，奥娃就像是小天使，那么可爱，那么天真，奥娃慢慢融化了这些罪犯坚硬的心。

生：我觉得梅莫和奥娃之间的父女深情也是"七号房的礼物"。

【你觉得这个故事在现实中可能存在吗？为什么？】

（学生迟疑了好一会儿，凝神思索，慢慢地，有几个学生举手发表真实的想法）

生：让一个死刑犯这么轻易地被替换掉，这在现实生活中几乎是不可能发生的。我曾经看过一个纪录片还是电视剧有点记不清了，总之里面的重刑犯脚上、手上都是戴着铁镣铐的，没有狱警的钥匙是不可能打开的，所以单凭一个宪兵队长是不可能把所有人都吸引走的。

生：我觉得在现实生活中，这样的故事是不大可能发生的。和梅莫这个被判为杀人犯的重犯关押在一起的人肯定也是犯了非常严重的罪过，所以他们不可能一下子被梅莫这个弱智的人感动就完全改变了自己的本性。

生：我也觉得不大可能发生。既然那个一手遮天的司令官能控制监狱、宪兵队，还有权命令医院出示梅莫智力正常的凭据，那么监狱长和宪兵队长一定非常害怕他的权势，要知道一旦被司令官发现他们替换掉梅莫，结果是很危险的，那个逃兵的下场就是最好的证明。

生：把奥娃带到监狱里的情节我觉得不大可能发生，如果一个活人钻到餐车里就能混进关押重刑犯的监狱，那这些罪犯越狱岂不是很容易？还有就是，监狱中这些罪犯怎么都不戴手铐？

生：电影最后梅莫被救出来了，他怎么生活？他到哪里生活？原本照顾他和奥娃的奶奶已经去世了，他们能搬到哪里去？难道司令官就发现不了他们的行踪？

【把这部电影和《小王子》对应起来，你们又有怎样的思考？】

师：这部电影原本是一个韩国导演拍摄的，后来土耳其导演重新翻拍了这部影片。他们为什么要拍摄同一题材、同样情节的电影呢？既然这个故事在现实中不可能发生，那拍摄的意义又何在呢？诗人特德·休斯说："每个人内心深处都有一个孩子，在成长的过程中，我们构建起一个'第二自我'来应对外部的冲击，保护心中的那个孩子。然而，人生的风雨袭来，'第二自我'溃不成军，内心的孩子毫无防备地暴露了——我们的孤独与无助，是内心中的那个小孩在受苦。"

生：导演渴望借助这部电影唤醒我们的同情心，哪怕之前你犯过错，甚至犯过罪，只要内心向着善与爱，就可以重生。

生：导演关注到两个代表性的人物——一个白痴，一个天使。白痴就是梅莫，天使就是小女孩奥娃。这让我想到《小王子》。奥娃就像小王子，她用自己最天真的善良，化解了监狱中那些重刑犯的仇怨。我想这是不是一种象征或者寓意，只要人人像他们一样善良，这个世界就会变成美好的人间。

生：电影以梅莫获救结束，看似好人有好报的大团圆，其实我觉得应该是一种美好的希望吧！就像小王子最终回到了自己的B612星球，而不是留在地球。这似乎在告诫我们，只有每个人内心的"小王子""奥娃"被重现唤醒，我们这个世界才会远离战争、罪恶。

生：小王子对B612星球上那朵玫瑰花的情谊，那么真挚，那么纯洁，就像梅莫对奥娃的爱一样深。只不过，电影里的奥娃不像那朵玫瑰一样傲娇。

生：我觉得不论是梅莫、奥娃，还是小王子，都像是某种精神的象征，在他们的心里，没有恶意，没有竞争，没有欺骗，他们是纯真和善良的化身，他们可以为了自己所爱的人，付出一切，甚至是生命。

师："复归于婴儿"，是回归怜悯、慈悲、仁爱、平等、无分别心。这里的婴儿并非特指多大的生命体，而是一种思想，一种境界，一种心灵的朝向。它是新鲜、活泼而充满生命力的爱，没有任何干扰，源自自己当下的一种真实的、油然而生的恻隐与同情。当更多的人不断唤醒自己的赤子之心，这个世界就真的会变美好！

故乡的守望

——电影《家在水草丰茂的地方》赏析

一

《家在水草丰茂的地方》是由李睿珺自编自导,方励监制及制片,汤龙、郭嵩涛主演的一部剧情片。影片于 2015 年 10 月 23 日在全国上映,曾获第 27 届东京国际电影节最佳影片金麒麟奖提名、第 65 届柏林国际电影节水晶熊奖提名、第 37 届鹿特丹国际电影节 HBF 剧本奖等。

裕固族少年巴特尔和阿迪克尔是只相差一岁的亲兄弟。因为忙不过来,父母只得将哥哥巴特尔送去爷爷家抚养。巴特尔心中产生了对父母的怨恨,觉得自己是被他们抛弃的孩子,同时对爷爷怀着深沉的依恋。到了上学的年龄，父母与爷爷商量决定送兄弟二人去同一所学校上学。可分隔多年的隔阂以及巴特尔的心结，导致他从不和弟弟说话。爷爷去世了，暑假来了，其他孩子都被接回家，父亲却没有出现。阿迪克尔想和巴特尔一起回家。一开始，巴特尔并不同意离开爷爷生活的那座小房子。弟弟说，你不回家，爷爷的灵魂就没法回到草原上。于是，思考一晚的巴特尔收拾好爷爷、奶奶的遗像，和阿迪克尔一起上路，寻找在草原深处的家。因为父亲曾教过他们，放牧时如果迷路，一定要顺着河流走，只要在水草丰茂的地方，就能找到牧民的家。两人骑着骆驼上路了，一路历经奇特的风景，也屡屡陷入困境和冲突之中……

【巴特尔和阿迪克尔这对兄弟的感情经历了几个阶段？】

《家在水草丰茂的地方》演绎的是巴特尔和阿迪克尔这对兄弟的"回家"之路。兄弟俩的感情变化正是这部影片的一条暗线。请同学们在讲义纸上梳理一下兄弟俩感情变化的几个节点，分别是在怎样的情境下发生的？地点在哪儿？

在学校，兄弟俩是最亲的陌生人。一次，父亲给爷爷送药，顺道来看望兄弟俩。父亲因为对巴特尔的愧疚，给他买了一件新T恤。可巴特尔并不领情，而弟弟觉得父亲偏心，哭闹着也无济于事。回到学校后，巴特尔找到弟弟的寝室，一股脑地把父亲留给他的衣服、零食统统扔给弟弟。在他心里，他不属于弟弟的家，他是被抛弃的人，只有抚养他的爷爷才是他的亲人。

周末，爷爷让一直跟随自己的巴特尔邀请寄宿的弟弟阿迪克尔回家住，巴特尔却自顾自走了。回到家，爷爷让巴特尔把自己的玩具分给弟弟一起玩，巴特尔非但不肯，还自顾自地故意玩得很开心气弟弟。爷爷分明叮嘱过巴特尔，不要把爸爸送他气球底座盒子这件事告诉弟弟，巴特尔却故意在弟弟面前摆弄，还告诉他这是爸爸送给自己的。

为了安顿爷爷的灵魂，巴特尔选择和弟弟一同回那个让他充满怨恨的家。一路上，弟弟其实一直都想和哥哥拉近关系。路上看到一条用水泥浇灌保护起来的地下河，弟弟邀请哥哥下去玩，哥哥却拒绝了，故意冷漠地对待弟弟，不肯放下内心的执拗。

夜晚，气温骤降，弟弟邀请哥哥来自己生起的火堆旁烤火。哥哥依然冷漠地拒绝了，嘴里不住地抱怨，冻死不是更好吗，我一出生他们就不要我了。哥哥怨恨的根源在于，他觉得是父母抛弃了自己。

哥哥在一个窑洞里看壁画，突然惊飞的鸟禽把他吓得大叫。弟弟赶紧关切地跑去探望，可哥哥一看到弟弟，却漠然地若无其事地转身走了。

面对哥哥一次次冷漠的态度，弟弟总是选择默默地忍受。

路上，哥哥不听弟弟的劝告，很快他水箱里的水就喝完了。哥哥竟然趁着夜晚弟弟睡着了，偷偷换走他的大水箱。弟弟醒来后还没来得及关注水箱，就发现自己的骆驼走丢了。在沙漠化很严重的草原上没有骆驼，意味着什么，巴特尔自然知道。其实他再绝情，也割不断血脉亲情。巴特尔放开自己的骆驼，让它领路寻找走丢的骆驼。沿着山路，绕过一座座山丘，他们总算找到了走丢的骆驼，此时它已经奄奄一息，即将走到生命的尽头。一顶遗留的帐篷，把阿迪克尔的记忆拉回曾经的家——那时绿草繁茂，生机盎然，妈妈还年轻，河流还未干涸……原来，骆驼也在寻找自己的童年、自己出生时的家园——曾经的夏日塔拉，黄金牧场。

此时，兄弟俩产生了真正的正面冲突。巴特尔拿出刀想要杀死弟弟的老骆驼，喝骆驼血，然后继续赶路。弟弟压抑了一路的情绪、积压了多年的抱怨也终于爆发。因为，父母心怀对巴特尔的愧疚，因此，每次买新衣服都给巴特尔，阿迪克尔总是穿哥哥剩下的旧衣服；每次有好吃的、好玩的，也总是留给巴特尔……兄弟俩扭打在一起。弟弟朝哥哥眼里撒了一把沙子，哥哥随手狠狠一拳打在弟弟的胸口。弟弟疼得直呻吟，哥哥却骑着骆驼自管自地走了……阿迪克尔蹲在死去的骆驼旁，潸然泪下。矛盾的爆发，意味着兄弟俩情感的走向，有可能从此分道扬镳，甚至是阴阳两隔。当然，也可能物极必反，兄弟俩的感情即将迎来转机。毕竟之前面对弟弟走丢骆驼的事情，巴特尔并没有见死不救，就是伏笔，就是暗示，就是铺垫。巴特尔内心的亲情并没有完全断绝。

夜幕降临，巴特尔站在山丘的高处，眺望着来时的路，他一边张望着弟弟是不是跟过来了；一边用拳头狠狠地砸自己的胸口，嘴里还念叨着，也没那么疼，他应该没事的；一边还心怀愧疚地和骆驼说着宽慰自己的话——阿迪克尔肯定是装的，骆驼，你说是不是！

第二天，巴特尔找到了一座筑造在山崖上的寺庙。干渴难忍的巴特尔见到老喇嘛说的第一句话不是讨水喝，而是关切地询问他见没见过一个比自己矮一点的男孩。这是亲情的牵挂呀！再抱怨，再痛恨，再决绝，也难以割舍的血缘啊！

天黑时，阿迪克尔循着路也来到了这座寺庙前。怯生生的他在好心的小喇嘛的带领下来到了庙里。当巴特尔看到阿迪克尔的第一眼，担心、恐惧、自责，都化作了重逢的欣喜与激动。

再次上路，兄弟俩的感情发生了微妙的变化。路过一座山坳，空中飘过一个白气球。巴特尔跳下骆驼急急忙忙去追赶气球。看到弟弟追上了，巴特尔故意蹲下来系鞋带，然后第一次冲着弟弟腼腆地笑着说：阿爸已经送给我一个了——这也是巴特尔第一次真正发自内心地称呼阿爸。

夜幕下，已经放下芥蒂的兄弟俩开始第一次推心置腹的交谈。弟弟娓娓地向哥哥讲述阿妈这些年对他的牵挂——阿妈一做好吃的，就反复念叨你的名字。尽管你不在，也会给你留一大碗。以前爷爷奶奶送你回来，你又跟着他们离开，阿妈很伤心，好多天都不说话。弟弟说完，拿出自己心爱的玩具给哥哥玩。这也是巴特尔第一次接受弟弟的礼物。白色的大气球，映着兄弟俩和谐游戏的影子。

不知走了多少天，兄弟俩终于见到了流淌着清澈河水的溪流。弟弟欢快地脱光衣服喊哥哥一起下河游泳。巴特尔正准备脱下外套，此时露出的是影片一开始阿爸到学校看望兄弟俩，到集镇上买给哥哥的一件橙色T恤。当时阿迪克尔哭闹着也要阿爸买一件给自己，可巴特尔却嫌弃地不要阿爸买的任何东西。这时，巴特尔已经懂得心疼弟弟，不想让弟弟难过，他紧紧地用外套包住这件不知什么时候穿在身上的T恤。禁不止诱惑的哥哥最终脱下了衣服，和弟弟尽情地在溪水中嬉闹。这与兄弟俩刚踏上回家之旅时弟弟邀请哥哥到一个地下河玩，被哥哥冷漠地拒绝，形成了对比性的呼应。

兄弟俩终于找到了父亲。电影的最后，他们并排跟在父亲的身后。一路的寻找，一路的跋涉，兄弟俩的关系也从冷漠的敌对，发展到激烈的对抗，最后达成融洽的和解。

二

【巴特尔和阿迪克尔在回家的路上，导演着力聚焦了哪些特写镜头？这些特写镜头有怎样的象征意义？】

生：我注意到影片一开始介绍回鹘的历史，墙上是年代久远的壁画。这些壁画随着土墙慢慢地脱落……

生：看了整部影片，我感觉墙上这些壁画就像是慢慢消失在历史长河中的人们。

生：我看到途中那个寺庙的墙壁上也有一些壁画。

生：路过一座土丘，在一个破败的窑洞里，哥哥巴特尔拿着手电筒，照见了描绘张骞出使西域、回鹘族历史的壁画。

师：导演为什么要聚焦这些年代久远的壁画呢？

生：我想这些壁画是回鹘族的象征，每个民族都有每个民族的文化。

生：这些壁画也是时间的象征，是一代又一代人的见证。

生：我觉得这些壁画是不是一种信仰的象征？虽然我看不懂这些壁画。

生：我觉得这些壁画就像慢慢消失的草原和干涸的河流。

师：不论是壁画、草原、河流，随着环境的变化、气候的变化、人口的变迁，都慢慢成为了历史的尘烟。但这些壁画是时间的见证，是民族文化的见证，是人类文明的见证。

生：我关注到影片中有一个长镜头，就是兄弟俩来到一个空无一人的小镇，镜头慢慢地扫过去，都是空空的房子，断壁残垣，荒败凄凉，四望茫然。

弟弟说，春天阿爸带他路过这个小镇时，还有几户人家，现在一户人家都没有了。

生：夜晚，兄弟俩在空荡荡的残墙根儿休息。弟弟拿着手电筒在坍塌的泥墙边游走，突然看见地上有一个相框，擦拭后发现是同学小胖的全家福，拿给哥哥看，哥哥嘴角刚扬起微笑，又马上本能地收回去了。哥哥用毛毯盖住头，然后转过身去，故意躲开弟弟。

师：一路上，兄弟俩还看到了哪些荒败的景象？

生：干枯的水井。

生：一个应该是给骆驼饮水的水槽，一点水都没有。

生：还有一个很大的湖，也干涸很久了，湖底都结出了像盐碱一样的硬块。

师：村庄、水流、湖泊，人类生存的家园逐渐消失了。爷爷生前请人在家门前打井，可是那两个工人打了很久都没打到水。爷爷只好卖掉自己的羊群。他骑着那匹白马站在山坡上，迎着风伤感地唱着裕固族古老的歌谣。把这些镜头语言联系在一起，你想到了什么？

生：水是生命之源，没有水，人类将无法生存。

生：我想到了人类总是追着水、追着光而生存。水，象征着物质文明；光，象征着精神文明。

生：我想到了裕固族是一个迁徙的民族，他们是草原上追着水源生活的民族，是马背上的民族。我还想到其实世界上无论哪一个民族，都有群居和迁徙的过程。如果聚集到城市，慢慢地人口越来越密集，资源就越来越稀缺，人们生存面临的压力就越来越大；就像草原上的镇子，聚集的人越来越多，放牧的羊群就越来越多，对草原的破坏就越来越严重，最后人们只能迁往另一片草地。

生：我由这组镜头想到，这个镇子只是无数消失在荒漠中的镇子的缩影。我突然想到了《流浪地球》，人类的迁徙就像是一个流浪的过程。在流浪的途中，遗落的是一个个曾经见证过人类文明的足迹。

生：我关注到的是兄弟俩迷路的镜头。沿着河道一路跋涉，他俩走着走着迷路了。兄弟俩意见不统一。弟弟说应该往东走，因为阿爸告诉过他应该顺着河流的方向走。哥哥说，我凭啥听你指挥呢！爷爷告诉他骆驼是对水源最敏感的动物，应该把骆驼放了跟着它们走。两匹骆驼在前面跑，驼铃叮叮当当，兄弟俩紧跟在后面跑……

师：迷路象征着什么？争执又让你想到了什么？

生：迷路象征着迷失方向，不知何去何从。

生：迷路让我想到了刚才大家谈到的部落的迁徙。人们在熟悉的草原上生活了很久，可是草原没了，家也没了，他们似乎也迷路了。

生：争执让我想到了草原人民因为生活的抉择产生的分歧。

师：一路上，你觉得是什么指引着兄弟俩找到了家？还记得弟弟阿迪克尔有一个很珍贵的物件吗？每晚睡觉，他总是把它放在毯子下面。

生：想起来了，是指南针。阿迪克尔后来把自己心爱的指南针送给了老喇嘛，为了感谢老喇嘛将骆驼送给自己。

生：弟弟是依靠自己曾经多次和阿爸走过这条路的经验，寻找回家的路；哥哥则是依靠爷爷传授的生活经验，放开骆驼，让骆驼带领着寻找水源。

师：跟随父辈亲自走过的记忆、祖辈传授的生活经验，这些都是人类寻找未来的知识母体，正是靠着一代又一代人沉淀的经验，人类才拥有了知识、文字、创造发明。但不论人类如何进化、进步，都会在现实中遇到困惑，都会在新的历史语境中迷失自我。人类文明何去何从？迷失中的人类如何在未来的挑战中延续文明？这些问题是人类在不断的求知、探索中不得不面对的矛盾与挣扎。

生：我印象比较深的是寺庙的场景。寺庙建造在山崖上，循着台阶拾级而上，穿过石壁开凿出的狭长的过道，看到的是曾经香火旺盛的辉煌，还有墙壁上残留的过往行人的划痕和签名。不大的庙堂，墙上挂着一幅幅经文图轴。一位慈祥的老喇嘛正默默地坐着。老喇嘛教导巴特尔要懂得感恩父母。巴特尔双手合十，跪拜祈福——这是巴特尔第一次放下对阿妈的怨恨，或许也是在为弟弟祈福，为自己那一拳伤害了阿迪克尔而忏悔。此时，循路而来的阿迪克尔正站在庙堂门口。

师：巴特尔为什么会放下内心对父母的抱怨，他为什么会选择和阿迪克尔和好，这与寺庙里的老喇嘛对他的教诲是有直接关系的。还记得虔诚祈祷后睁开眼的巴特尔和站在楼梯口的阿迪克尔四目相对的细节吗？我们分明可以从巴特尔的眼中看到欣喜的光。一路上，他心中充满怨恨，眼神始终是黯淡、无精打采、带有敌视的。面对暂时无法排遣的痛苦，面对永恒不变的生死困局，面对滔滔洪流般的情绪波动，人类文明正是依靠着虔诚的信仰、善良的启悟、本心的守护，才得以找到内心的明灯。

生：兄弟俩找到了水流，看着眼前的水草越来越丰茂，骑在骆驼背上的弟弟憧憬着晚上就能吃到阿妈煮的香饭，明天就可以和哥哥、阿爸一起放牧……可映入眼帘的却是被挖得满目疮痍的河道，乱石堆积的道路，俯身淘金的人们，还有停在路边的一辆辆卡车、小汽车。铁锹一锹锹地挖着，双手一簸箕一簸箕地淘着，阿迪克尔茫然地寻找着——心中水草丰茂的牧场，牧场上自由放牧的阿爸，还有那顶帐篷。阿爸带着兄弟俩回家了，可这是阿迪克尔心中的家吗？远处是高耸的烟囱，一座正在兴建的工厂。阿爸在前面走着，兄弟俩在后面跟着，夕阳渐渐沉下地平线，阿爸的影子渐渐模糊，兄弟俩也渐渐消失在地平线上………

师：影片最后的镜头又让你想到了什么？

生：是不是象征着传统文明与现代文明的更替？

生：这让我想到了环境的破坏。

生：阿迪克尔的梦想就是和阿爸在草原上自由地放牧，但是随着工厂的扩建，草原上的牧民纷纷加入淘金的队伍，人们再也回不到水草丰茂的故乡了。

三

【阿迪克尔和巴特尔"寻找回家的路"有怎样的象征意义？】

阿迪克尔和巴特尔寻找回家的路是故事的主体内容。阿迪克尔和巴特尔的阿爸、爷爷也是沿着这样的路放牧、寻找回家的路。这条路走了上千年，可是到了现在，找不到过去的老路了。在现代文明的冲击下，草原、故乡甚至亲情，都渐渐远去，淡化，沙漠化。回顾整部影片，跳出故事的叙事，思考"寻找回家的路"又有怎样的象征意义？

　　还记得那匹爷爷生前骑过的白马吗？爷爷去世后，巴特尔决定和弟弟一起回家，在爷爷的坟头前，巴特尔解开了缰绳，把那匹白马放归草原。两匹骆驼驮着两位少年，一匹白马，两座低矮的坟头，坟旁插着一面扎着彩条的白色幡旗。就此别过，两个少年开启漫漫回家路，白马扬尘而去……

　　路过荒芜的小镇，夜晚，阿迪克尔生火取暖。那匹放归草原的白马竟来到他身边，亲吻他的额头。晨曦微露，白马又在他不舍的目送下，渐渐远去。

　　那匹白马为什么会不断出现在影片中？这包含着导演怎样的拍摄意图？又隐含着怎样的象征意义？

　　马，是草原的象征，是自由的化身，是故乡的信物，是游子思乡的念想。所以，离别时，马是不舍的心绪；路途中，马是对故乡的回望；剧终时，马是消失了的遥远的记忆，是再也见不到、回不去的故乡的象征。

　　其实，每个游子都有一个思家的梦。这个梦就像那匹白马，总会在夜深人静的时分，牵着你的思绪飘回故乡。但每个游子的脚上，又都有一副镣铐。这副沉重的镣铐，或许是现实的牵绊，或许是未能如愿的抱负，都化作了游子心头挥不去的纠结与酸楚。

　　兄弟俩的关系是不是象征了每个游子与故乡的关系？哥哥和弟弟是不是每一个离家游子内心的两个"我"？

　　在没有离开故乡之前，我们似乎对故乡、家人总是充满抱怨，这种抱怨促使我们一旦离开故乡就不想再回去，那份疏离感、陌生感渐渐演变成一种恐惧感——就像哥哥巴特尔内心对父母的那种情感一样。但是，哪有一个离家的人能割舍、断绝得了那份对故乡的情感呢？于是，弟弟阿迪克尔就会在无数个深夜苏醒，悄悄地在梦里诉说着对阿妈的依恋与思念。

年轻时，我们的脚步与目光始终都是背离故乡的方向，向着远方。回首时，我们的内心与目光又总是朝向故乡，魂牵梦萦。那一刻，我们内心的巴特尔和阿迪克尔也最终化为相思泪、杯中酒，悄然释怀，泯然和解。因此，从某种意义上讲，寻找回家的路，就是精神的寻根之旅，也是寻找心灵和解之途。

【联结观影思考，分享《小村风物史》阅读心得。】

裕固族，大草原，似乎离我们很远很远。但是我们的家乡，我们祖辈生活过的村子呢？是否也面临着同样迁徙、消失的命运？观看电影《家在水草丰茂的地方》后，阅读本土作家郑亚洪先生的《小村风物史》，大家又有怎样的体会呢？

林力宇：这本书是游记，是回忆，也是对故里变迁的感慨。书开篇是现今的故里，烟尘飞扬，荒无人烟，碎片子散落一地，错落着，只有几丛荒草成了这片土地最后的倔强。乐清这七十五个村、八个镇本在地图上是几个微不足道的小点，可在这本书里，这些小村小镇却如一个个被放大了的玛瑙。万岙村，瑶岙村，黄塘村，郭路村，杏庄村，贾岙村……这一个个见所未见、闻所未闻的名字，如针般一下又一下刺着我的心。这一个个曾经挺立在阳光下的村子，如今却孤坐在阴影中。可现今的这一个个村子和曾经的那一个个村子有什么区别吗？并没有。那一个个小村被遗忘才多久啊，"溪水一夜，怅惘了她的愁容"。

黄梓源：乡村，这是一个多么熟悉又多么陌生的字眼。这里曾经是人们居住的地方，但是随着时光流逝，它渐渐地被人们遗忘。城南街道取代了万岙乡，就连乐成镇的叫法也过时了。亚洪先生写了这本书来怀念乐清曾经的乡村，这些乡村已经衰败、破旧，但是亚洪先生把镜头聚焦于这些小村的风景，让我们看到了一个个真实的故乡。

李子谦：作者知道，他对农村深深地迷恋，是因为只有在那里，作者才能感觉到他从哪里来，才能真正认识自己。作者也明白，终会有一天，他也将厌倦农村，它的残损的屋瓦，它的唠唠叨叨，它的修补与缠绕，它的没完没了的复制与同化，但至少在那之前，作者还有时间将这些农村的风物记录下来。

候瑞博：作者游历了乐清七十五个大小村庄，记录了它们现在的状态样貌，写成了这部书。作者在序中引用了罗伯特·洛威尔的"人比风景更易老"，几年间乡村面貌大变，被高楼吞没，那曾经的名字都不复存在了，那片土地被成功地戴上了面具，融合了，化上了千篇一律的妆容。时间是一切的谜底，任何东西在时间河流的冲刷下都会暴露无遗；时间也是一个无尽的谜语，任何文明都会在时间的长河中复归平静。

郑吉喆：村，这个概念是记忆里的。过去，是一个遥远、不可触及的空间。乡村广阔，广阔不在地域，而在心境。作者是路过的人，是当事人，是后来人，是过去人。一幕幕记忆浮现在脑海中，如梦似影，飘渺而逝。这本书，我断定不是为下渎村、柳市镇而写的，也不是为乐清古镇而写的，而是为了更多的古镇而写的，为了更多的记忆而写的。发现美，更要保留美。阿城《树王》中有一段话："可这棵树要留下来，一个世界砍光了也要留下一棵，有个证明，证明老天爷干过的事。"或许，一切的文字、记忆，都是为了抵抗时间的流逝吧！

【重走故乡路，亲历故乡的变迁，你的心头又涌起了怎样的情思？】

周末请你们回一趟自己的老家——那个爷爷从小生活过的村子，那个父亲生于斯长于斯的故乡，那个你或许生活过、或许只是回去过的地方，走一走，看一看。然后，分享你们笔下的故乡。此时此刻，重新拿起自己写下的文字，发出声音来吟咏，相信你会有一种不同的感受。

陈依涵：这里总是绿树成荫，四季常青，这是我生活了五年的地方，一个永恒不变的家。老家的路是极窄的，且十分不平，自行车骑上去，人总被颠得摇头晃脑。眼前这条水泥路是后来才修的。沿小路一直走，就到了老家村口。村口种着一棵老树，比村子还老，见证了一代又一代人的成长。如今的老树，依旧苍翠挺拔。我的老家就在老树的斜对面。这里的房屋高低错落，砖块早已发黑，一下雨，水就渗进木质的房顶，使得屋内十分潮湿。每家门前都有台阶，只要一踏进去，就说明进了家，主人必会热情招待。老家没有抽油烟机，油烟四处飘，楼梯、座椅甚至碗筷、墙上的日历也被油烟熏得焦黄。村子里家家户户的门都是花花绿绿的，各不相同，可一转动，那门便"咯吱咯吱"响，惊人地一致。

老家依旧是记忆中的样子，仿佛时间停滞了。正对屋子是一条河，河旁围有栅栏，沿着台阶走下去就可以到河边。父亲说，在他那辈，河水是翠绿的，如一块绿玛瑙，美得诱人。奶奶在河里洗衣服，淘米。河边总是架着几个竹子做的衣架，晾着各色的衣服。阿猫蜷着身子，两爪揣在胸前，受着免费的清凉。人们则会从屋里取出竹躺椅，拿把大扇子，穿件白背心，躺在椅上边晃边哼曲。

村里有一个小卖部，拿着一两块钱去买糖，和伙伴一起坐在台阶上分享。小卖部内的标价是一张张红纸上写的毛笔字。小卖部旁是一个寺庙样的高堂，里面的香火连绵不断。

走百米，便是菜市场。秤砣缓慢地移动。"白菜多少钱？""一块。""三斤多二两，收你三块……"

夕阳西沉，我回到城里，望着车水马龙的街道，望着灯火通明的大楼，我又想起了那个被时光遗忘的老家……

王书涵：我的老家在盐盘。听爸爸说那以前是一个晒盐的地方，我倒没有什么关于盐的印象。只记得小时候和阿太摆摊卖鸡蛋，我拿一个小凳子坐在一筐筐鸡蛋前，看阿太不断用乐清话招揽生意。若旁边卖菜阿姨的孩子也在，我就会和他在小巷中乱走。小河桥上的卖糖老人，水中的鱼儿，房子上棕色的瓦片，家门口的无花果树和一只只怯生生的小狗。这是我印象中的盐盘。

因家庭的特殊原因，自上了小学后我便再也没去过盐盘。再一次去看望阿太时，已是五年级了。不走新建的隧道，一路傍着大山开，就到了。

五年的时间，盐盘好像没什么变化。不知为什么，我看着却那么陌生。我摸着满是尘土的斑驳的电线杆，上面还有未铲干净的广告。向里走，桥还是那座桥，水中却没鱼了。家门口的无花果树还在，却不见一只狗。推开木门，"吱呀"一声，映入眼帘的是那张熟悉的遥远的小床。床上是阿太舍不得扔掉的旧电视，电视上面放着一盒我小时最爱玩的弹珠。从小窗往外看去，桥上卖糖的老人也不在那儿了，想起小时候缠着老人要糖的事，我只是苦笑。"哦，那个卖菜阿姨的小孩儿呢？"我问爸爸。爸爸告诉我他都上初中了。回忆起来，他好像是比我大些。沿着记忆中的小路来到他家楼下，一楼的窗中是他在写作业的身影。

被他妈妈客气地请进了屋。略显尴尬地有一搭没一搭地说着"你不像你了""好久不见"之类的话，他又带我去走当年走过的小巷。夕阳下，街上好像冷清了些，我们一路笑一路走，两人童年幼稚的脸渐渐淡了。

阿太在无花果树下扫着落叶，弓着背，手掌如同那棵苍老的无花果树。

这还是盐盘吗？我努力在脑海深处挖掘旧时的回忆，时光却让我淡忘，我感到悲叹，我的童年一去不复返了。五年后的这里，又会怎样呢？

连盟：也不知是什么时候，村头的那座"马到成功"的巨型雕塑被撤了，取而代之的是一块比它还大的石块，上面用红字写着"前塘村"，上头还用红绳系着一朵花。道路两旁的松柏守着这座平静的村庄，前面是一座桥——一座带给我无数回忆的桥。

晚上六点，路灯自动亮起。人们吃过晚饭，一个个都来到了桥上。两旁是石椅，村民们相聚在桥上，每天都有聊不完的话题。清风徐来，桥下水波荡漾。小河的源头能追溯到上头的法华寺，甚至更上面不知名的山谷，真有种"一水护田将绿绕，两山排闼送青来"的感觉。

桥的尽头是连氏宗祠，有时里面也会唱戏，很热闹，这也算这个古村留下来的记忆了吧。祠堂里画了十分壮观的壁画。楼上烧着香，点着蜡烛，供着佛祖，天花板被熏黑了一角，看着挺有意思。

村里的人好像也以一种新的形式生活着。家旁边有一个大雨篷，下面有好几张桌子。下午，村里上了年纪的人三三两两地凑成一桌，一起打牌，偶尔也会因为打牌而吵得面红耳赤，不过吵完，第二天还是照常聚在一起打牌。

早上大概五六点，村里就开始热闹起来了。村头挤满了人，各摆各的摊，各卖各的货，有菜、肉、豆腐、海鲜，像菜市场一样。或许，这就是人们经常说的人间烟火气吧！

古村、古桥、古祠，一切都那么古老；工厂、汽车、路牌、新房，一切又都那么新鲜。曾经的无名小道，现在已变成了宽敞的前塘路。那座无名的古桥也有了自己的名字——前塘桥。一切的一切，好像都在悄无声息地改变着，也在潜移默化地影响着我们每一个人的生活。看看远方，依旧是低矮的青山。眼前的一切，又好像在告诉我们，要好好守住那份思念……

四

故乡是什么？故乡的失落意味着什么？现代文明下，后现代城市部落的孩子对故乡的体认来自什么？

家园是什么？它既是物质空间，更是心灵概念。

趋同化的城市文明中，处处皆可落脚，却没有一个可以让心灵立足的方寸之地。

无归属的孤独感，叶落归根的念想，随波逐流的迷茫，对故乡那份深沉、内敛、浓郁的爱也在慢慢地稀释，慢慢地遗失……

一代又一代人，从出生地出发，朝着自己心中向往的远方游走，但不论走得多远，回望来时的路，始终有一个遥远的原点杵在心头，那是烙印，长在肉里的，流在血液中的，那就是出生的地方，那就是小时候生活过的地方，那就是记忆中的故乡啊！

随着现代文明发展的进程，不论是发达国家，还是发展中国家，不论是城市里，甚至是镇子里长大的孩子，已经越来越远离脚下生活的那片土地。蜗居一室，狭小的空间，却可以在手机、电脑的世界里应有尽有地"掌握"一切。商品房的建筑模式，加上电子设备的普及，使得越来越多的年轻一代与自己的故乡脱离了亲近的关系。

过去，游子对故乡的记忆是泥土里的气息、菜园里的青虫、瓜架上的味道，还有小弄堂、田垄间的嬉戏玩闹。因为，土地是记忆的根，不管你走得多远，离家多久，都会牵挂回想。因为有根，所以才会有"寻根文学"，才会有"乡土文学"。但是，现代文明背景下成长起来的"手机一代"呢？承载他们的故乡记忆是什么？这样一部电影正是一种唤醒——唤醒某种记忆中的味道。"天渐凉，游子吟，暮秋送去迎寒冬，霜降来时寒意浓。漂泊的游子，无论你有多久没回家，家都在这里等你。"这是电影网《家在水草丰茂的地方》电影海报上的一段话。家真的都在这里等你吗？不论对于大人还是小孩，能追上父亲的脚步，故乡就是故乡，故乡还是好故乡。因为，有一个人、有一个家还在那里等你！故乡是每一个生命个体保持生命异质感的精神源头之一，守望故乡，其实，守住的是自己的内心！

我们究竟到哪里寻找诗意的栖居

——电影《小森林（夏秋篇）》赏析

一

德国思想家马克斯·韦伯将现代社会比作一个铁笼，这个铁笼既给现代人提供了生活的基础和保障，但同时又是一种精神的限制与禁锢。它将每一个社会人都分类为铁笼中的零部件、一个待价而沽的商品。我们每一个人的自我发展都被理解或者说被定义为"提升自我价值的商品竞争"。于是，在铁笼里生活久了或是变得麻木，或是变得顺从，或是变得扭曲，但每一个未完全丧失万物之灵的个体总希望到铁笼之外呼吸新鲜的空气，哪怕暂时的逃离，也是一种精神的放松或是心灵的慰藉。德国诗人荷尔德林说，人生充满劳绩，但可以诗意地栖居。我们究竟到哪里寻找诗意的栖居呢？

压迫、局促、紧张的城市化进程带来了人类心灵空间的狭隘、焦虑，田园就成了唤醒人心回归平和与安宁的精神场所。美国绘本作家维吉尼亚·李·伯顿创作的《小房子》便是人类在现代文明城市化进程中的一个象征与缩影。正如丹麦女诗人英格尔·克里斯坦森诗中所写："我们毁掉的／比我们思索的更多／比我们知道的更多／比我们感受的更多。"我们的人生就像是在走过场——走过学业追求之路，走过职场追求之路，走过家庭追求之路，走过下一代的学业追求之路，代复一代，年复一年，赶场的路上，我们渐渐丢失了倾听四时之风的心境，也渐渐丢失了感知四季交替的敏感的心，更丢失了对自然造化给予我们一切的感恩与念怀。

二

《小森林（夏秋篇）》是由森淳一导演、乔本爱主演的一部电影。讲述了主人公市子无法融入喧嚣的大城市，选择回到自幼生长的老家——位于日本东北地区的小森村，学习自耕自种、自给自足的故事。

【观看电影《小森林（夏秋篇）》，请用一段文字描绘一个你难忘的场景。】

生：让我最难忘的是，电影开头市子从城里回到小森村，在乡村公路上骑自行车的画面。狭窄的公路两旁是苍翠的树木，清爽的山风吹着市子的衣裳、长发，她整个人都浸润在这片绿色的森林之中。我似乎都能闻到春天的味道，那种绿色的树木所散发的淡淡的清香。我感觉在这样的山林间穿行，整个身心都是放松的。整个小森村被青山包围着，四周的水汽把小森村衬托得就像世外桃源一般。

生：电影一开始应该是梅雨季节吧，空气是湿漉漉的，衣服晾晒在外面根本晒不干。市子不得不在房间里生起火来烘干室内的空气，但这样房间里就变得非常闷热。市子自耕自给的生活，看起来好像很好玩的样子，其实是很辛苦的。我们看到的是她享受美食的温馨美好，但是假如让我们真的去做，又是另一种滋味。

生：让我难忘的场景是，市子到田里拔草，电影中应该运用了想象的魔幻技法，市子满手都是绿色的浮游生物，她感觉自己刚拔掉的草过一天又长了出来，变成绿色的藤蔓缠绕着她。这样的劳作是很辛苦的。

生：让我难忘的一个场景是，市子站在田间，看到田里的水少了，她知道应该是漏水了。于是，她站在田垄上闭上眼睛仔细倾听，整个世界都变得宁静，汩汩的流水声很快传来。四周是绿油油的稻田，再远是满目的青山，还有瓢虫、天牛、飞鸟，一切都像是画境一般。让人感觉在这样静谧的田地里劳作，是非常有诗意的、浪漫的事。

生：市子的房子附近有一棵胡颓子树，每年果子成熟都会压低枝丫。今年的胡颓子又成熟了，红红的果子挂满枝头，让人看了就垂涎欲滴。那果子小小的，椭圆形，那种红色在满是绿色的环境下显得特别娇艳动人，就像是红色的玛瑙一样点缀在山林间。市子把成熟的胡颓子采摘回家做成果酱涂抹在烤面包上，那种感觉真是太美了，就像是把整个世界含在嘴里咀嚼，让人隔着荧屏都能感觉得到那种心满意足。

生：秋天到了，整座山林都变了颜色，原本绿色的世界变得五彩缤纷。市子沿着山路寻找榛果，然后把榛果烘干捣成泥，倒进锅加入可可粉和糖，还加入一点油，接着搅拌，就做成了巧克力榛果酱。然后她坐在房前，吃着榛果酱涂抹的面包，身边还有一只可爱的小猫咪。

生：让我难忘的是小森村的夜晚。因为市子的房子是孤零零的一座，坐落在山腰，房子的周围是清清的溪水以及茂密的森林，所以夜里常常会有许多访客。市子一边在灯下看书，一边自言自语地说着这些访客的名字：水青蛾、独角仙……四周虫鸣声声，蛙声四起，还有无数的萤火虫。市子关了灯，趴在窗前，看着窗外飞舞的精灵点点的荧光……

生：我印象很深的一个画面是吃西红柿。市子蹲在田里，摘下一个西红柿，然后塞进嘴里，那种汁水四溢的清香，真是让人看着都想吃。西红柿还可以放在冰凉的水里浸泡，炎热的夏天，拿起一个红艳艳的西红柿，就这样肆无忌惮地吃着，真是绝佳的消暑果品。还可以在小西红柿皮上割一个"十"字，放进水里煮，然后捞出来放进冰块里迅速冷却，再沿着"十"字剥皮，最后放进小罐子里，就成了番茄罐头。冬天，没有新鲜的果蔬，就把罐头从冰箱里拿出来做成番茄酱，拌着面条吃。

生：让我难忘的是，秋天到了，市子夏天时播种的稻谷成熟了。看着骑自行车的市子吹着凉爽的风飞过田垄小道，然后一铲一铲把田里的水放干，稻谷慢慢变黄，稻穗沉甸甸地垂挂着，在风中摇晃。看着市子穿着灰色的工作服，弯着腰在田里收割稻谷，有一种莫名的感动。夏天辛苦地播种，除草，护理；到了秋天收割，晾晒，去壳……然后坐在田头品尝着自己亲手做的盒饭。天是那么蓝，那么高，远处的山林慢慢变成一幅五彩的画。

生：我最难忘的是，深秋，树林完全变色了，红红的，黄黄的，林间小路上铺了一层层金色的落叶。市子穿着高筒雨鞋拿着夹子走在小路上寻找掉落的板栗。板栗的外壳就像是小小的刺猬，用脚踩着，然后夹出果实。四周还有蝉鸣，阳光灿烂地洒下一道道金色的光辉，整个世界都成熟了似的。把野生的板栗带回家，耐心地去壳，浸泡在草木灰或苏打水里，过一个晚上，第二天用小火煮一个小时，倒掉汤水，然后换水再煮半小时，再细心地用牙签剔除果皮，放入锅里加入白糖。糖浆渗入板栗，放上几个月，看着窗外的飞雪，坐在房间里品尝着秋天制作的糖煮板栗，我想这就是幸福的味道吧！

生：令我有点疑惑或者难忘的一个场景是，电影的最后，那个温暖的小房子里冒着袅袅的炊烟。市子亲手烹制菠菜豆腐汤，她刚把米饭从电饭煲里打出来时，邮差来了，带来了她妈妈的一封信。市子没有爸爸，她妈妈几年前的冬天突然消失，现在来了一封信。市子有点惊喜，但又显得很平静的样子。随后，市子骑着自行车又沿着小路悠然地向下骑行。

【从自夏到秋的耕作中，从一道道市子自己烹制的食物中，你品尝到了怎样的生活？】

夏天：

第一道美食：烤面包

第二道美食：酸酒酿

第三道美食：胡颓子果酱

第四道美食：涂抹酱

第五道美食：雨久花（茎炒着吃，或把茎剁碎了做成调味酱）

第六道美食：烤鳟鱼、煮鳟鱼

第七道美食：自制番茄罐头

秋天：

第一道美食：通草果（果子鲜吃，厚实的果皮和西红柿、茴香、蒜末、酱油炒着吃，还可以在果皮里塞进肉末裹上一层面粉油炸一下当便当）

第二道美食：核桃饭

第三道美食：油炸泡汁鱼

第四道美食：糖煮板栗

第五道美食：烤番薯

第六道美食：烹制鸭肉

师：人的所求越简单，有时所得反而越丰富。这种丰富是源于精神的满足，超越物质的贪求，直抵心灵的福祉。看着电影中市子亲手耕种，亲手收获，亲手烹饪，然后用心品尝着每一道大自然馈赠的美食，那么素朴，那么本真，那么原汁原味，那么充满自然灵气，那么洋溢生命的气息，你内心充盈着怎样的感觉？你感受到了一种怎样的生活？

生：我认为市子的生活应该是自由自在、无拘无束、很平和的，因为她想要做什么菜都可以自己去田里采摘，然后通过一道道工序，把这个菜做出来，自己品尝美味。

师：如果让你选择写一个词到黑板上，你会选择哪个词？

生：自由。

师：写上去。

生：我品尝到了一种无忧无虑、宁静祥和的生活。

师：选择写一个词到黑板上，你会选择哪个？

生：宁静祥和。

生：我品尝到了一种没有城市烦躁的生活。

师：没有烦躁，也就是刚才所说的平和之心，能不能把"烦躁"一词写到黑板上去？不过，写在另外一边可以吗？

生：我感觉市子过的是一种很清静的生活，因为她在那个小村子里面不会跟任何人吵架。

师：说得好，把"清净"这个词写到黑板上去。

生：我感受到她的生活是一种平和、安宁、自由的生活。

师：把"安宁"写上去可不可以？

生：我感觉到那是一种自力更生、自给自足的生活。

生：我感受到了一种随心所欲的生活。

生：我感受到了一种健康的生活，因为这些食材都是自己采摘的，不需要任何外面的加工。

生：我感受到了一种平凡朴素的生活。

生：我感受到了一种忙碌的生活，她如果自己不动手就没有吃的，所以每天必须不停地劳作。

生：我感受到了一种辛苦的生活。虽然这些食物看起来很好吃，其实市子是付出许多辛苦的。我印象很深的一个画面就是，市子为了拔田里的杂草，累得腰都直不起来。

生：我感受到市子在乡下过着与城里完全不同的充实的生活。虽然很忙碌，但都是自己愿意去做的，而且最终都是有收获的。

生：我觉得还有一点点与世隔绝。

（师指着板书，引导串读）

师：市子的生活让你们充分感受到了那一份——

生：自由，宁静祥和，清净，安宁，自给自足，随心所欲，健康，平凡朴素。

师：但是正因为她过的是平凡朴素，同时又自给自足的健康的生活，所以她的日子才过得异常的——

生：充实！

师：充实中当然过得有点——

生：忙碌！

师：因为不去种，你就没的吃；不去煮，你就没的喝。在充实和忙碌中，她远离了城市的——

生：烦躁！

师：这种与世隔绝的生活，在给她带来健康、自由、清静的同时，其实也给她带来了不小的——

生：艰辛与挑战。

三

【你觉得市子在小森村的生活是"躺平""佛系"吗？】

近年网络上流行两个词，一个是"躺平"，一个是"佛系"。我在网上查了一下这两个词的意思。"躺平，指无论对方做出什么反应，你内心都毫无波澜，对此不会有任何反应或者反抗，表示顺从心理。躺平看似妥协、放弃，但其实是向下突破天花板，选择最无所作为的方式反叛裹挟。年轻人选择躺平，就是选择走向边缘，超脱于加班、升职、挣钱、买房的主流路径之外，用自己的方式消解外在环境对个体的规训。""佛系是一个网络流行语，也是一种文化现象。主要意思是指无欲无求、不悲不喜、云淡风轻而追求内心平和的生活态度。"

师：了解了这两个词的意思之后，请你们思考思考，市子在小森村的生活是佛系，是躺平吗？前后桌讨论一下，自由讨论哦，走过去讨论也不要紧啊。记住，思考没有对错，只有你敢不敢自由地真实地去思考，明白了吧？

（充分讨论后再交流）

生：首先我们先看"躺平"这个词语。躺平嘛，对应网络上定义的"内心毫无波澜，对此不会有任何反应或者反抗，表示顺从心理"，我感觉市子都不是，因为，夏天的时候小森村很潮湿，她内心非常烦躁。但是，躺平是"向下突破天花板，选择最无所作为的方式反叛裹挟"，我觉得这又是比较符合市子的生活的，因为市子没有选择到大城市里去，想升职啊，加薪啊，升官发财啊，而是到小森村去过自由、安静、祥和的乡村生活，我觉得这也算另辟蹊径吧。

师：你们听明白了没有？我听明白了。他从两个角度去理解市子，他说感觉像躺平又不像完全躺平。因为夏天时的烦热，包括她去拔田里的杂草的时候，还记不记得一个细节，手伸出来啊，还有那个蚊子苍蝇是不是，内心还是有波澜的。包括看到熊，其实从她严肃的表情我们还是看得出她的恐惧的。这些地方呢，让我们感觉她没有完全躺平。但是后来整个小森村的生活，那种平静、祥和、亲近的感觉，她真的就是为了逃避城市的那种竞争才选择到这儿来生活的。

生：我觉得她并不是一个佛系的人，也不是无欲无求，也不是不悲不喜。看到那么多烂的西红柿，她也会悲伤也会觉得太可惜了。

师：尤其是当小森村的村民们关心市子，给予她食物的时候，其实市子是对小森村的居民怀着感恩之心的。

生：我觉得市子既不是躺平，也不是佛系，因为"躺平"里有一个含义，是说向下突破天花板，选择最无所作为的方式反叛裹挟。市子平时做菜，就非常有想法，比如做那道通草果，别人都是吃它的果瓢，而她是去创新，去吃果皮，这说明她不是无所作为的。她也是在自食其力，非常努力，所以她才能过上这样的生活。她也不是佛系，因为她不是无欲无求，不悲不喜，天气闷热的时候她会烦躁，别人关心她的时候她会感恩，这说明她有跟常人一样的能悲也能喜的心。

师：你说的特别贴近市子真实的生活情境。她的内心在这里如此平和，是整个小森村的祥和宁静带给她的一种体验。

生：我觉得小森村里除了市子，搭了塑料大棚的那些人基本都是躺平和佛系的。市子现在有两条出路，一个就是永远待在小森村，一个就是回城市里，还没有把塑料大棚给搭上，就说明她还有回城市的心思。如果弄上了塑料大棚，说明她就躺平了，因为如果是露天的话，她的番茄基本都会遭殃，她就是有这种挑战的心理，想通过自己的作为，找到一种不用塑料大棚，就能让番茄很好成长的一种方法。她有喜有悲也有欲，她什么都有，怎能说是佛系，怎能说是躺平呢？

师：说得好啊，别急。请你大胆地猜测，你觉得市子最终会选择离开小森村吗？

生：我觉得她应该不会离开小森村。

师：那就是说现在没躺平，将来终归要躺平？

生：嗯，有点这个意思。

师：就要这样如实地讲。

生：我想她应该不是佛系和躺平，因为她在做菜的时候会失败，她经过特别多的尝试，没有说失败一次就放弃不做了，像做炒芹菜，她就一直尝试，一直尝试，做到自己满意为止。

师：从种植到烹饪到品尝，一道道美味佳肴带给她的都是欣喜。

生：我可能更偏向于躺平，因为我觉得无论是对于蚊子的烦躁，还是对于天气的烦躁，她都比较顺应这种乡村生活，都是在顺应这种生活的规律，并且用这种方式去逃脱城市的喧嚣。

师：此处应该有最热烈最热烈的掌声。这并不代表她的发言正确到值得用最热烈最热烈的掌声表示认同，而是当你们都觉得市子不是躺平，不是佛系的时候，她依然坚持自己的观点。我想告诉你们的是，什么时候都要坚持独立思考，不论自己的观点有多少人认同或不认同，也不要轻易改变自己内心最初的真实想法。明白了吧，谢谢你哦。

生："躺平"和"佛系"应该随着网络流传慢慢成了贬义词，它们不单指一种生活方式，更多反映了年轻人的一种心态。市子回到小森村，是要自己亲自劳动，自己养活自己，而不是依赖别人给予。她不是真正的躺平，做一天和尚撞一天钟，而是活在当下，亲力亲为。

生：我认为"躺平"和"佛系"意味着现在的年轻人已经开始关注自己的生命，而不是一味地盲从社会上的标准活法。虽然我不认同他们这样的生活态度，毕竟每个人都应该为自己的一生负责，至于该怎样活着，每个人都有权利选择自己的活法，但是假如所有人都躺平，都这么佛系，我们这个社会会怎样？

四

其实，人生或许必须要经历兜兜转转，波澜起伏，甚至暂时逃避。只有这样，才能最终找到自己的精神安顿之所，才能真正在心中的田园诗意地栖居。刚才我请一位同学大胆去猜想市子会不会离开小森村，其实在《小森林（夏秋篇）》之后，还有一个续篇叫《小森林（冬春篇）》。市子在小森村住满一年，在春天播种洋葱的季节选择离开。她对她的朋友裕太说，她没法说服自己就这样留在小森村。之前是因为没有别的去处，无法在城市立足，而选择在小森村逃避，这是对小森村的不尊重。可是在城市里生活五年之后，市子带着她的丈夫和孩子又重新回到了小森村。而这次回来，她选择和家人永远地居住在小森村，并和她的朋友裕太、裕太的妻子，也就是电影中和她一起吃通草果的那个女子，把小森村没落了的小学重新建立起来。电影在乡村特有的春季舞曲中结束，小森村的春天如约而至，小森村的村民们就在这样的舞曲中重新燃起了往日的生机。这就是这部电影的完整的夏秋篇和冬春篇。

电影《小森林》改编自日本著名的漫画家五十岚大介的经典漫画作品，

题目就是《小森林》。无论是原著还是电影，都引起了读者极大的共鸣。

【你从这部影片中读到了一种怎样的精神诉求？回想经典绘本《小房子》，思考：人类在现代文明的进程中遇到了怎样的共同困惑？】

生：我觉得绘本写出了这些都市丛林中的人对世外桃源的渴望和追求。但是呢，他们并不珍惜已经找到了的世外桃源。

师：你怎么知道他们已经找到了呢？

生：因为这个小房子原来是在乡村里盖起来的，乡村是非常美好宁静的，可是人们却不珍惜这么美好的风景，盖起了路边店啊、加油站啊，破坏了这个世外桃源。

生：看了这部电影，重温经典绘本《小房子》，我想到了一个诗人，他的名字叫陶渊明，也想到了一首诗《归园田居》。"采菊东篱下，悠然见南山。山气日夕佳，飞鸟相与还。此中有真意，欲辨已忘言。"陶渊明就是为了躲避做官，到乡下去隐居。我觉得，这个电影体现了市子对平凡、朴实、慢节奏生活的渴望，对城市竞争压力的不满、厌恶，她就是受不了城市的喧嚣和压力，才到了小森村这种无压力的地方生存。

师：说得好啊，掌声！由一部电影，由一个绘本，他想起了中国历史上第一位真正的田园诗人陶渊明。"采菊东篱下，悠然见南山"，于是成了后世每一个读书人心中的一种向往。陶渊明还有一篇经典的散文——《桃花源记》，从此每一个读书人的心里都有一个世外桃源。他刚才还提到，小森村世外桃源般的生活让人远离城市的喧嚣，让人的生活慢下来，而不至于在匆忙中让自己的内心变得更加烦躁。

生：在小森村居住的村民们都过着自由清净、自给自足的生活，他们饿了能够自己就地取材，能够自己动手烧着吃，在夜晚能够享受宁静的月光和昆虫的歌唱，相比于城市的居民，他们更加自由。

师：日出而作，日落而息，自给自足，宁静祥和。而都市丛林中的每一个人似乎都在赶、挤，赶地铁，挤公交，千军过独木桥一般地挤在拥堵的空间里。而在挤压、匆忙、竞争中，人的内心渐渐远离了自由，远离了悠闲，远离了宁静，远离了内心原本拥有的安宁，也远离了原本拥有的健康。于是，越来越多的人渴望重新过上这种平凡朴素的生活。但像市子这样放弃城市生活容易吗？

生：我觉得不论是大人还是小孩，肯定心里都会放不下一些东西，比如说我的工作就在这里，或者是其他原因。大家其实本来都是渴望安静平和的生活的，但是因为各种原因，所以不得不在城市里继续生活，而这部电影唤醒了我们内心的那份渴望。

师：正因为放不下，正因为求不得，正因为你现在还没拥有，所以才如此渴望，于是透过荧屏唤醒内心的某种真实，深夜里自己都能听得见的心声。

生：现代社会中，人们都在互相竞争，压力也随之而来。但为了跟上城市的生活节奏，他们不得已跟上队伍，压力无处释放。城市里的人们总是不想面对生活，因为他们对生活已经麻木了，所以想把自己掩埋起来，不想被别人关注到，但乡下的生活却是安详缓慢的，这也表达了人们对自由的渴望。

师：似乎在小森村里，每一个人都是他自己。而在城市里，每一个人都只是一个人而已，你和别人没有本质的区别，是这样吧？同学们，你们的理解，就是裕太和市子在车上的一段对话，我们重温一下怎么样？

（重温电影片段）

五

现代文明笼罩下的世界就像一台巨大的机器，轰鸣着滚滚向前，似乎每一个人都是机器中一个极小极小的部件，一旦没有跟上前进的节奏就会被抛弃丢落，失去所谓的生存价值。我们徒劳地挣扎，就像古希腊神话中日复一日接受惩罚的西西弗斯——终日推着石头上山，第二天又会回到原点。我们究竟怎样才能远离尘嚣与繁杂，这正是这部电影带给我们的思考，也是一百多年前的梭罗给我们带来的启示，纵使外界纷纷扰扰，我自可留一泓清澈而宁静的心湖。

梭罗的家乡康科德镇离波士顿不远，镇子外有一个面积不大的池塘，叫瓦尔登湖。1845年3月，梭罗拿着一把斧子走进湖边的森林，砍下几棵树，在湖边盖了一个小房子，房子不到十五平方米。他在这个房子里住了两年，后来写出了这本著名的《瓦尔登湖》。

用梭罗自己的话说，他在瓦尔登湖边建起来的是一个郊外的小小的避难所。或许这也是我们寻找的精神避难之所，而我们之所以要避难，是因为"一个人若是活得诚恳，那他一定是活在遥远的地方了。我们天性中最优美的品格，像果实上的霜粉一样，是只能轻手轻脚，才得以保存的"（选自《瓦尔登湖》）。宁静、平和、安详、柔软、真诚，便是我们天性中最优美的品格。想要保存这些品格，需要我们远离一些东西。

美国作家戈登·汉普顿和约翰·葛洛斯曼写过一本书，叫《一平方英寸的寂静》。书中说："寂静并不是指某样事物不存在，而是指万物都存在的情况，它就像时间一样，不受干扰地存在着，我们只要敞开胸怀就能感受得到。寂静滋养我们的本质，人类的本质，让我们明白自己是谁。等我们的心灵变得更乐于接纳事物，耳朵变得更加敏锐后，我们不只会更善于聆听大自然的声音，也更容易倾听彼此的心声。寂静，就像炭火的余烬般能够传播。"当试着远离一些平常生活中所认定、所需求、所向往的东西，我们就会发现那"一平方英寸的寂静"。

　　今天我们观看电影《小森林（夏秋篇）》，重温梭罗的《瓦尔登湖》，不是为了让大家学梭罗找一个地方隐遁起来，而是为了在城市丛林中，在压力的间歇，在心灵放空的刹那，也能听见来自内心的诉求！在那个隐秘的小小的心房里，有一个聪颖的精灵，它听得到风吹过蒲公英的声音，它看得见雪花飘在空中嬉笑的身影，它闻得见秋阳照晒在落叶上散发出的迷人的馨香，它能与站在枝头的八哥对视，它能用目光与花间翩飞的凤蝶共舞。这就是来自瓦尔登湖畔的诉求，这就是来自小森村的召唤，这就是今天我们重温田园诗意的存念。《小森林》原著的作者五十岚大介说："身在都市中被人造的东西所包围，所见的一切都是静止的。而在大海边或者山林里，身边的一切总在流动着，某一天，我赫然发现，这种被清风和草木笼罩的环境最让我感到安心。"

　　当然，关于这部电影我们还可以延伸探讨好多问题，比如丢失在记忆深处的故乡承载着怎样的生命意义？民族的传统文化如何复兴？传统文化的价值究竟是什么？失落的乡村如何找到重生的活力？这一个个问题都可以继续探讨。孩子们探索依旧，思考依旧，阅读依旧，观影依旧。

雪崩时，没有一片雪花是无辜的

——电影《穿条纹睡衣的男孩》赏析

一

不论是纪实性文章，还是现实题材小说，抑或影视剧，我们平常看到的大部分反映战争题材的作品都有一个相似视角，那就是站在正义的立场，批判敌人惨无人道的暴行，歌颂英雄的英勇无畏以及崇高的献身精神。选入教材的关于战争的课文正是此类作品的代表。今天，我们换一个视角来解读一篇小小说，看看这篇小小说反映战争的视角有何不同。

《在柏林》是美国作家奥莱尔写的一篇微型小说，堪称名篇中的精品。它以第一次世界大战为背景，以一列从柏林驶出的火车为故事环境，以两个小女孩对一个老妇人的"笑"为线索，以极小的篇幅、极内敛隐忍的叙述，深刻地反映了战争给人们带来的巨大伤害以及作者对战争的批判与对和平的渴望。

一列火车缓慢地驶出柏林，车厢里尽是妇女和孩子，几乎看不到一个健壮的男子。在一节车厢里，坐着一位头发灰白的战时后备役老兵，坐在他身旁的是个身体虚弱而多病的老妇人。显然她在独自沉思，旅客们听到她在数着："一、二、三……"声音盖过了车轮的"咔嚓咔嚓"声。停顿了一会儿，她又不时重复数起来。两个小姑娘看到这种奇特的举动，指手画脚，不假思索地笑起来。一个老头狠狠扫了她们一眼，随即车厢里平静了。

"一、二、三……"神志不清的老妇人重复数着。两个小姑娘再次偷笑起来。这时，那位灰白头发的后备役老兵挺了挺身板，开口了。

"小姐，"他说，"当我告诉你们这位可怜夫人就是我的妻子时，你们大概不会再笑了。我们刚刚失去了三个儿子，他们是在战争中死去的。现在轮到我自己上前线了。在我走之前，我总得把他们的母亲送进疯人院啊！"

车厢里一片寂静，静得可怕。

【读书，一定要关注自己内心真实的感觉！课件依次呈现如下几句话（下文画线部分），唤醒学生们的悲悯以及原生的对"恶"的痛恨，为下文深度思考作情感与思维的积淀、蓄势，在与文本的深度对话中产生与元认知的冲突，从而引发更广阔的思考。】

师：当你读到"一个人被一群人打死了"是什么感觉？

生：同情。

生：不解。

生：难过。

生：疑惑，有点悲哀。

师：当你读到"一个小孩被一群人打死了"是什么感觉？

生：难过极了。

生：心痛。

生：悲哀，这是为什么？

生：对这群人的痛恨。

师：当你读到"一个好人被一群人打死了"是什么感觉？

生：愤怒。

生：生气。

生：有一种要报仇的冲动。

师：当你读到"一个坏人被一群人打死了"是什么感觉？

生：解恨。

生：痛快。

生：罪有应得。

生：死有余辜。

师：美国学者查理·芒格说："如果我们试图理解一样看似独立存在的东西，我们将会发现它和宇宙间的其他一切都有联系。"现在，请你们用心朗读《在柏林》，关注内心涌起的真实感觉。

【自由朗读，想一想：读懂了什么？哪里不大明白？】

生：我读懂了战争的残酷。小说一开始"一列火车缓慢地驶出柏林，车厢里尽是妇女和孩子，几乎看不到一个健壮的男子"，直接告诉我们战争的可怕，男人们都上战场了，要么死了，要么即将死去，整个车厢看不见一个健壮的男子。

生："显然她在独自沉思，旅客们听到她在数着：'一、二、三……'声音盖过了车轮的'咔嚓咔嚓'声。停顿了一会儿，她又不时重复数起来。"刚开始我读到这里感到不解，这个老妇人为什么这样做，读下文才知道原来老妇人死了三个儿子，她一遍又一遍地数一二三，她是被战争逼疯了。

生：我觉得这个老妇人的丈夫，也就是那个预备役老兵也很可怜，三个儿子战死，妻子疯了，自己还要去战场送死。

生："一个老头狠狠扫了她们一眼，随即车厢里平静了。"我觉得这个老头也是要上前线去，可能他的家里人也死了，所以非常难过，这时看到两个小姑娘在嘲笑老妇人，所以用眼神狠狠地扫视她们，想要制止她们。

生：我不大明白，这两个小姑娘为什么要笑老妇人呢？

生：那是因为一开始，这两个小姑娘还不知道老妇人为什么疯了，还有就是她们太小了，还不知道战争的残酷。

师：是啊，正因为小姑娘太小了，她们无知无心，所以当她们乘上这列缓慢驶出柏林的火车，根本不知道、也根本意识不到自己的不幸。她们不能预见——

生：她们自己的父亲已经在战场上战死了。

生：她们的哥哥正在前线与敌人浴血搏杀，很可能受了重伤。

生：她们自己可能随时遭到战机的轰炸。

师：这样还不懂世事的小姑娘，如花一般的小姑娘，也终将成为战争的牺牲品。这一秒还天真无知地笑，可能下一秒就身陷自己的悲剧！《巨人传》作者拉伯雷说："人世间，能领会到、预见到、认识到，并预言别人的不幸，没有什么稀奇，这是件平凡的事。可是，能预言、预见、认识、领会自己的不幸，那就太少了。"这也正是战争带给我们每一个人的警醒，"雪崩时，没有一片雪花能幸免"。

师：请你们再读一读故事的结尾，"车厢里一片寂静，静得可怕"。此时，你又有怎样的感觉？

生：恐惧。

生：压抑。

生：有一种胸口被什么堵住了一样的感觉。

生：非常难过，一个母亲，一个失去三个儿子的母亲疯了，她的丈夫还要去送死。

生：非常难过，这两个小姑娘的父亲可能也已经战死了，她们的母亲可能也会承受不住这样的打击疯掉的。

师：从一个母亲想到了无数个母亲，从一个家庭的悲剧想到了无数家庭的悲剧，这正是这篇小说带给我们的震撼与反思。

【整合资料：1914年7月28日，奥匈帝国在德国的支持下，以萨拉热窝事件为借口，向塞尔维亚发动侵略战争。接着德、俄、法、英等国相继投入战争，第一次世界大战爆发。这场战争是欧洲历史上破坏性最强的战争之一，给人类带来了深重灾难，大约有6500万人参战，1000万人丧生，2000万人受伤。战争造成了严重的经济损失。】

师：《在柏林》是美国作家奥莱尔以第一次世界大战为背景创作的一篇微型小说。不过另有学者认为是以第二次世界大战为背景创作的，但这又与作者的生平不符。不论以第一次世界大战为背景，还是以第二次世界大战为背景，有一点是相同的，那就是德国都是发起这两场战争的罪魁祸首。请你们思考，这篇小说与我们之前读过的关于战争的文章在写作视角上有什么不同？这又带给你怎样不同的思考？

生：读了资料，我知道第一次世界大战是德国发起的，柏林是德国的首都，所以说战争不仅仅带给其他国家灾难，德国自己也逃脱不了。

生：柏林是战争的发起地，但显然这篇小说写的是德国马上要溃败了，德国首都都看不到健壮的男子，说明德国伤亡也很惨重。

生：战争是德国发起的，他们自己也遭受了战争所带来的灾难。

生：这篇小小说反映战争的视角与之前我们读过的关于战争的文章不同之处在于，它是站在德国，也就是发起战争的罪魁祸首国的角度来写的，战争不仅给其他国家带来巨大的伤害，就是发起战争的国家的百姓最终也沦为战争的炮灰。

师：还记得上课前，我问大家的问题吗——"一个坏人被一群人打死了"——你有什么感受？大家都说"解恨""痛快"。小说的题目是"在柏林"，那就意味着老妇人和预备役老兵是德国人，这个老兵是即将上前线作战的德国士兵，他的三个儿子也是德国士兵，他们是因侵略别国而死。此时，请你们再思考我的问题，还觉得"解恨""痛快"吗？

（学生全部陷入沉思之中）

师：战争不仅给被侵略的国家带来灾难，也给战争发起国带来灾难。正如法国思想家伏尔泰所说，"雪崩时，没有一片雪花是无辜的"。小说中那位疯了的老妇人、她战死的三个儿子以及她的丈夫都是德国人，他们都是发起战争的国家的一分子，不论是自愿或是不自愿被迫上战场的，都难逃悲惨的命运，也难逃正义的谴责。以前我们读到的关于战争的文章，大多是唤醒我们对发起战争者的愤怒；但这篇小小说的深意正在于，它让我们站在敌人的视角反思战争带给人类的痛。英国诗人约翰·多恩说："没有人是与世隔绝的孤岛，每个人都是大地的一部分；任何人的死都让我受损，因为我与人类息息相关。"

二

电影《穿条纹睡衣的男孩》是根据爱尔兰作家约翰·伯恩 2006 年出版的同名小说改编，马克·赫尔曼导演，阿沙·巴特菲尔德等人主演的剧情片。

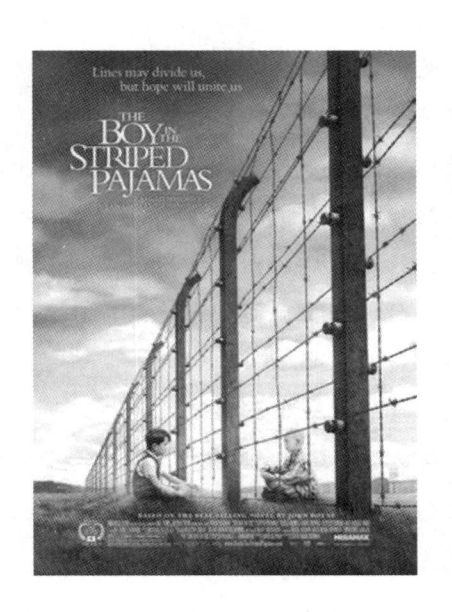

【请你试着概括这部电影的主要内容。】

二战期间，八岁的布鲁诺是集中营德国司令官的儿子，孤独的他爬窗而出，认识了集中营围栏内一个犹太男孩，两人结下了友谊。后来布鲁诺背叛了犹太男孩，致使犹太男孩被德国军官责打，于是布鲁诺答应帮他寻找失踪的父亲。就在布鲁诺与妈妈准备离开集中营回乡下的那天，他与犹太男孩进入集中营内寻找犹太男孩的父亲，最后一同被关进毒气室"洗澡"身亡。

【回想整部电影，哪些场景让你印象深刻？】

生：让我印象深刻的是，德国军官的小儿子布鲁诺两次钻出自己的家，往集中营方向奔跑的场景。第一次是他偷偷跑出自己的"房子"，亲近自然，自由奔跑，享受野外清新的空气、湛蓝的天空、欢快的小溪，我记得背景音乐也是非常清新欢快的。第二次是他钻出禁锢自己的"牢笼"，因为父亲限制他离开这座房子，他拼命地奔跑，背景音乐非常低沉，有种让人喘不过气的压抑，带给人一种不祥的预感。

生：让我印象特别深的是，犹太男孩到布鲁诺家帮忙，其实是布鲁诺允许他吃一块面包的，可是当被德国军官发现后，布鲁诺却害怕得不敢承认，竟然说是犹太男孩偷吃的，直接害惨了犹太男孩，这也为后来布鲁诺答应帮犹太男孩找爸爸最终被毒气毒死埋下了伏笔。

生：让我印象最深刻的是布鲁诺的姐姐，原本青春靓丽的小姑娘，却因为战争的洗脑，成为纳粹的"粉丝"，还和那个变态的德国军官恋爱，整个人就好像被什么东西控制住了似的，失去了她原本的天性，她的房间布置也从少女的风格变成冰冷残酷的纳粹风格。我觉得实在太可怕了，其实她长得蛮好看的，后来我觉得她太可恶了。

生：我补充一点，我觉得布鲁诺的姐姐也是战争、纳粹的受害者，正是纳粹的精神控制才使得她失去了原本可爱的样子与温柔的性格。

生：让我感到最恐怖的是犹太人被赶进毒气室的画面，他们被命令脱掉所有的衣服，然后就冒出了浓烟，实在太可怕了。

生：让我感到痛心的也是犹太人被赶进毒气室的画面，不过更揪心的是看到布鲁诺和那个犹太男孩一起被赶进毒气室，那种令人窒息的感觉实在太恐怖了。

生：我也是，所以电影最后布鲁诺的妈妈撕心裂肺地痛哭，在大雨中跪倒在地上的画面深深刺痛了我。

生：电影中布鲁诺的爸爸为了隐瞒残暴杀害犹太人的真相，竟然拍摄了一个虚假的电影，布鲁诺天真地以为那是集中营真实的生活。我想是不是当时的德国纳粹也是这样向世界宣讲所谓的德国集中营的。他们这是欺骗世界。

生：我由他的话，突然想到了日本侵略者所谓的"大东亚共荣"的谎言。

【作家约翰·伯恩和导演马克·赫尔曼创作《穿条纹睡衣的男孩》，想要

表达怎样的思想？这部作品与《在柏林》在创作视角上有什么相同之处？】

生：虽然《穿条纹睡衣的男孩》是以第二次世界大战为背景拍摄的，《在柏林》是以第一次世界大战为背景写作的，但是我通过课外阅读世界战争史了解到，不论是一战，还是二战，德国都是发起战争的罪魁祸首之一。害人最终害己，我想是这两部作品的相同之处。

生：《在柏林》通过一个家庭的悲剧折射出一个国家的悲剧，《穿条纹睡衣的男孩》也是一样，一个集中营的德国军官下令害死犹太人，最终也害死了自己的儿子。多少德国家庭的孩子在二战中死去，我想到了老师在赏析《在柏林》时引用的伏尔泰的话，"雪崩时，没有一片雪花是无辜的"，当然，"雪崩时，没有一片雪花能幸免"，布鲁诺就是那片雪花，不管你是多小的雪花，最终都会被战争摧毁。

生：和我们以前读过的关于战争的文章很不同，这两部作品都是站在德国，也就是所谓敌人、坏人的视角来创作的，都是在深刻地反思战争带给所有人的灾难，都是在批判发起战争的罪魁祸首，又好像是在警告他们——你们发起战争侵略别的国家，最终也会害惨自己。

生：我也是同样的观点。我们作为和平社会中的人，看到这两部作品非但没有因为那个德国老妇人疯了、她的三个儿子死了、布鲁诺死了感到开心，反而有一种莫名的心痛。我想作为"外人"都这样，那么对于德国人来说，看到这样的作品是不是会更加忏悔呢！

师：同学们谈得很好，1970年西德总理勃兰特在犹太人的纪念碑前长跪不起，为德国当年犯下的罪行道歉。这一举动顿时引起了轩然大波，无论是德国人，还是其他国家的人，他们都觉得勃兰特的这个举动是非常伟大的，虽然不能洗清当年的罪行，但是这一跪让世界看到德国人的真诚忏悔与深刻反思。

三

【20世纪的灾难是文明史的野蛮，是理性时代的疯狂，那如何破解20世

纪之谜？】

1900年，法国《费加罗报》回望享受了近一百年和平的欧洲，展望20世纪的美好前景，发表了世纪交替的元旦评论，"20世纪带给我们的将是科学进入社会和私人生活。科学将赋予我们行为的准则。它将是一种光辉灿烂的前景……我们希望哺育了我们的19世纪，把那愚蠢的仇恨、无意义的争斗和可笑的诽谤统统带走，抛进世纪的无底深渊"。一百二十多年后的今天，面对仍在不断上演的国家与国家、地区与地区的冲突与战争，重读这段评论，仍然具有现实意义。但极其讽刺、令人深思的是，就在这篇元旦展望发表十四年后，就爆发了第一次世界大战。而第一次世界大战结束十多年，又爆发了惨绝人寰的第二次世界大战。今天重新审视"希望和失望交织，成就辉煌又灾难深重"的20世纪，重新反思第一次世界大战与第二次世界大战的深刻原因，听听一些思想家、哲学家对这段历史的理解与深度分析，对于21世纪的世界将有非常现实的启发意义。

很多时候，我们都习惯性地把问题简单化，比如面对纳粹德国对犹太人的大屠杀，我们往往理解为这是丧心病狂的希特勒所造成的，我们往往把战争的罪恶归结于某个人。当然，还有另一种常见的观点，就是某个民族与另一个民族之间存在的根深蒂固或者新近引发的矛盾与仇恨，最终导致战争与大屠杀。但是英国社会学家齐格蒙特·鲍曼对这两个观点提出疑问，诞生过康德、贝多芬、歌德等文化巨人的德国怎么就突然出现一群丧心病狂的战争疯子？虽然欧洲对犹太人的确存在歧视，但不足以形成造成二战与大屠杀的直接原因。最终鲍曼从"机器般理性的现代官僚制"与"现代科学主义"两个视角得出自己的答案。由于每一个现代官僚体制内的军人在大屠杀时都可以理直气壮地"执行任务"，于是大屠杀就这样被拆解为一个个逐层下达的文件与流水线操作的例行公事。同时，现代科学主义的绝对理性又给大屠杀提供了一种理念支持——整齐划一、秩序井然、"优生优育"，于是大屠杀就披上了科学理性的外衣，成了符合逻辑、实现秩序的"种族清洗"。

【请你们回顾电影《穿条纹睡衣的男孩》，影片中哪些人物和情节直接证

明了鲍曼的思考?】

生：影片中布鲁诺的妈妈一开始为自己的丈夫升职感到高兴，后来发现越来越多的真相，她就崩溃了，好几次看到德国军官，也就是那个副官残忍地迫害家里的犹太佣人，她都愤怒地看向自己的丈夫，希望他能阻止这样的暴行。但是在她丈夫的眼中，已经有了根深蒂固的观念，那就是犹太人是有罪的，他们是劣等民族，自己只不过是在履行公事，只不过是在执行所谓的爱国任务。

生：影片中过来给布鲁诺和他姐姐上课的家庭教师，他也觉得自己教给布鲁诺的是正确无误的，他也像是国家机器在例行公事一样，照着教科书上面写的去教。

生：我觉得这样太可怕了，布鲁诺的姐姐就是在那个军官和这个家庭教师的影响下，一步一步改变的。

师：由一个军官想到所有的军官，由一群人想到一个国家所有的纳粹分子，他们正是在这种极端思想的教育下，理直气壮地执行屠杀任务。更可怕的是，有些德国纳粹军官还一边屠杀犹太人，一边播放贝多芬的交响乐。因为，每一个纳粹分子都是国家机器的一个部件，每一个人只是机械地按照机器运转的规则执行自己的不同任务。

第二次世界大战之后，德国分裂为两个国家——东德、西德，中间隔着著名的柏林墙。墙的东边是东德，墙的西边是西德。在柏林墙推倒的前两年，东德一个名叫亨里奇的守墙卫兵，开枪射杀了攀爬柏林墙企图逃向西德的青年克利斯。在墙倒后对亨里奇的审判中，他的律师辩称，他仅仅是执行命令的人，基本没有反对的权利，罪不在己。而法官则指出："作为警察，不执行上级命令是有罪的，然而打不准是无罪的。作为一个心智健全的人，此时此刻，你有把枪口抬高一厘米的主权，这是你应自动承担的良心义务。这个世界，在法律之外还有良心。当法律和良心抵触之时，良心是最高的行动原则，而不是法律。尊崇性命，是一个放之四海而皆准的准绳。"

1933年从德国流亡到美国的政治哲学家汉娜·阿伦特则提出了一个"平

庸之恶"（或者叫"恶的平庸性"）的概念。艾希曼是纳粹军官，负责实施屠杀犹太人的所谓"终极解决方案"。二战后逃到阿根廷。1960年被以色列特工抓捕。1961年在耶路撒冷对他进行审判。艾希曼在法庭上为自己的行为开脱辩解。作为特约记者的阿伦特旁听并报道了整个审判过程。阿伦特在艾希曼身上并没有看到十恶不赦的恶魔性或者残暴性，相反，看到的却是"匪夷所思的、非常真实的丧失思考能力的平庸性"。这是一种没有残暴动机的残暴行为，这是丧失人性思考和独立判断的作恶行为。这里并不是说艾希曼愚蠢，不思考，而是他拒绝作为一个真正的人与真正的人性之善展开对话与思考，而这些原本属于精英阶层的德国军官正是在纳粹的国家思维与道德规则下"依法作恶"。

【回顾影片和小说，哪些人物和情节佐证了汉娜·阿伦特提出的"平庸之恶"的观点？】

生：我想到了那个可怜的预备役老兵，三个儿子已经战死，自己还要上前线送死。这可怜的一家人正是战争流水线上例行公事的缩影。

生：我想到了那个冷血的德国军官，他丧失良知，拒绝人性思考，完全变成了战争的冷血动物。自始至终，他都觉得自己是在做正确的事情。

生：我觉得阿伦特的观点和鲍曼的观点也有相同之处，那就是这群纳粹军官和士兵都是打着爱国的旗号，干着丧失人性的恶行。他们觉得自己是在执行正确的公事，完全不去批判性地思考，这样做给他人带来了深重的灾难，最终他们也成了战争的受害者。

师：你的思考极具独立性与批判性，谢谢你的分享。请你们顺着他的发言回顾电影，有一个人物是影片中唯一具有独立思考能力，唯一没有沾染"平庸之恶"的人物，你们想到了吗？

生：是布鲁诺的妈妈。

生：我觉得不对，因为一开始布鲁诺的妈妈对犹太人也是心怀抵触，甚至有鄙视情绪的。

生：我也这样认为，因为布鲁诺的妈妈一开始并不觉得犹太人低人一等有什么不对。

生：我觉得一开始布鲁诺的妈妈是有"平庸之恶"的，她爱自己的丈夫，她所作所为都是为了维护丈夫和自己的家庭。所以，她对家里的犹太佣人也是比较冷淡的，虽然谈不上冷漠。有一个细节啊，那个犹太佣人帮布鲁诺包扎好伤口，买菜回来的布鲁诺妈妈了解了事情的经过，她对那个犹太人说"谢谢"两个字的时候是非常难的样子。到后来，她慢慢地看到自己女儿的变化，了解到集中营里那个烟囱冒出的恶臭是残忍烧死犹太人的尸体散发出来的，她极力想逃离这里，是一种觉醒。

师：得知真相的她逃离得了吗？你觉得她最终的逃离是独立思考的觉醒，还是人性没有完全泯灭的良知的唤醒？影片中只有一个人物，一开始就具有独立的批判思想，还记得布鲁诺的爸爸升职了，家里举行庆祝酒会的场景吗？

生：我想起来了，是布鲁诺的奶奶。一开始，布鲁诺的爸爸升职，所有人都为他感到高兴，只有她看着自己的儿子，看着所有人举着手臂行纳粹礼，好像有点担忧自己的儿子似的。

生：我也想起来了，好像布鲁诺的爸爸还叫自己的母亲说话小心一点。当时我还看不大懂。

师：看着所有人兴高采烈的样子，布鲁诺的奶奶却严肃地说："亲爱的，有时候我想这是不是我一手造成的，打小我就给你做各种各样的戏服，你那时候就很喜欢盛装出场，现在还觉得高人一等吧，拉尔夫？穿着这硬挺的衣服，想着它的涵义？"布鲁诺的爸爸打断了母亲的话："妈妈，今天是聚会，别坏了大家的心情。"接着提醒自己的母亲，小心一点，在公共场合这样口无遮拦是要惹上麻烦的。让我们重新回顾这个意味深长的场景，其实这个场景融入了导演特别的深意。

（重新播放电影：6分05秒—9分05秒）

生：我现在看懂了，布鲁诺的奶奶是反对纳粹的，一般父母看到自己的儿子升职都会感到高兴，就像电影中布鲁诺的爷爷，但是布鲁诺的奶奶并不感到高兴，镜头中奶奶最后眼里似乎含着难过的泪水，为自己的儿子丢失了真正的善良而难过，为这群纳粹干着丧尽天良的事情感到难过。

生：我这才看懂奶奶的立场，原来是这个意思。

生：影片中除了奶奶和布鲁诺，其他人从一开始就被纳粹洗脑了，他们觉得这是天经地义的，这就是老师刚才引用汉娜·阿伦特的观点——"平庸之恶"。

生：我觉得布鲁诺的妈妈最终战胜了内心的"平庸之恶"，从一个细节可以看出，就是在布鲁诺奶奶的葬礼上，她极力要求自己的丈夫不要把纳粹的标志放到布鲁诺奶奶的灵柩上。她说，布鲁诺的奶奶从始至终都是非常厌恶纳粹的，不能让她的灵柩上放着纳粹的物件，这会让她的灵魂不安。可是，她被布鲁诺的爸爸抓住手制止了。

【你觉得布鲁诺的爸爸是"机器般理性的现代官僚制"下的零部件，还是丧失人性思考和独立判断的"平庸恶人"？】

生：我觉得他是机器般地执行任务，有一个场景，那就是他默许自己的副官残忍地当着孩子们的面杀害了犹太佣人。

生：我觉得布鲁诺的父亲同时丧失了人性的独立思考，他身上也并没有十恶不赦的恶魔性或者残暴性，影片中并没有他直接打犹太人的镜头，但是他对待家里犹太佣人的冷漠以及执行屠杀犹太人的行为正是"平庸之恶"。

师：影片还有另一个令人反思的场景——当布鲁诺不断对那个烟囱以及犹太男孩希姆尔的遭遇提出疑问，布鲁诺的父亲亲自导演了一场电影。相同的场景，集中营的犹太人却生活得异常"幸福"。后来当布鲁诺陪同希姆尔真正进到集中营中，导演采用了蒙太奇的手法，以布鲁诺的回忆把父亲导演的影片中的集中营与真实的集中营进行了对比。这又让你想到了什么？

生：我觉得这分明是一种掩饰罪恶的行径。

生：我觉得这不仅仅是平庸之恶，还是对纳粹战争罪恶的掩饰。这不仅仅是对布鲁诺的欺骗，也是对世界的欺骗。

师：说得好！今天我们引用了两位哲学家的观点对战争的深层原因进行了有意义的探讨。其实不论哪一种哲学观点，不论哪个国籍的哲学家，他们在提出反思、批判的理念之时都不约而同地为人类避免重蹈覆辙在哲学源头上努力寻求一种精神——那就是坚守一种不可让步的、无条件的道德良知，那就是坚守"宁可自己遭受冤屈，也不愿行不义"（苏格拉底）的道德正直。诗人里尔克说："真实的命运比起这些暂时的忧郁使人更多地担受痛苦，但也给人以更多的机会走向伟大，更多的勇气走向永恒。"生活在和平年代的我们，要对国家永葆报效之志，要对战争常怀警惕之思，更要对生命永葆敬畏之心，对人性常怀反思之念。面对人类沉痛的历史，不忧郁，不惧怕，不沉默，不放弃对世界的爱，也不放弃自己应承担的责任！

勇敢地想，才有梦的力量

——电影《追梦赤子心》赏析

一

法国思想家帕斯卡尔说，人只是一根芦苇，自然中最弱的东西，但这是一根有思想的芦苇，我们全部的尊严包含在思想中，因此我们得好好思考。德国哲学家叔本华说，只有我们独立自主地思索，才真正具有真理和生命。著名学者陈寅恪在《清华大学王观堂先生纪念碑铭》中写道："惟此独立之精神，自由之思想，历千万祀与天壤而同久，共三光而永光。"让我们真正学习用自己的大脑思考，然后用独立的思想赢得生命的尊严。

【出示五幅图片：蓝天，道路，大海，星空，日出。请你选择一幅图片，将自己的所见、所思、所感写下来。】

生：夕阳西下，大海静静地铺展在我的眼前，我们的爱会不会都被风吹向大海，然后就不再回来了？一阵风吹来，拂过我的刘海，我轻闭眼睛，感到舒畅。坐在海边，手拿吉他唱着歌，我吹过你吹过的晚风，那我们算不算相拥？可如梦初醒般地两手空空，心也空……多有画面感啊！清风吹过海面，掀起海浪，只听见海浪哗哗的声音，接着流到脚边，让我感到凉爽。

生：一望无际的草原上，一棵树挺立其间，天空一边是深紫色，一边是美丽柔和到让我无法形容的蓝色，一颗又一颗新星嵌在深紫色的天空中显得无比璀璨，而另一边的星星却与蓝天融为一体，似有似无，若隐若现，显得更加美丽。

生：一望无际的公路，路的两边是一望无际的金色稻谷。我幻想我是一辆装满一株株充满尊严和思想的谷子的卡车，在充满神秘感的公路上行进，探索着一个又一个未知。也许，远方的路不是平坦和笔直的；也许，彩虹不会一直跟着我；也许，暴风雨会拼命追上我……

生：公路向无际的远方延伸，两边是黄澄澄的麦田，闪耀着金色的璀璨的光芒。在如此饱含生机的画面里，空中的云朵却显得黯淡无光，死气沉沉的，公路上也没有人的影子。突然，一阵风吹过，吹去了麦粒上的雨露，一缕金光从云层中透出，一道彩虹挂在天边，像丝绸一般展开来，远方传来阵阵笛声，在天边徘徊……

二

【发放《丑小鸭》原文，请大家静静阅读，读后结合自己的经历聊聊丑小鸭的心路历程，分享自己的所思所感。】

生：丑小鸭的经历很曲折，人的经历也一样，学习的路是漫长的，是艰难的。

生：丑小鸭由丑陋不堪的小鸭，蜕变成了美丽的天鹅，这就像生活中自卑的人破茧成蝶成为光鲜亮丽的人。我的理解是，人要时刻对自己抱有希望，要时刻努力，虽然努力的人不一定会成功，但是不努力的人一定不会成功。

生：我读懂了，不能以貌取人，因为外表是与生俱来的，而内涵是后天形成的，内涵才能代表一个人。

生：我觉得丑小鸭的故事告诉我们，也许你在开始时十分失败，被人嫌弃，但你要努力，只要努力，就会有机会。就算经历挫折，也不要放弃。同时，要尊重他人，不能只看外在美，而要看到内在美。

生：我觉得丑小鸭很自卑，因为鸡、鸭、狗都嘲笑他，他很悲哀，但他的内心十分善良，有很多优点，他应该乐观。

生：我读懂了，是金子总会发光的。

生：从这篇文章中，我读懂了人需要学会宽容，宽容别人，也宽容自己。但宽容也要适当，否则会有不良后果。

生：我们不论遇到什么困难，都不要怕，勇敢地面对，就算跌入低谷，未来总有希望，坚持不一定会成功，但放弃一定会失败。就像丑小鸭一样。

生：丑小鸭生出来时很丑，可到后来却变成了美丽的白天鹅。而人长大后的成就，不在于出生时的聪明或愚笨，只要你愿意去改变自己，总会有所收获的，是金子总会发光。

【思考讨论：丑小鸭之所以变成白天鹅，最大的原因是什么？】

生：我觉得丑小鸭之所以变成白天鹅，是因为他内心的勇敢，只有勇敢地离开原来的环境，才会有重新做人的机会，也才会有成为白天鹅的机会。

生：我觉得丑小鸭之所以变成白天鹅，是因为他的坚强、坚持，假如放弃自己，他就不会有证明自己的机会。

生：原作中有一个情节，请大家看这段文字。"一天晚上，当太阳正在美丽地落下去的时候，有一群漂亮的大鸟从灌木林里飞出来，丑小鸭从来没有看到过这样美丽的东西。他们白得发亮，颈项又长又柔软。这就是天鹅。他们展开美丽的长翅膀，飞得很高很高。丑小鸭不禁感到一种说不出的兴奋。他在水上像一个车轮似的不停地旋转着，同时，把自己的颈项高高地向他们伸着，发出一种响亮的怪叫声。啊！他再也忘记不了这些美丽的鸟儿，这些幸福的鸟儿。"我觉得丑小鸭之所以变成白天鹅，是因为他有梦想，虽然这个梦想看起来有点像非分之想，但也因为他的善良和勇敢追求吧，才最终成功了。

生：我觉得丑小鸭这一路追求，其实是非常危险，非常辛苦的，但是他坚持不懈，并没有因为饥寒交迫而选择回到鸭棚。假如他回去，或许鸭妈妈还是会接受他，但是丑小鸭就会永远被人看不起。

生：我不大同意大家的观点，虽然我觉得大家说得有道理。

师：请你勇敢地发表自己的观点，还记得我们课前所读的帕斯卡尔的诗吗？我们的全部尊严都包含在我们的思想之中。我们都非常愿意听到你的思考。

生：丑小鸭原本就是天鹅。不管他离不离开家，他都会变成天鹅。

（教室里顿时哗然一片）

师：对哦！要知道，鹌鹑蛋孵化出的只能是——

生：鹌鹑！

师：鸽子蛋孵化出的也只能是——

生：鸽子！

师：鸵鸟蛋孵化出的也只能是——

生：鸵鸟！

师：那丑小鸭之所以变成白天鹅，最大的原因看起来好像也应该是——

生：他原本就是天鹅蛋！

师：我们暂且搁置这个问题，先来读一个绘本故事，一会儿我们再来讨论。

三

【屏幕阅读手指洞洞书《毛毛虫吃什么呢》。】

一只绿色的毛毛虫，爬呀爬呀，他的肚子饿了，想吃点东西。他找到一颗红苹果，心里想："哇！苹果看起来好好吃。"一只蜗牛爬上来说："喂！毛毛虫不吃苹果，你不知道吗？"毛毛虫只好慢慢地爬下来。

毛毛虫找到了一颗梨子，"哇！梨子看起来多汁又可口，我来吃梨子吧！"一只黄蜂大叫："喂！你在干什么？毛毛虫不吃梨子，你不知道吗？"毛毛虫只好把嘴巴闭起来。

毛毛虫爬呀爬，忽然，他高兴地说："这里有一颗草莓，我来吃他吧！"一只又黑又大的蚂蚁说："喂喂！毛毛虫不吃草莓，你不知道吗？"毛毛虫又乖乖地爬下来。

毛毛虫找到了一颗柔软的香菇，"哇！总算有东西吃了。"蚊子大声地说：

"请你走开,毛毛虫不吃香菇,你不知道吗?"毛毛虫伤心地一面爬,一面哭。

一会儿,毛毛虫发现了一颗青椒,"哇!这是好东西,我可以大吃一顿了。"蟋蟀不礼貌地大叫:"走开啦!毛毛虫不吃青椒!你不知道吗?"唉!毛毛虫只好嘟着嘴离开了。

毛毛虫的肚子咕噜咕噜地叫着,他在好心的青蛙的指导下,终于找到了一片叶子,他咬了一口,"哇!真好吃!"他的肚子不再咕噜咕噜叫了。他快乐地趴在叶子上说:"我要结一个茧,把自己包起来好好睡一觉。"

在一个阳光灿烂的日子里,毛毛虫醒过来了,他的脚不见了!他长出一对翅膀,变成一只美丽的蝴蝶了!

【思考:丑小鸭与毛毛虫的遭遇有哪些相同之处?】

生:他俩都曾遭遇到别人的欺负和嫌弃。

生:他们最终都变成了有翅膀的、可以自由飞翔的动物。

生:他们的起点和终点都很相似。

紧接着,我出示了故事的结尾:

他说:"我有翅膀可以到处飞,但是,我又开始烦恼了,蝴蝶要吃什么东西呢?"

然后让孩子们思考:丑小鸭与毛毛虫的结局有什么不同之处?假如丑小鸭没有离开鸭棚,他会变成一只怎样的天鹅?学生们顿时七嘴八舌起来:"会变得很脏很臭!""他会整天耷拉着脑袋,东躲西藏!""他还会把自己当成丑小鸭,虽然个头很大很高,但是因为经常被欺负,所以还是那么孤单。""他也可能会报复那些曾经欺负过他的动物。"

接着,我问道:"假如丑小鸭没有离开家,你还认为他会变成一只高贵的白天鹅吗?那些真正的天鹅还会如此赞美他吗?""丑小鸭之所以离开家,那是因为什么呢?是因为没有吃的吗?他渴望什么呢?"

"他渴望朋友!""他渴望能得到真正的爱!""他想像天空中飞过的大鸟一样自由飞翔!"

这正是丑小鸭与毛毛虫的区别,毛毛虫自始至终都只想着吃什么,所以当他拥有自由的翅膀，仍然只想着吃什么。一个人内心渴望什么，眼里才会看到什么，然后才会去追寻什么，最终才能成就什么。这正是丑小鸭之所以变成高贵、自由、优雅的白天鹅的原因所在。生命不可重来，但你可以随时改变生命的朝向！

四

【观看大卫·安斯鲍夫导演、安吉罗·皮佐编剧、西恩·奥斯汀主演，根据真人真事改编的电影《追梦赤子心》，然后分享感想。】

鲁迪全家都对橄榄球赛非常狂热，也是圣母大学队的忠实拥护者。高中毕业本想去圣母大学读书的鲁迪因为成绩不好而放弃，毕业后进入了钢铁厂工作。二十二岁生日时，好友送了他一套从二手市场买来的圣母大学的橄榄球服，并鼓励他去实现自己的梦想。好友在钢铁厂的意外死亡，刺激了鲁迪——不仅为了自己，也为了不辜负好友对自己的鼓励，于是他抛下了本已谈

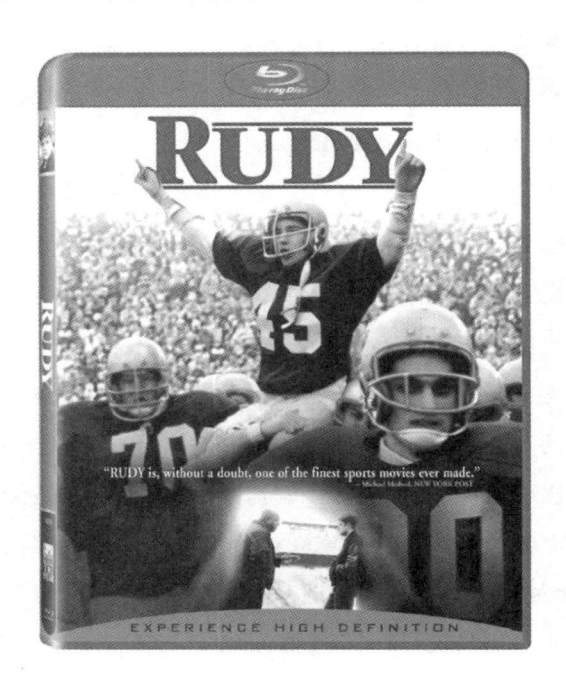

婚论嫁的女友，踏上了前往圣母大学的火车，开始了异常艰辛的铸梦之旅。通过三年刻苦的学习，他终于在一次考试中把握住机会，顺利考入了圣母大学。进入大学以后，他学习、锻炼都格外刻苦，凭借顽强的斗志，被教练选入了校队的替补阵营，但他一直没有机会上场比赛。即将大学毕业时，他终于在一场关键比赛的最后时刻替补出场。受邀前来观看比赛的家人、朋友兴奋不已。球队赢下了比赛，鲁迪像英雄一般被队友们抬着绕场致谢。1975年之后，圣母大学队再没有人享受过这样的待遇。1976年，鲁迪从圣母大学毕业，他的五个弟弟也在鲁迪的精神鼓励下考上了大学，并顺利毕业。

生：鲁迪因矮小、懦弱而经常受到家人、同学歧视，这一点与丑小鸭十分相似，而后，他通过不懈努力，追寻梦想，从而成就了自我，成就了梦想。

生：我懂得了，在任何挫折面前都不要气馁、放弃，不要被他人的言语所左右。

生：通过电影我懂得了，生活中你需要向别人证明自己，更要向自己证明自己，不管你的梦想有多么渺小，都值得去追寻。

师：你们的发言，让我想起德国哲学家尼采的一句名言，"走出你的洞穴吧，世界如同一个大花园"。一个人只有勇敢地走出自己的洞穴，才能真正看到梦想，才能真正勇敢地去追求梦想。

生：我是被鲁迪的朋友所感动的，他送给鲁迪一套旧的橄榄球服，这份真挚的友情是推动鲁迪最终选择离开小镇追求梦想的动力。

生：有梦想就要努力，就要坚持不懈地追求，正所谓条条大路通罗马，但是有的人一出生就在罗马！

师：的确，这个世界上存在许多的富二代、官二代、矿二代，我们一辈子都在追求"罗马"，而他们一出生就在"罗马"。但我想和你们分享一个故事：小蜗牛背着重重的壳和妈妈一起爬行，他停下来对妈妈说："妈妈，我们为什么要背这么重的壳呀？你看，蝴蝶就不需要背着沉重的壳呀！"蜗牛妈妈说："孩子，因为蝴蝶有天空保护她呀！"小蜗牛听了伤心极了，继续往前爬。他看到了蚯蚓，又对妈妈说："妈妈，蚯蚓为什么不需要背这么沉重的壳呀？"

蜗牛妈妈说："那是因为大地会保护他呀！"小蜗牛一边爬一边伤心地哭泣："我们真可怜呀，天空不保护我们，大地也不保护我们！"蜗牛妈妈说："对呀，所以我们有重重的壳保护我们呀！"有人说，登上金字塔的只有两种动物，一种是雄鹰，一种是蚂蚁。我们既然没有雄鹰的翅膀，但我们可以学习蚂蚁的坚忍，我们所能保护、珍视的正是自己那颗坚忍的心！

生：看了电影，我懂得了不论梦想有多么遥远，或是在别人眼中是多么渺小，我们都不能放弃！

生：鲁迪的故事让我突然想到一个词——不忘初心。

生：人最初的梦想可能会随着年龄的增长慢慢变得模糊，但是鲁迪没有，他反而更加坚定地勇敢地追求，所以他成功了。

生：其实，在我看来鲁迪还是有一点冒险的，因为毕竟他的身体并不适合橄榄球这项运动，不过我还是挺佩服他的坚持的。

师："愿你在被打击时，记起你的珍贵，抵抗恶意；愿你在迷茫时，坚信你的珍贵。爱你所爱，行你所行，听从你心，无问东西。"这是电影《无问东西》中的一段话。我愿以此与你们共勉。

【鲁迪为了实现自己的橄榄球之梦，付出了什么？】

生：鲁迪为了实现梦想，几乎付出了自己所有的精力。因为要上圣母大学，他离开了女友；在圣十字学院努力学习，一次又一次的测试，无数次失败与气馁后，他终于考上了圣母大学；进入圣母大学后，他也没有松懈，当过陪练、替补队员，但最终成就了自己。

生：他牺牲了从前安逸的生活，为了追求梦想不得不长时间与家人分开，甚至节日也不能享受与家人团聚的温馨与幸福。

生：他几乎花光了几年工作的所有积蓄，失去了女友，失去了爱情，失去了稳定的工作，他付出了几年的时间以及无数的汗水。

【你觉得鲁迪最难的是哪一次？电影中哪些镜头令你为鲁迪而难过，让你有感同身受的体验？】

生：我认为鲁迪最难的是，他连续考了几次都没有考上圣母大学，好像是三次申请失败之后吧，他坐在长椅上崩溃得几乎想要放弃了。

生：让我最难过的画面是，鲁迪即将大学毕业，只剩下最后一场比赛，他焦急地走到教练的办公室前，不敢看出场球员名单，但最终他发现依然没有自己的名字，连替补名单中都没有他。

生：让我最感动的画面是，鲁迪放弃了最后一次训练——那是他两年陪练生涯的最后一场，因为他知道自己根本没有出场的机会，他等待了那么多年，他付出了那么多心血，依然没有得到教练的认可，他绝望了！

生：鲁迪邀请了家人、朋友到场观看自己的比赛，但是直到比赛最后二十七秒之前，鲁迪依然没有得到出场的机会，我认为他这时候是最难的，因为眼看梦想就要实现，却又如此遥远，当全场观众高喊"鲁迪！鲁迪！"，全体队员以不上场比赛要挟教练时，我都快要急哭了。

【对比《追梦赤子心》与《丑小鸭》，思考：鲁迪和丑小鸭有什么相似之处？】

生：鲁迪不论从身材到力量其实都非常不适合当橄榄球运动员，这一点很像丑小鸭，所以他一开始就像丑小鸭一样遭受周围人的讽刺、打击，甚至遭受队员的挑衅。

生：鲁迪和丑小鸭一样，都选择离家追求自己内心渴望的东西。只不过，丑小鸭渴望的是得到爱与尊重，鲁迪则是为了实现自己的梦想。

生：鲁迪和丑小鸭在追求梦想的路途中都遭遇了一次次的打击，甚至很可能都会半途而废。

生：鲁迪和丑小鸭最终都变成了自己渴望的样子，可以说都实现了自己的梦想。

生：鲁迪和丑小鸭最终都赢得了所有人的尊重。

生：鲁迪和丑小鸭一开始其实都是可以安安稳稳地在自己熟悉的环境下生活的，不过鲁迪比丑小鸭似乎还要好一点，最起码他没有被人嫌弃，可以待在家乡当一个钢铁工人，衣食无忧。丑小鸭虽然被人欺负，假如不离开鸭棚，最起码是不会饿死、冻死的。但丑小鸭和鲁迪都是内心觉醒的人，只不过前者是被逼无奈，后者则是自己主动追求。不论怎么说，他们都是为梦想出发，最终都抵达了梦想的彼岸，成为了自己想成为的人。

【十八年铁杆球迷，四年钢铁厂打工生涯，两年圣十字学院预科，四次申请圣母大学终于在大二最后一学期转学成功，两年效力于校橄榄球队，作为陪练无数次被撞倒，被嘲笑，被打击，终于在最后一季和佐治亚理工学院的对决中出场了短短二十七秒，实现了一个成功的拦截。二十六年换了二十七秒，值不值？】

生：值！在这二十七秒里，他完成了他的梦想。虽然仅仅出场二十七秒，队员们都被他对梦想的执着而感动，比赛后抬他出场。鲁迪为自己的梦想不断奋斗，台上一分钟，台下十年功。因为不断努力付出汗水，才最终换来这二十七秒的生命巅峰。

生：我觉得值得！因为鲁迪追求的梦想在场上短短的二十七秒中实现了。他用二十六年成为了自己最想成为的那个人。

师：如果队员们没有罢赛拒绝登场，主教练依旧不会让鲁迪上场，你觉得鲁迪会后悔吗？

生：不会后悔，因为这是自己的选择，同时他也为梦想努力过，拼搏过，所以我觉得他会无怨无悔，最重要的是，他无愧于自己！

生：我认为是值得的，虽然努力了这么多年，只上场二十七秒，但这二十七秒确实带给他非常大的荣耀，可以在他的一生中发光。这二十六年他也完成了其他的梦想，也有其他的收获，比如进入了圣母大学，进入了橄榄球队，不也是一种荣耀吗？所以二十六年不止换来了二十七秒，还换来了其他很多珍贵的东西，他也从一个底层的工人变成了一个高等大学毕业生。

生：我顺着他的话补充。正是鲁迪的努力，让鲁迪的家人看到了生命的另一种可能，他的家族后来有好几个人相继从圣母大学毕业。我想鲁迪不仅成了他们家族的骄傲，也成了他们家族的灯塔，这是二十七秒带来的，更是二十六年的付出带来的！

生：在这二十六年里，鲁迪一直为二十七秒努力着，他为了这二十七秒被人嘲笑过，也曾放弃过。因为他有自己的追求，有一颗追梦的赤子心，才拥有了生命中的这二十七秒。这二十七秒过得很快，但对鲁迪来说，却是人生的荣耀。人生就是要用自己的时间和努力去换取成就。条条大路通罗马，有些人一出生就在罗马，但有些人离罗马很远，我们每个人每天都在去罗马的路上不懈地努力。

师：当你的心专注执著地集中意念，并为了心中所想而付出一切，全世界都会为你让路，这就是凤凰涅槃的故事！

五

【重新注视那五幅图片：蓝天，道路，大海，星空，日出。整理当下的感悟，写下自己对未来的期许。】

郑奕宁：我想给自己一个美丽的期许。太阳象征希望，道路象征未来，潮水象征广阔的胸怀。我的心中缺少勇气，我在追求属于我的太阳、道路和潮水。我希望我如丑小鸭、鲁迪一般拥有勇气和追寻美好的心。我再一次看"道路"这幅图时，心有感触。这是一条笔直的马路，长长的没有尽头，天空中彩虹的光芒若隐若现，道路两边长满了稻谷。这条路就象征着我们新时代少年无穷无尽可能性的未来。天空中的彩虹，赤橙黄绿青蓝紫的颜色象征我们生活中每一个光彩的时刻。道路上的水坑，就如我们成长的每一个脚印。但生活的道路并不会一直如此平坦，只有如丑小鸭一般勇敢地面对，才会在人生中留下光亮的一笔，正所谓风雨之后才会有彩虹。重拾信心，重获勇气，相信自己，我终将会破茧成蝶，迎风展翅！

吴臣妍：我想给自己的未来一个美丽的期许。我渴望我可以永远朝向未来，就算前方有无尽的路——走也走不完；就算前方有无限多的困难与挫折——受也受不了；就算有无数个人阻挡我的去路——推也推不开……但我总会想起一句话，"坚持就是胜利"！等到所有的风雨、雷电都过去，总会有彩虹出现的。从现在开始，我会选择一条更加艰难的路，我会越来越勇敢，越来越坚强，但我知道应该选择合适一点的路，不可以"还没学会走就疯狂地跑"。

杨景博：天空本来如此黑暗，却因为星星而变得美丽又让人充满憧憬；星星本来如此孤独，却因为同伴的辉映而形成一个星座；世界本来如此孤寂而黑暗，却因为太阳的努力而迎来一个明亮、美好、崭新的开始。我愿成为一颗星星，和同伴一起点缀这个世界；我愿成为一轮太阳，照亮世界的黑暗。我想成为一个像太阳一样做好事不留名的人，我想成为一个像星星一样看似渺小却团结协作、善于奉献的人。自然的美景啊，你给我的启示是如此之大，如此之多，如此之广。

陈开朗：我想成为一望无际的公路上的跑车，没有 R 挡，没有 N 挡，只有 D 挡，没有刹车，只有油门，可以转弯，但不可以掉头。远方是未知的，谁也无法预料。有时阴，有时晴，谁也无法保证能一帆风顺。我们改变不了命运，我们只能改变自己。首先，请打开远光灯，千万不要让自己活在一个模糊的学习环境中，认清自己的目标。其次，要有充足的油量，为自己提供用不完的动力，如果你想走得更远，可以加 98 号汽油，它或许能带给你更多的乐趣。在暴风雨来袭时，请打开雨刮器，我们不能也不允许自己被雨水冲垮，擦除眼前的大雨，在雨中不断努力冲刺，才能走出困境。还有要明白，我们不是一个人在战斗。

张怡晗：我想给自己的未来一个美丽的期许。我渴望自己的学习成绩可以变得更好，渴望有一天能够对任何题目都勇敢地去挑战，我还渴望自己在父母的眼中比别人家的孩子优秀。我想给自己的未来一个美丽的期许。在蓝天之下，一条路是我自己选择的，在这条路上，我会遇到各种各样的困难，也会结识许多的学习伙伴。或许那些伙伴在路上会与我竞争，或是会帮助我，还会跟我分享学习的乐趣，但是这条路走到尽头，终究只有自己，因为大家都有自己想要做的事，都有自己独特的梦想。我想人生总是有很多不完美，有很多让人失望的事情。就像这次考试，明明前面几次都挺好的，而我认为会考得最好的这一次却是考得最差的。但是我相信这样的事情在生活中人人都会遇到，我不会因此而放弃，应该好好整理错题，争取在下一次考试中取得更好的成绩，这就是我给自己的一个期许。

师：一个人内心渴望什么，眼里才会看到什么，然后才会去追寻什么，最终才能成就什么。生命没有重新来过的机会，但我们却有不断思考追寻、不断超越自我的权利。生命不可重来，但我们可以随时改变生命的朝向。因为，只有勇敢地想，才有梦的力量。

仰望星空，追求梦想，更需要每日每时每刻坚定地努力。闻中先生在讲解《奥义书》二十八讲时说："永远记得：要缓慢而坚定地做自己能做的事情。尽量不要设太多空泛不实的目标，从而架空当下的一种生命状态，并因此而丢失了'安住'的这种生命质量。"

安住，才能清晰地知道自己当下的每一步、每一秒所做的都是朝着同一个方向前进；安住，才能安放内在的躁动、迟疑、不安、焦虑、疑惑，才能坚定而执着地做好当下的每一件事情、每一道工序、每一个步骤。不汲汲于一时一刻的收获，不戚戚于一时一刻的得失，心中始终装着出发时的坚定理想，然后不断前行。心在哪儿，梦想就在哪儿！孩子们，这是老师给予你们的期许与祝福！

【推荐阅读：《人生随时可以重来》《海鸥乔纳森》。】

教育是什么

——电影《放牛班的春天》赏析

一

【关于教育是什么，不同的教育家会从各自的角度得出不同的答案或理解。但我想听听学生对"教育"的理解。】

赵一凡：教育，顾名思义，就是对别人的错误进行批判。当然，教育并不仅限于知识方面的教育，而重在道德上的教育。当一个人犯错时，能让他知道错误并改正这就是教育的本意。

庄心源：教是教导，为人师表，教导孩子，引导孩子，使其变得有智慧、有知识，让世界到处是文明人。育就是育人。合在一起，就是把知识、品德、礼仪等教给一个人。

张宸于：教育不仅是学校教育，还包括家庭教育，也包括陌生人给予的教育。就这样将知识一代一代传承下去，这会让我们感到幸福，并且对人类发展有很大的意义与价值。

林力宇：教育应该是一个人精神、品德上的修行，一代人一代人代代相传。

施昊言：学生就是老师的第二个孩子，老师用心血孕育学生，培养他们，让他们成为一个个造福社会的人。这就是教育。

郑博夫：教育，教就是教书，育就是育人。

江枕玳：教育是知识的输入，但也会有两种，一种是强行输入；另一种是自行探索，也就是自己引导自己。教育更是一种塑造，塑造学生的情感，让学生不单只是一台学习的机器，而是一个个性格鲜明、情感丰富的人。教育也是供养。教是知识的输入，而育是养育、宠爱，把学生当作自己的第二个孩子，平等地分配自己的爱，不能因为觉得某个同学有前途而过度欣赏。

何沐歌：如果把孩子的成长比喻成树苗长高，那么"教"的作用就是让树苗学会光合作用，学会吸收营养；而"育"则是阳光、水分、充足的空气、适宜的温度、土壤的营养。也就是说，没有"育"，"教"的一切都是空虚的，不会起到什么作用。

【如果让你选择将来的职业，你会选择当教师吗？】

周芊孜：不会。教师固然是一个好的职业，可以培养下一代，可这是一个辛苦的职业，而且需要很强的能力和极大的耐心。我不是一个很有耐心的人，没有那么强的能力，情商也不高。我既不能胜任，也不愿残害学生，所以我将来不会做这个选择。

陈彦博：如果不是一定要当的话，我是不太想当一名教师的。教育是一种完全围绕孩子的工作，桃李满园，为祖国培养一代又一代人才，这个工作无疑是有意义的。可是当了一名教师，就要极快地成为班级的主心骨，对待孩子既要有威严的一面，又要有慈善的一面，这样全班孩子才有可能听话。而且教师在面对一些班级问题时，要做到公正果断。可我有时候会喜怒无常，而且在一些大事的处理上可能也做不到公正果断。不过如果必须要当教师的话，我也会尽全力来教育孩子们的。

谢振轩：我不会选择当老师。有的老师是真心为孩子们好，看着一个个孩子成长，变成自己最好的样子，这真是一种有意义的工作。但这并不代表所有老师都是这样，尤其在优胜劣汰的考试面前，我也不敢保证能兼顾所有的学生。所以我不想当老师。

俞瀚博：这个问题必须要看所处的时代。在旧社会，每个人的思想都是被束缚的，人人思想都一致，我是不可能用一个人的新思想带动一群人的旧思想的，何况我可能也被束缚。但现在每个人都有不同的想法，一个问题，甚至可以探究出成千上万种想法。当成为一个老师时，你可以看到与自己不同的想法，可以增大自己的知识面。社会在不断发展，有些人已经"拔掉思想的瓶塞"，当老师更能"挖掘"这种人，让他成为一个与众不同的人。

周子恒：会。我想成为老师，教会学生们在迷茫时如何摆脱迷茫，教会他们如何自律，教会他们如何成为正直、诚信、有担当的人，让他们从懵懂少年逐渐成长为追梦少年。虽然梦想不一定成真，但不去追求就不可能实现，重要的不是结果，过程才是意义所在。让他们成为努力的人，用爱去教育，虽然有时会感到疲劳，但最重要的是看着他们成长，成为有用的人，给予他们关怀，像朋友一样跟他们相处，了解他们，改变他们，成就他们，让他们成为有独立人格的人，活出自己多姿多彩的人生。

何沐歌：我不会选择当老师。出于自私，有几点原因：一、教书太辛苦，学生不听话；二、将来陪自己孩子的时间会受到限制；三、要参加各种评比，压力大；四、做自己想做的事的时间会受到限制；五、要花很多时间备课；六、工资相对不高。

杨佳睿：应该不会选择当老师。当了老师，若碰上一个不通情达理的家长，对学生仁慈，说是放纵；对学生严厉，说是打压。都说"老师是一个无比神圣的职业""老师培育祖国的花朵"，可真正愿意当老师的人又有几个呢？之前看过一则报道，说的是近几年来，愿意报考师范学校的人数直线下降。

虽然，孩子们的观点略显稚嫩，也有失之偏颇之处，但是从他们心底发出的真实的声音才是可贵的！我想，这就是教育的一种解释——教育，首先得让每一个孩子有机会发出真实的声音！当学生说出自己对社会、学校、教师职业的理解，我没有劝诫，没有训导，我只带领着孩子们重温了谢尔·希尔弗斯坦的《总得有人去擦亮星星》，然后不无忧虑地说，你们是一群特别优秀的孩子，你们今天的理解不仅代表了你们的观点，其实也是社会上很多人共有的心声。教师这个职业意味着责任、辛劳，但试问哪一种职业没有责任，不需辛劳呢？或许，是对教育工作的畏难与胆怯，抑或是对教育现状的无奈与忧虑，的确优秀人才很少从事教育工作的现实不容乐观。但我想请你们做一个假想，其实应该是真实的设想——若干年后，一群原本不想当老师的年轻人、一群原本并不优秀且不具备教师专业素养的年轻人走进学校、走进课堂教育你的孩子，你又将作何感想？教室里顿时陷入寂静——那种令人倒吸冷气的寂静！

的确，从事教育需要莫大的勇气！因为，教育，就意味着"终生学习"；教育，就意味着"重新认识自己"。从这个角度而言，教育，又是一次自我探寻、精神探险、生命探求的旅行与修行。这让我想到了莫言的小说《大风》，海明威的小说《老人与海》，还有印度学者克里希那穆提《重新认识你自己》《一生的学习》以及帕克·帕尔默的《教学勇气》。

二

就这样，我和孩子们一同走进了克里斯托夫·巴拉蒂执导，杰拉尔·朱诺、尚-巴堤·莫里耶、弗朗西斯·贝尔兰德等人主演的电影《放牛班的春天》。

【请你试着用两三百字概括《放牛班的春天》这部电影的主要内容。】

1949年的法国乡村，屡屡受挫的音乐教师马修到了一个外号叫"塘低"的男子寄宿学校当助理教师。学校里的学生大部分都是难缠的问题儿童，校长只用残暴高压来管控学生，体罚、关禁闭在这里司空见惯。屡遭打击、屡次包容学生的马修老师尝试用组建合唱团演唱自创曲目的方式来改善教学，并发掘培养了一位音乐天才——后来成为世界伟大指挥家的皮埃尔。正当校长准备向学校资助人伯爵夫人邀功之时，蒙丹——那个被冤枉偷了二十万法郎无辜被校长责打的叛逆少年点火烧了学校，所幸其他孩子在马修的带领下刚好外出游玩逃过火灾，但马修却被校长以失职罪开除了。马修临走前，那个失去父母、每个周六都在校门口等爸爸来接自己的孤儿佩皮诺追上了马修乘坐的公共汽车。几十年后，享誉世界的皮埃尔回到法国参加母亲的葬礼。大雨之夜，佩皮诺——这个当年被马修收养的孤儿带着马修留下的日记找到了皮埃尔。两人在雨夜重温当年在"塘低"那段难忘的童年经历。

【请你聊聊《放牛班的春天》让你难忘的情节、画面、细节。】

生：让我难忘的一个场景是，马修第一次踏进教室，整个教室就像炸开了锅一样，孩子们还一把抢过马修的皮包，到处传递，弄得马修非常狼狈，最后他们还是在校长的怒斥下恢复了平静。

生：皮埃尔和几个孩子偷走了马修的皮包躲在厕所里翻看，竟然看到的是一堆马修创作的曲谱。这群孩子实在太顽皮了。

生：让我难忘的一个场景是，门房被孩子们的恶作剧刺伤了眼睛，哈杉校长怒令所有学生站在场地中央，让他们中的犯事者主动承担责任或者揭发主犯，否则就要随意点名惩罚其中的任何一个倒霉者。

生：让我感到特别难过的一个人物是佩皮诺。他失去了父母，成了孤儿，但是他不愿接受这个悲惨的现实，总是在心底告诉自己爸爸会在星期六来接他。其中一个细节，就是他被蒙丹欺负，因为交不出零花钱，蒙丹就不许他睡觉，他只能呆坐在楼梯上，直到被马修发现。

生：让我感动的一个细节是，马修发现佩皮诺回答不出哈杉校长提出的问题，在那里挤眉弄眼地给佩皮诺暗示。还有一个细节是，马修为了组建合唱团，让孩子们一个个唱歌，可是佩皮诺说自己不会，于是马修就聘请他当合唱团的副团长，还一把把他抱起来，让他坐在讲台上。还有一个男孩唱歌走调，于是马修聘请他为"曲谱架"。

生：我觉得马修就像佩皮诺的父亲一样爱着他，当然马修爱每一个孩子。所以当马修被校长开除时，佩皮诺选择逃出这所寄宿学校，恳求马修带自己走。孤独的马修收留了佩皮诺，他们就像真正的父子一样。

生：让我感动的一个场景是，伯爵夫人到学校考察合唱团。因为之前马修不是喜欢皮埃尔的妈妈嘛，所以皮埃尔特别生气，他不允许别人占有自己的母亲，所以从楼上把墨水倒在马修的身上。于是，马修想要惩罚一下皮埃尔，在排练时故意删除了他独唱的段落。皮埃尔愤怒地赌气离开了教室。正式汇报演出的那天，皮埃尔独自一人靠在墙角。让人意想不到的是，等到原本他独唱的段落时，马修侧转身子用手示意皮埃尔开唱，皮埃尔愣了片刻，等马修再次指挥他开唱时，皮埃尔幸福地唱出了天籁之音。皮埃尔和马修相视而笑。这个场景太感人了。要知道皮埃尔之前是单亲家庭的孩子，性格孤僻，爱搞恶作剧，从不笑，经常被关禁闭。正是马修给他打开了一扇窗，让他看到了一个充满希望的世界，让他感受到了被认可的欣喜。是马修改变了皮埃尔的人生。唯一的遗憾就是，皮埃尔的妈妈没有选择马修。

生：让我感到意外的一个细节是，看起来非常刻板的数学老师，听到马修指挥孩子们唱歌，竟然加入了他们的合唱团，担任演奏者。

生：我感到有点解恨又有点害怕的场景是，蒙丹被警察带回学校，哈杉校长把蒙丹带到校长室，一巴掌一巴掌地扇他，逼他说出学校丢失的二十万法郎藏在哪儿了，蒙丹最后被逼急了用手掐住了哈杉的脖子。后来电影告诉我们，其实那二十万法郎并不是蒙丹偷走的。

生：我特别难忘的一个场景是，哈杉校长不顾事实开除马修，还羞辱马修，命令门房把所有孩子锁在房间里不准为马修送行。马修静静地从教室楼下走过，他低着头感慨竟然没有一个人来相送。突然孩子们的歌声从窗口飘出，从教室里飞出了一架纸飞机，紧接着许多纸飞机纷纷飞出，上面是孩子们写的深情留言。

【你觉得哈杉校长是个坏人吗？】

生：我觉得不完全是坏人吧，因为那些学生一开始确实太顽皮了，假如不用镇压的手段，似乎很难让他们听话。但是我又不完全认同他的这种方式，假如他能接受马修对这些孩子的教育方式，把惩罚和奖励结合起来，或许能让孩子们更多地改变。

生：我不喜欢哈杉这个人物。他为了自己的利益，竟然在伯爵夫人面前说成立合唱团是自己的主意，刚开始他明明不允许马修办合唱团。

生：我觉得哈杉虽然不算是十足的坏人，但是他残暴地对待学生，似乎他就是古代的暴君，任何人都不能挑战他的权威，他用极端的方式处罚学生，所以这所学校根本不像学生学习的地方，更像少年劳改所。老师在校长的允许和示范下，可以任意处罚学生，所以在马修来之前有一个学生跳楼死了。我觉得正是哈杉这种教育方式摧毁了学生。

生：虽然这些孩子在来到这所学校之前都是所谓的问题少年，但是我想哈杉校长如果有马修这样的爱心，应该能让这些孩子得到更好的教育。但是哈杉没有，他只是把这所学校当作自己离开这个鬼地方的跳板，他根本不爱学生，更谈不上热爱教育，所以我觉得从这个角度讲，哈杉是一个为了自己的利益可以不择手段的人。

生：我最不能容忍的是，在冬天哈杉校长竟然让所有的学生洗冷水澡，仅仅是为了节约学校的开销。

师：的确，哈杉校长极其严厉地责罚学生；擅自克扣经费，冬天让孩子们洗冷水澡；还不顾员工的安危，门房马克桑斯被学生搞恶作剧弄伤，直到有生命危险才被送到医院救治；他还独揽功劳，在伯爵夫人面前说成立合唱团是自己的主意；他不嘉奖马修因为带领孩子们外出游玩避免了他们在火灾中遇险，还责怪马修正因为他擅自外出才导致火灾，最终开除了马修。但你们还记得哈杉校长在这部电影中的两个场景细节吗？哈杉校长看见孩子们在有序地踢球，突然一个球砸在他脸上，所有人都惊呆了，因为按照哈杉的惯有作风，一定要严罚肇事者。可是让人意外的是，他竟然加入了这场足球游戏。还有一个场景，那就是哈杉在校长室折纸飞机。他站在椅子上，童心未泯地放飞自己亲手折的纸飞机。从这两个场景，我们分明可以看到哈杉原本并不是一个十足的坏人。

那是什么原因让一个原本正常的老师、校长异化为这样一个残暴、自私的人呢？如果身处其位，你会成为哈杉校长这样的人吗？这里面有社会的原因，有家庭教育的原因，还有更为复杂的人性探讨。但孩子们，我们应该深知的是他人身上的一切缺点，你我身上皆有。当我们指责挑剔他人的缺点时，别忘了要鼓起勇气正视自己身上相同的缺点。学习的目的正在于此，我们不是为了认识他人的缺点，而是为了认识自己的不足，从而发现人性之善、人性之美，正所谓"见贤思齐焉，见不贤而内自省也"。

【你如何理解导演对蒙丹这个人物的设定？】

透过蒙丹，我们看到的是问题的结果，但造成这样的结果究竟是谁的过错？校长、警探以及没有在影片中出现的蒙丹的父母。任何教育的问题，看似学校的问题，其实是人类社会的综合问题，婚姻、家庭、教育、社会制度和法规、政府监管，甚至是对人性善恶的探讨以及堕落与救赎的宗教探索等等。那么我们如何思考教育的出路呢？我们是否可以这样认为，在学校教育与社会环境中但凡有人——更多一些的人，选择信任与包容、仁爱与怜悯，就可以避免更多的人沦为"蒙丹"？这正是我们作为教育者应该反思和警醒的。想要教育好一个人，需要各方面的力量，包括生命自身的觉醒；但毁掉教育美好希望的，极有可能是我们的一个失误、失策，甚至一个冷漠的眼神。这也正是马修区别于哈杉校长的地方，这也正是马修感动我们的精神所在。直到蒙丹被警察带走，马修都还在感叹——"我失去了唯一的男中音"。因为，在善良的马修心底，一直给蒙丹保留着人的尊严、人的信任、人的希望。

【你觉得马修老师带给"塘低"寄宿学校的仅仅是一个合唱团吗？马修老师带来的是什么？请你用自己的理解写一小段话。】

生：我觉得马修老师带给"塘低"寄宿学校的不仅仅是一个合唱团，而是一种精神，一种激发人向上的精神，这种精神让孩子们第一次感受到被尊重、被关爱的温暖，从而在心底萌发出爱的回应。电影最后，马修被赶走，孩子们对马修的不舍，以及佩皮诺对马修的依恋，都是这种爱的回应。要知道，之前这些孩子对外在的大人世界始终带着反叛、对抗与严重的不信任。归根结底，那是因为生活中这些孩子或许都曾因为这样那样的原因受过伤，很少得到他人甚至家人的关爱，所以当第一次从马修的宽容、关爱中感受到这种前所未有的温暖时，孩子们看到了从未看到过的希望。

生：我觉得马修老师带给"塘低"寄宿学校的不仅仅是一个合唱团，而是一种力量，这种力量源自人与人之间的信任。我从他们排练合唱、踢足球、折纸飞机等游戏活动中看到了他们眼中的光亮。要知道之前他们对这所学校以及整个世界的认知就是——惩戒、禁闭、责打、拘留、遣送、关押。他们的生活充满了阴霾、沮丧、灰暗。是马修用他的善良、包容、理解，还有对教育的热诚，改变了孩子们，是马修让他们看见原来世界还有温柔的另一面。正是这种力量改变了学生，也改变了这所寄宿制学校的老师。当马修被哈杉校长赶走后，老师们集体揭发了哈杉的虚伪与罪行。我想只有这种力量才能改变整个学校，甚至整个世界，这种力量就是善良的力量。

生：我突然想到老师在我们看电影之前问我们的问题，那就是"什么是教育"。我想，教育就是给人希冀，给人自由，给人梦想，给人信任。

生：我也觉得马修给这座原本死一般的监狱式的寄宿制学校带来了教育的美好。马修用音乐让孩子们感受到了什么是秩序，什么是和谐，什么是合作，什么是美妙，什么是天籁之音，什么是艺术与生活的真谛。

生：我觉得马修使所有的孩子对未来充满了渴望。马修第一节课就发给孩子们一张白纸，并让他们写上自己最渴望成为的人。之后马修用他的包容、仁慈与怜悯，点燃了孩子们对学习的热情，对生活的憧憬，对未来的希望。

生：我突然想到电影的主题曲，好像有这样几句，"黑暗中的方向……希望之光……生命中的热忱……荣耀之巷"，虽然我记不太清楚，但是关键词我摘记了一些，我觉得马修不仅带给电影世界里的孩子们以希望，以热诚，其实也带给我们，带给整个世界对教育的一种反思。他让我们看到，什么才是教育的核心意义，那就是始终让每一个孩子都感受到被认同、被爱、被尊重，始终让每一个孩子都能对自己的现在保持清醒的认识，对未来怀有美好的希望。

师：是啊，真正美好的教育是带给人希望，正如教育家马卡连科所说，"培养人就是培养他对前途的希望"。

【你如何看待马修这个人物的命运？他成功吗？他幸福吗？他的人生信条是什么？】

他——一个失败的音乐人、一个失业的学监。他所做的一切，只有他自己知晓。只有他自己知晓吗？不，不止……

电影的最后，佩皮诺向皮埃尔娓娓讲述马修离开"塘低"男子寄宿学校之后的生活，没有波澜起伏，没有大起大落，马修始终过着不温不火、平淡无奇的生活，他的一生始终郁郁不得志。但马修的经历，尤其是他在"塘低"的短暂时光，让我想到欧洲中世纪的石匠在哥特式教堂的上端或飞檐后面往往雕刻用于装饰的怪兽状滴水嘴,这些精美的滴水嘴往往处于人们视线不及的地方,在地面上无论站在什么方位,都无法看到它们。然而石匠们仍然精心雕刻,哪怕知道一旦教堂完工,脚手架拆除,他们的作品将不被人看到。据说,他们雕刻这些是为了给上帝看的。对于教师而言,学生就是他们心中的上帝!对于学生而言,一个好的老师就是上帝派来的天使,马修在皮埃尔、佩皮诺的人生中就是这样的天使。

三

《织梦人》是美国作家洛伊丝·劳里创作、周彩萍翻译、晨光出版社出版的童书。

这个世界有织梦人——编织美好的梦,传授给需要的人们。我们之所以看不见他们,是因为他们会隐身。每当夜幕低垂时,他们就整装出发,进入一座座小房子,通过触摸人们日常生活中经常接触的书籍、照片、桌椅、盘子等,收集梦的碎片,然后将这些碎片编织成一个个美好且有力量的梦境。

小小就是一个织梦人。她是个新手，天真烂漫，爱玩耍，对一切充满好奇，有着无限的求知欲。因为还没有太多的授梦经验，她几乎是透明的。但她是那么热衷于织梦，对她来说，这不只是她的一份工作，更是她一生的梦想。在一位老织梦人的指导下，她飞快地成长着。她的触摸轻柔而顺滑，几乎感觉不到轻微的颤动，因而她收集的碎片都是温暖的、感动的、欢乐的。因为热爱织梦人这个身份，她为梦境创造了很多词汇，比如勇气、希望、欢乐等等。在每个静谧的夜晚，她都会将这样温暖的梦，传授给一个叫约翰的小男孩。约翰有着巨大的心灵创伤，父亲一度实施家暴，让他的童年变得支离破碎。父母离异后，因母亲没有经济来源，约翰被一个孤独的老人收养。虽然小小每天传授他美梦，但与此同时，一群叫殷险马的噩梦制造者，也把目标对准了他。在噩梦的困扰下，他内心葆有的希望正一点点消失。小小遇到了前所未有的挑战。她必须将约翰从脆弱的边缘拉回来，如此他才能真正拥有抵御噩梦的力量，让坚强和勇气回归内心，而她也才能真正完成一名织梦人的使命——让希望驱走人们的脆弱和恐惧，也驱走自己的。（选自《织梦人》前言）

　　孩子们，每一个对教育心怀憧憬的从教者都是一个织梦人。从教者将美好与希望传授给幼小的生命，然后一代又一代人将美好和希望传承下去，这就是人类的希望！当小小终于完成了对约翰的使命，她也收到了老织梦人莫爷爷带给她的惊喜。

　　莫爷爷转过身去，拿出了一个小东西。接着，他把这个小东西放到了她的手里，而那个小东西正用大大的、好奇的眼睛看着她。她曾经也是这样的：小小的，带着调皮的笑容，有一颗愿意相信人、能够被看见的心。

　　"噢！"小小惊呼一声，紧紧地抱住她，让她靠在自己的奖章上。"她叫什么名字？"

　　"你自己问她。"莫爷爷建议。

　　"你是谁？"她用非常镇定、平静的语调问怀里这个透明的小东西，以免吓到她。

"新小小。"她对小小说。

小小很疑惑，起先甚至还有点害怕。然后她想，当然了！莫爷爷并不总是最老的爷爷，史瘦大最开始一定也不是又瘦又老，即使是范挑剔——好吧，也许她不一样，也许她总是那么挑剔。

她轻轻地摇摇新小小，用最轻柔的手势抚摸这个易碎的小东西，然后她转过身问了莫爷爷一个她需要知道答案的问题。

"我现在是谁？"

"游丝。"他对她说。

教育，是生命的一次美好的相遇！我们给予学生的除了有限的知识或能力的有限培养，还有一段不可重复、不可逆回的生命时光。克里希那穆提在《重新认识你自己》中说："其实真理根本是无路可循的，而它的美也就在于此，因为它是活生生的。一个死的东西才是有路可循的，因为它是静止不动的。"教育是什么，没有唯一的标准答案，因为教育的美正在于它是活生生的，每一个当下、每一节课、每一篇课文的解读都是活生生的。"只要你知道如何去爱，一切问题就会迎刃而解。"因为，教育，是生命与生命的相互激扬、相互感动、相互成全。"窗子敞开时，微风自然会进来。"

理解自己生活之外的世界

——电影《小鞋子》与《何以为家》赏析

一

尼尔·波兹曼在《童年的消逝》中说:"在成人和儿童共同成为电视观众的文化里,政治、商业、教育等最终蜕变成幼稚和肤浅的弱智文化,人类的文化精神逐渐枯萎,一切信息都能够在成人和儿童之间共享,成人和儿童之间的界限逐渐模糊,儿童几乎都被迫提早进入充满冲突、战争、性爱、暴力的成人世界,童年正在逐渐消逝。"

距离此书出版已经过去四十多年,在现代工业文明的车轮下,随着网络和人工智能的普及,尼尔·波兹曼的担忧与预言正逐渐成为一种全球化的童年生存危机。成人对童年的漠视,也在不断加速童年的消逝。学校应试教育与生存择业的压力,也促使全社会在不断破坏童年的生态。

但是,生活在不同世界的人对世界的认知与体验是不同的。不同世界的人,有不同的童年,也有完全不同的未来。纵使科技文明不断发展,童年依然是生命最柔软的阶段。不论肤色,不论国界,同一片蓝天下的儿童都应该有了解世界的权利。为了打开学生的视野,了解自己童年之外的童年,理解自己生活之外的世界,我们走进了伊朗导演马基德·马基迪拍摄的电影《小鞋子》。

阿里生活在伊朗一个贫穷的家庭。一次,他到一个修鞋铺取回为妹妹修补的鞋子时,不慎把妹妹仅有的这双鞋子丢失了,为了免除父母的惩罚,他央求妹妹与他达成协议：每天妹妹上学时穿他的鞋子，放学后再换给他去上学。为此，阿里常常迟到而遭到老师的批评。

放假了，阿里试图和父亲去城里打工挣钱，父亲却意外受伤，为了给父亲治病，阿里花去了本来答应给妹妹买鞋的钱。后来，阿里看到全市长跑比赛的通知时，哀求老师批准他参加比赛，因为比赛季军的奖品就是一双鞋子。

在比赛中，阿里奔跑着，他的眼前晃动着妹妹放学后奔回来与他换鞋以及他换好鞋后奔向学校的场景，他要取胜，他要获得那双鞋子。他在奔跑，在极度疲劳中奔跑，后来他跌倒了，为了胜利，他又不顾一切地爬起跑向终点，并在混乱中率先撞线。教练、老师、观众纷纷向冠军阿里表示祝贺，可是阿里抬起的却是一双充满失望的泪眼……

回到家中，妹妹难过地走开了，阿里脱下了自己的鞋子——它们已经彻底地被磨烂了，阿里把长满水泡的脚浸在院内的池中，一群金鱼纷纷游来，似在吮吸、抚慰这双可怜的小脚。而此时，他的父亲正在回家的途中，在他的自行车上，放着买给阿里和妹妹的新鞋子……

【你看到了一个怎样的童年？】

生：我看到了一个辛酸的童年。

生：我看到了一个贫穷的童年。

生：我看到了一个灰色的童年。

生：我看到了一个淌着泪水的童年。

生：我看到了一个和我们完全不同的童年。

生：我看到了一个可怜的童年。

生：我看到了一个像丑小鸭一样的压抑的童年。

生：我看到两个懂事的童年，妹妹很懂事，哥哥也很懂事。

【电影中哪些场景令你难忘？哪些细节令你感动？】

生：让我最受触动的场景是，电影一开始，阿里在蔬菜铺挑土豆的时候弄丢了妹妹的鞋子。那是一双补了再补的鞋子，要是我们早就扔掉了。但是阿里回到家不知道怎么面对妹妹，又害怕妹妹告诉妈妈。当我看到阿里哭丧着脸求妹妹，妹妹流着眼泪说明天自己怎么上学时，我被他们的这种生活触动了。

生：让我感到震惊的场景是，阿里因为急着找丢失的鞋子，回到家，跪在地上被爸爸训斥他不懂事，不懂得照顾这个家，不懂得帮妈妈分担家里的事，最关键的是阿里才九岁，爸爸却说自己九岁的时候已经开始操持家务了。我就想我九岁的时候正在育英读二年级，回到家只要做好作业，好像没有什么是需要我做的，更不会被大人这样训斥。要知道，在这之前，电影一开始阿里不正是帮家里去买那种像饼一样的食物、挑选土豆吗？看到阿里被骂得直掉眼泪，我感觉他真是可怜。

生：我印象比较深的一个场景就是，阿里和妹妹到了晚上趴在毯子上写作业，他们只能用铅笔在本子上交流，因为不敢让爸爸知道哥哥把妹妹的鞋子弄丢了。看着他们这么懂事的样子，我真的有点难过。

生：我注意到一个情节，就是妹妹觉得哥哥的鞋子太脏了，说自己都不好意思穿着去上学，于是兄妹俩一边洗鞋子，一边玩肥皂。他们玩得很开心。

这个画面蛮温馨的。

生：我注意到一个细节，那天晚上阿里和妹妹把鞋子洗了放在外面晾晒，可是夜里下大雨，妹妹不敢起来只得叫醒哥哥。第二天，妹妹只能穿着湿的鞋子去上学。她路过一个卖鞋子的店，看见柜台上放着一双双新鞋子，眼里满是羡慕。对于我们来说，一双新鞋子根本算不上什么，因为我们每个人最起码都有好几双很新的鞋子。

生：那天妹妹的老师好像留学生写试卷放学迟了，妹妹第一个写完就飞快地跑回家，可在路上鞋子因为太大掉进水沟，导致阿里上学迟到了，差点被老师责罚。就算是这样，兄妹俩的学习成绩却都非常优秀。

生：让我最感动的一个情景是，妹妹发现自己丢失的鞋子竟然穿在一个同学脚上，下课后就尾随那个女生，记住她家的住址，等哥哥放学后一起去找那个同学，准备要回那双鞋子。当看见那个同学牵着自己的盲人父亲出门时，善良的兄妹俩放弃要回鞋子，低着头回家了。兄妹俩真的特别善良。

生：我对阿里跟随父亲到富人区找事情做的场景有疑问，为什么富人区高楼林立，别墅群鳞次栉比，阿里他们却是租房子，而且还欠房租呢？我想正是贫穷的处境才让阿里和妹妹从小就特别懂事。

生：让我感动的一个细节是，那个穿着阿里妹妹鞋子的小姑娘在放学路上看到阿里妹妹的自动笔从书包里掉落，赶上前却追不上阿里妹妹。看着珍爱的从未用过的自动笔，小姑娘非常羡慕，但第二天还是找到阿里的妹妹并且把笔还给了她。阿里的妹妹先是低头看了一眼原本是自己的、现在却穿在那个小姑娘脚上的鞋子，然后仅仅只是愣了一下就微笑着接过自动笔。两个小姑娘的笑容真是太纯真了。

生：让我最感动的是，阿里在跑步比赛中，脑海里始终闪现着妹妹的身影，因为没有鞋子，瘦小的妹妹只能穿着阿里的鞋子到学校。阿里对妹妹非常愧疚，所以比赛中非常疲倦的时候，总会想起妹妹说的话——"我再也不要穿你的鞋子了！""你的鞋子太大了，又那么脏！"还有就是他始终记得对妹妹的承诺，一定要拿到这次比赛的第三名，从而赢得那双鞋。

生：让我最感动的画面是，阿里参加跑步比赛的场景。阿里拼命奔跑，途中还被人撞倒了，努力站起来坚持跑到终点。可是在得知自己不是季军而是冠军时，阿里的眼里都是泪水。当摄影师给阿里单独拍摄冠军照时，阿里低着头。当我看到这一幕时，内心真的被触动了。为了给妹妹挣得一双鞋子，阿里坚持训练，坚持奔跑，这是对妹妹的承诺，也是对妹妹的爱！

生：让我感到难过的是，阿里拖着疲惫的身子回到家，原本希望得到新鞋子的妹妹看到哥哥两手空空，失望地离开了。阿里脱下那双已经跑烂的鞋子，可以说是万念俱灰。这真的让人心疼、难过。原本是想赢得一双新鞋，现在连自己的旧鞋子也破得不能再穿了。对于贫穷的孩子而言，得到一双新鞋子竟然要如此大费周折地努力，可换来的依旧是失望。当我看到这个画面，不知为什么突然想起《卖火柴的小女孩》，他们一样天真、善良、懂事，最终都感到非常失望。还好电影最后，阿里的父亲从城里回来，自行车后座上放着两双新鞋子，算是一种补救吧！

生：让我最感动的是，电影的最后阿里把满是水泡和伤痕的脚放进了水池，金鱼围了过来，亲吻他的脚。这是不是一种象征？在我看来，现实生活中金鱼不可能会这样游过来，是不是导演用这样的镜头向我们表达他对阿里的怜悯？

生：让我印象最深刻的是兄妹俩那双亮晶晶的眼睛。电影中阿里略带忧郁的眼睛是那么透亮，妹妹的眼睛也充满了淡淡的忧伤，但同样那么明澈。电影最后，阿里竟成了冠军，当人们欢呼着高举着他，他面对老师的第一句话却是："我是季军吗？"当得知不是时，镜头上出现的是阿里那双委屈的泪眼。阿里回到家，将脚伸进水池里，小声地哭着，小鱼纷纷亲吻着他受伤的小脚，就像天使在安慰这个可怜的孩子。

师：整部电影没有什么大的场面，却突出了人们美好的情感。这是穷人之间的亲情，更是人性最为柔软的爱，这便是马基德·马基迪导演的伟大之处。

【《小鞋子》还有另一个中文翻译的名字叫《天堂的孩子》，你更喜欢哪一

个?】

生：我觉得《天堂的孩子》可能更好些，因为这个片名凸显了阿里和他妹妹的纯洁、至善、大爱，这份爱感动着屏幕前的每一个观众，一直传递着，到永远。

生：我个人觉得《天堂的孩子》更好些。这是一部没有华丽的镜头，情节简单、真实，可让人看后非常感动的电影。让我感触特别深的一个情节就是，阿里和妹妹跟踪那个穿着自己弄丢的一双鞋子的小女孩，却发现她是一个盲人的女儿，兄妹俩眼含着泪水选择放弃追回自己的鞋子。他们经过了穷苦的磨练，才有了精神上的富足，这正是这部电影感动我们的人性的温暖与力量。同时，阿里为了给妹妹挣得一双新鞋子，不惜力气地奔跑，只为了拿到季军，得到奖品。阿里那种纯真与懂事，正是这部电影的主题。所以，我觉得阿里就是天堂的孩子，这样的孩子太完美了。

生：我觉得《小鞋子》这个片名也挺好的，虽然看起来好像很普通，其实整部电影都是围绕"小鞋子"这条线索展开的。

生：我也觉得《小鞋子》这个片名挺好的，因为看到这个片名就自然想起阿里和妹妹那张天真的脸、那么瘦小的身子。他们虽然那么小，却那么善良、懂事。每个看过这部电影的人都会被他俩深深感动。

生：阿里和妹妹虽然生活贫困，但是他们没有抱怨、自卑，也没有逃避，他们用自己朴实的方式和阳光的心态，真诚地面对贫困的生活。他们的世界里充满了希望，充满了正能量，充满了温暖，生活在这样世界里的孩子难道不是天堂的孩子吗？

二

当尼尔·波兹曼心怀忧虑地写下《童年的消逝》，世界上还有许多地区的孩子根本就没有童年，他们仍然生活在战火与贫穷之中，终日为能否活下去而苦苦挣扎——

孟加拉国十四岁的女孩被家人卖掉，嫁人。她的家人希望她在夫家能够有更好的生活。其实，很穷和穷，又有什么区别呢？

利比里亚一个双腿瘫痪的女人，她靠着自己的双手为女儿撑起一片天。她给别人洗衣服，在街上卖饼干，乞讨。她们什么都没有，没有电，没有厕所，没有自来水，她们至今住在一户人家的走廊里……

一个印度男孩和他三岁的妹妹，在印度达兰萨拉的贫民区寻找水喝。据了解，此前他的一个姐姐和一个弟弟，已经因为营养不良死了……

联合国发布的有关数据显示，目前全球仍有10亿人生活在极端贫困线以下，8.52亿人处于饥饿状态，每年约500多万儿童因饥饿和营养不良而夭折。全世界有6亿人生活在危害健康和生命的环境中，11亿人无法得到安全饮用水，26亿人缺乏基本的卫生条件。

1993年，一张照片轰动了世界。一个骨肉如柴的非洲小女孩，奄奄一息蜷缩在地上。在小女孩身后不远处，一只秃鹫正虎视眈眈注视着她，等待着猎食。这张照片触动了无数人心灵最脆弱的部分。

2015年，一张令人心碎的照片再次震惊了世界。三岁的叙利亚小男孩艾伦·科迪，因为战争和五岁的哥哥、妈妈、爸爸一起乘坐小船试图逃离叙利亚，却在途中翻船，艾伦·科迪、哥哥和妈妈身亡。艾伦·科迪的尸体在土耳其的沙滩上被救援人员发现，小脸有一半浸在海水中，朝下贴着沙子，海浪无情地拍打在他小小的身体上……

《何以为家》是由黎巴嫩、法国、美国制作，黎巴嫩导演纳迪·拉巴基执导的剧情片。看到海报上这样一张灿烂的笑脸，大家猜测电影讲述了一个怎样的故事？在学生充分交流自己的想法后，播放《何以为家》影片。

【请你试着概述《何以为家》这部电影的主要内容。】

赞恩一家因叙利亚战争逃亡到黎巴嫩。父母很穷，生活在难民营的他们负担不起抚养赞恩的费用，这意味着赞恩不能获得身份证，所以赞恩是一个没有资格获得护照的黑户，无法去学校上学，甚至在紧急情况下也无法在医院获得救助。

更糟糕的是，父母不但养不起这个家，还不断地生育孩子。赞恩作为家里的长子，为了养活自己和弟弟妹妹，被迫为当地的杂货商送货。他千方百计地想要保护妹妹，可是他的父母仍然把女儿卖给了杂货铺老板。十二岁的赞恩愤怒地跑到了一个海滨小镇，在那里，他遇到了来自埃塞俄比亚的难民哈瑞。

　　哈瑞是一个善良的黑人女孩，虽然她的生活比赞恩稍稍好一点点，但她也是一个因战争偷渡的、同样没有身份证明的黑户。哈瑞只能通过开小卖铺的商人买到一张假身份证，同时，为了逃避雇主和政府部门的监视，她在工作时一直把只有一岁的孩子约纳斯放在购物车上。正当住在一间用塑料和碎石搭成的小棚子里的哈瑞，即将攒够钱准备再续办一张假身份证时，她却被警察抓走了……

　　赞恩只好带着哈瑞的孩子约纳斯四处乞讨流浪。杂货铺老板告诉赞恩只要把约纳斯卖给他，就能攒足够多的钱到理想的国家——瑞士。几度挣扎之后，赞恩还是把约纳斯卖给了杂货铺老板。赞恩回到家，却得知妹妹因为不能被送往医院得到及时的救助，死于难产。赞恩在被父母暴揍一顿后来到杂货铺老板家，拿刀刺伤了那个禽兽"妹夫"。赞恩入狱了，他将接受法庭的审判，但是在法庭上，赞恩却哭诉着控告父母虽然给了自己生命却不能好好地养育自己、保护妹妹……

　　赞恩的事件传开后，赞恩一家得到了很多好心人的帮助，他们迁居到挪威，并且赞恩可以到学校上学接受教育了，这样的结局还是令人欣慰的。但是，又有多少个赞恩能得到这样美好的结局呢？

【你又看到一个怎样的童年？】

　　生：我看到了一个难以置信的童年，这样的童年简直是灾难。

　　生：我看到了一个悲惨的童年，从出生就注定是悲剧的童年。

　　生：我看到了一个血淋淋的童年，我感觉赞恩的心从未感到过温暖，他的心一次次被父母伤害，我感觉他的心在滴血，所以最后他才会控诉父母为什么要把他生下来却不负责他的教育与成长。

　　生：我看到了一个难以置信、无可奈何的童年。就像电影的片名一样，赞恩何以为家？他无处为家。

　　生：我看到的不只是一个赞恩的悲惨的童年，他的妹妹、弟弟，还有那个哈瑞的孩子，以及战争中的无数孩子，都是这样的命运。

　　生：我看到了一个挣扎的童年，在穷困中挣扎，在没有亲情的环境中挣扎，在逃离中挣扎。

　　生：我看到了一个充满暴力的童年，一个不断被摧残的童年。

　　生：我刚开始以为这只是电影，是虚构的故事，但看到最后才知道这是一个真实的故事。我看到了一个真实的童年，一个真实存在的悲惨的童年，但最终赞恩的童年还算是幸运的。

【电影中哪些镜头深深刺痛了你的心？】

　　生：电影一开头就让人很难忘，从空中俯瞰，这些贫民区的房子破败不堪。赞恩和他的伙伴们拿着木头做的简陋的玩具枪，模仿大人的样子在街头巷尾枪战，还躲在一个楼道里相互传递着香烟。我想正是战争让他们无家可归，他们目睹了战争的残酷，所以才会玩模仿战争的游戏。

　　生：让我感到震撼的是，电影一开始法官问赞恩为什么被捕，赞恩回答拿刀刺死了一个混蛋。我看到这里就充满疑问，要知道赞恩才十二岁，他怎么就杀人了，而且在法庭上还如此镇定。后来看了整个故事，才知道造成赞恩悲剧的真正原因其实是战争，而不仅仅是赞恩的父母，他们也是战乱的受害者。当然，我并不认同他俩的做法。

生：让我感到震撼的是，赞恩竟然在这么小的年纪就要干这么多活。在杂货铺搬运桶装水，给顾客送煤气罐，回到家还要照顾弟弟妹妹。其中一个细节，那个最小的妹妹竟然被铁链锁住一只脚。

生：让我感到震惊的是，赞恩的爸爸妈妈竟然把赞恩的妹妹卖给房东的儿子、那个杂货店老板阿萨德。赞恩才十二岁，他妹妹最多十一岁。他们怎么这么狠心！看到这里我才看懂前面赞恩看到妹妹来月经为什么那么恐慌，他知道一旦妹妹来月经就意味着长大了，在他父母看来就可以谈个好价钱了。这让我感到既恶心又愤怒。

师：但是作为当事人的妹妹萨哈呢？要知道这个年龄的孩子，尤其是如此贫困、居无定所的孩子很容易被哪怕一包方便面打动。这让人更加心疼，要知道一个人的心智还完全是儿童，竟然就要被自己的父母抛弃，就像一件货物一样变卖成钱。

生：让我感到难过的是，赞恩准备带妹妹逃走，可是正当他从杂货铺偷偷拿了一些必需品准备回家接妹妹时，在楼梯上被妈妈拦住了。赞恩被妈妈抓住头发摁在地上打，妹妹萨哈则哭得撕心裂肺。最后妹妹被爸爸扛在背上带走了，赞恩追着跑，终究看着爸爸骑着自行车和萨哈走远了。赞恩对这个家彻底绝望了。

生：让我感到震惊的一个场景是，赞恩的爸爸在法庭上面对赞恩的控诉和法官的责问，他说出了内心压抑的话。他说他也是为让萨哈有更好的生活，他也不想站在法庭上蒙羞。在看到这个镜头之前，我内心对赞恩爸爸妈妈的所作所为其实是非常痛恨的，但听了他在法庭上的申辩，感觉其实他们也不想让自己的生活变得这样糟糕。究竟是什么造成他们这么贫困潦倒，甚至要逃难到另一个国家成为没有身份的难民？这些问题困扰着我！

生：我突然想到哈瑞，这个可怜的非洲女黑人，为什么她流落他乡，为什么她独自抚养一个这么小的孩子，当地的政府反而要把她抓走？为什么杂货铺的老板可以贩卖小孩？我觉得这些事情实在太可怕了！我一想到哈瑞的小孩被杂货铺的老板买走，他接下来的命运将会是怎样的悲剧，内心就很难过。再想到哈瑞如果在监狱里知道自己的孩子不见了，她不管什么时候从监狱里出来，或是被送回原来的国家，总之她这辈子都不可能再见到自己的孩子了，我的内心真的非常难受。

生：让我最难受的情节是，哈瑞被警察带走，赞恩无助地抱着哈瑞的孩子四处寻找，露宿街头，最终又返回哈瑞原来的住所，小孩因为肚子饿拼命哭，赞恩无计可施，真的是绝望的处境。

生：我关注到一个场景，就是赞恩抢了一个滑板车，把哈瑞的孩子放在一个大锅里绑在滑板上四处逛，遇见之前帮他忙的小姑娘，然后两个人闲聊。小姑娘说自己要去瑞典，那里有一个叙利亚人的居住地，可以有自己的房子，谁进来都要先敲门，还说什么想吃一大盘饺子之类的话。我觉得这些要求对于我们来说都是再平常不过的，但是对于赞恩和这些难民而言就是奢望。

生：我看到赞恩到救助站领到了一些奶粉，赞恩就带着哈瑞的孩子坐在街边的台阶上吃着干奶粉。看着这样的画面，我真的感到不可思议，世界上竟然还有这样穷困的地方。

生：我看到赞恩为了活下去，还要照顾哈瑞的孩子，不得不故伎重施，学着在老家的样子，到药店骗来一种药片，然后混合水制成一种应该像兴奋剂一样的饮料，然后卖给路人换来一些钱，有时还被街头小混混打，我觉得赞恩小小的年纪就承受这些，实在太难了。更糟糕的是，原来哈瑞租住的破屋子还被房东锁了，赞恩留存在屋子里的一切都拿不出来了。绝望啊！

生：让我心痛的画面是，赞恩走投无路，把哈瑞的孩子用绳子绑在柱子上，自己则坐在不远处偷偷抹眼泪。之后，他回到杂货铺老板那里，把哈瑞的孩子卖给了他，但是难过的他流着眼泪亲了亲孩子的脸。这个幼小的孩子根本不知道即将面临什么，但是赞恩这个经历过太多苦难、见识过太多人性险恶的十二岁男孩又没有任何办法可以带着这个幼小的孩子活下去。所以，这样的场景真的令人难过。

生：让我感到震惊的是，赞恩在少年监狱与前来探望他的妈妈见面，妈妈告诉他自己又怀孕了，而且希望是女儿，仍然叫她萨哈，没想到赞恩扔给她两个字——"畜生"。后来赞恩看到电视直播热线的电话，在监狱里给电视台打了电话，哭诉自己悲惨的生活——"就像一坨狗屎"，而且还要控告自己的父母。

生：让我感到意外并感动的一个场景是，哈瑞的儿子被警察找到，并且在志愿者和相关部门的帮助下回到了哈瑞的身边。

生：让我印象深刻的一个镜头是，电影的最后摄影师帮赞恩拍身份证照片，他让赞恩笑一下，赞恩一开始非常拘谨或者说是忧郁，当摄影师说这是给你拍身份证照片，而不是死亡证明时，赞恩笑了。说实话，在我看来这样的话一点都不好笑。但是对于每天都目睹亲人、朋友还有无数共同生活在贫民窟和监狱中的难民随时可能死亡的赞恩来说，拥有一张能证明自己的身份证简直是天大的好消息，所以他笑了。

师：整部电影，赞恩的眼神都是无助、绝望、颓废、忧郁的，只有这一刻，他来到这个世界已经十二年后的这一刻，他才能真正称之为"人"。之前的他是一个"非法"的存在，是一个需要不断撒谎来逃避警察追捕的黑户。这一刻的笑对于赞恩来说是希望的开始，是新生活的开始，是崭新的未来的开始。但是对于我们，对于目睹赞恩经历的每一个观影者而言，这样的笑容真的是太刺痛人心了！

三

【两部电影传递了怎样的思想？用笔写写自己的思考。】

生：儿童是人间的天使，孩子来到这个世界，就是要和心爱的人一起看太阳，看星星。曾经，我以为所有的孩子都和我们一样，是在父母满心期待中降临世间，被父母的爱包围，幸福地生活，逐渐长大，但是……"我要控诉我的父母，因为他们生了我。"这是电影《何以为家》的开头，是十二岁的小男孩以坚定的语气说出的话。赞恩代表那些不被父母爱的孩子控告自己的父母生而不养，但我想说的是，假如没有战争，就没有杀戮，就不会有像赞恩一样流离失所的孩子。我想，导演之所以把关注点放在这样的一个"无家可归"的孩子身上，就是想要通过电影传递对和平的呼唤。

生：家是什么？家，是灾难来临时，你的避难所；家，是伤心时，你温暖的港湾；家，是遇到挫折时，你最坚强的后盾。可是，赞恩呢？他何以为家？对于千千万万因为战争、因为贫穷、因为疾病陷入困境的赞恩们，又何以为家呢？这两部影片都通过孩子的视角，让我们看到自己幸福生活之外，世界的角落里还有无数孩子、无数家庭生活在痛苦之中。同一片蓝天下，每个人都应该有生活的权利，都应该有生活的尊严，都应该有生活的幸福。对比之下，我的生活真是太幸福了。

生：我突然想到刚上课时老师出示的《何以为家》海报上的赞恩的笑脸。最后，赞恩在好心人的帮助下获得了身份认同，他笑了，看起来很开心，但他是真的开心吗？我觉得，那是在得到短暂的温暖后的笑。何处是归途？貌似还不能确定！《何以为家》写出了赞恩的渴望与现实的残酷。愿每个孩子都被温柔以待，眼中不只有泪水。

生：阿里和赞恩都是在贫民窟中成长的孩子，而且都是租住在别人家。两部电影都聚焦贫穷儿童的生活现状，同时还关注到战争带给儿童深重的影响，我想是为了引起所有人对战争的警惕以及对贫穷落后地区儿童生存状况的关注。

师：《何以为家》的结尾，哈瑞的孩子在当地政府和志愿者的帮助下回到了哈瑞身边，犯罪分子也得到了应有的惩罚，而赞恩也得到了爱心人士的帮助。赞恩·阿尔·哈吉本名赞恩·阿尔·拉菲亚，为了躲避战争跟随家人来到黎巴嫩成了难民。他在贝鲁特的一个贫民窟里被选角导演发现并被选中出演本片的主角。本片所演出的大部分剧情是他的亲身经历。在联合国难民署和本片剧组的帮助下，赞恩一家人已经在挪威重新安家，赞恩也如愿地枕着枕头睡觉，如愿地走进了学校。但是，现实世界中还有无数妇女、儿童因战乱、贫困每日都陷于绝境之中，渴望得到、却未能得到应有的、哪怕是最低的生命安全的保障，他们终日惶惶，可能下一秒就面临死亡的威胁。赞恩和哈瑞之所以能得到及时的帮助，与当地电视媒体的报道也有直接的关系。《何以为家》电影最后写道："愿每一个勇敢的小孩，都能被全世界温柔以待。"我想说，愿每一个孩子都能被世界温柔以待，都永葆善良，永葆童心；愿每一个孩子都能勇敢、快乐地长大，而不是被成人世界的纷纷扰扰、战火贫困磨炼出一颗冰冷的心！

　　童年，是生命成长的起始，但在生命长河中却承载着"精神底色""心灵基础""情感孕始"的重量。借助他人的故事，感受同一世界不同的童年，这是对我们的孩子精神世界的丰富，阅读世界的开拓，其实也是另一种真实的生命体验。理解童年，了解自己生活之外的世界，正是我们努力的动力！台湾诗人周梦蝶说："一只萤火虫，将世界/从黑海里捞起——/只要眼前有萤火虫半只，你我/就没有痛哭和自缢的权利。"托翁说："爱与善是幸福，亦是真理，世界上唯一可能的幸福与真理。"爱自己，爱家人，爱世界，爱生活给予我们的一切挑战、考验，以善良的心勇敢地活下去，才是世界上唯一能实现的幸福与真理。

宠与爱都是双向的给予

——电影《忠犬帕尔玛》赏析

一

养宠物对于现代社会而言，不仅是一个家庭问题，而且也是一个社会问题。不同的家庭，对于是否养宠物有截然不同的态度。支持者认为，宠物是人类最忠实的朋友，小孩领养宠物可以培养责任感，更懂得如何付出爱和感受爱，不会以自我为中心，更能体谅别人。反对者则认为，连自己都养活不了自己，还养什么宠物，有那么多泛滥的爱心不如好好地孝敬长辈，更何况多少被弃养的宠物最终成了危及他人安全的流浪动物。不论是哪一种观点，代表的都是不同群体的真实声音。我们不拒绝声音，最不可取的是没有声音。中外有许多儿童文学著作探讨了宠物与人类的关系，近几年更是涌现出不少关注宠物的电影，《忠犬帕尔玛》便是其中一部。我之所以选择此片，是因为该片比较集中地反映了养宠物的各种问题，比如主人的始养终弃，宠物的忠诚如一，弃养后的宠物对社会安全的危害，流浪动物如何收养，怎样的关系才是真正对等的人与宠物的关系等等。我想借助这部片子，与学生开诚布公地聊一聊宠物与自己的故事，为的是培养一种理性的精神与独立的思辨，同时也培养孩子们社会责任意识以及感受爱、给予爱的能力。

【聊一聊自己养宠物的经历或家人不让你养宠物的遭遇。】

生：我养过一只仓鼠，小小的，可爱极了。那是上二年级的时候吧，路过公园门口的一个小店，店门口摆着一些笼子，笼子里有兔子啊、小狗啊、小猫啊，我就缠着妈妈给我买了一只仓鼠。可是养了一个多月，它就死了。

生：我养了一只猫，每个周末我都会和它玩上一个多小时，那是我最放松的时候。

生：我养过一只狗，我给它取名叫小点点，因为它身上有许多黑色的斑点。大概是读三年级的时候吧，从一个亲戚那儿抱来的，后来走丢了。

生：我只养过几条金鱼，因为我妈特别怕狗啊猫啊的，我也有点怕狗，但是看到别的同学家里养猫，其实蛮羡慕的，但是一想到我妈那个神经过敏的样子，估计没戏，就只能在心里想想罢了。

生：我家养了好几条狗，有一只拴在厂门口，路过的人都怕它，有两只养在家里，我有空就会带着它们出去遛一遛。

二

【走进电影《忠犬帕尔玛》。】

《忠犬帕尔玛》是由亚历山大·多莫加罗夫执导的剧情片，于 2021 年在俄罗斯上映。该片改编自真实事件，讲述了德国牧羊犬帕尔玛在机场被主人遗弃，却始终留在原地等待主人归来的故事。

　　【聊聊电影中让你最难忘或让你最感动的场景。】

　　生：让我最难忘的一个场景是，狗的主人把红色的球抛出去的时候，那只狗飞快地跑过去叼球，当它跑回来的时候，飞机已经起飞了。那一刻我真的非常生气，是那种被人抛弃的愤怒！

　　生：让我最感动的一个场景是，帕尔玛看到一个长得很像自己主人的男人下了飞机走进机场大厅，它飞快地溜进去，然后不断地制造混乱，但是当它最后发现那个男人是一个陌生人时，那种失望的表情，真的让人很痛心。

　　师：电影中有一句台词，"我理解你，失去至亲是非常难熬的，但最重要的是不要对生活失去希望"。那一刻，帕尔玛以为抓住了希望，可是等来的却是更大的绝望。

　　生：我也对这个场景印象很深，而让我感到最意外和感动的是那个胖胖的机场工作人员。一开始她拒绝了科里亚的请求，但看到帕尔玛在候机大厅寻找自己的主人的一系列举动后，可能是出于同情或者她也养过宠物，总之最后不但给了科里亚一张写了帕尔玛主人姓名和地址的字条，而且还告诉科里亚从侧门带着狗逃离机场保安的围追堵截。

　　生：让我感动的是机场的老修理工，帕尔玛正是在他的掩护下，才躲开了机场保安的追捕。后来，他还为帕尔玛提供了暂时的居所，并且喂养它。我觉得这个修理工特别善良。而让我特别感动的是，他也非常理解科里亚的叛逆和孤独。

　　生：我最难忘的镜头是，每当狗主人原来乘坐的那个航班的飞机一降落，帕尔玛就会飞快地跑过去，蹲在飞机的下机舷梯口等候。它飞奔得多快，就有多失望，看得人真的挺难受的。

　　生：我最难忘的是，科里亚的父亲带着机场保安队长和流浪狗防疫站的工作人员来抓捕帕尔玛的场景。当帕尔玛被带上车子，科里亚无助地哭喊，最后挣脱父亲跑出去追赶帕尔玛。这是两个孤独者同病相怜。

生：我印象比较深的一个镜头是，看起来非常冷酷的父亲，看到儿子写给狗主人的信，也被儿子的话语打动了，"世界上没有什么比你的父母抛弃你、遗忘你更糟糕的了"。科里亚的母亲死了，父亲自从与母亲离婚后就再也没有联系过科里亚，当科里亚说自己宁愿去孤儿院也不会跟这个父亲待在一起时，他的父亲气急败坏。但是看到科里亚的信后，他劝说冒雨离家出走的科里亚一起去把狗接回来。

生：我最难忘的镜头是，帕尔玛原来的主人出现在飞机的舷梯口，帕尔玛似乎意识到原来的主人回来了，它有点不安，当它原来的主人尴尬而带着歉意的微笑向它招手示意它过去时，帕尔玛犹豫了。但是当它原来的主人亲了它之后，帕尔玛还是非常激动地用舌头舔他的脸。令人意外的是，当它原来的主人要拉它登机的时候，帕尔玛表现得异常抗拒，最后是被硬生生地拉上飞机的。那一刻，帕尔玛已经把科里亚当作自己的新主人了。

生：我也是对电影的结尾特别感动，科里亚的父亲第一次成为国际航班的飞行员，那是他从小的梦想，但是当梦想即将变成现实，却因为对儿子的爱，放弃起飞，最终被剥夺了飞行资格。而且之前他还和帕尔玛原来的主人偷偷地交谈过，希望他能把狗转让给科里亚。因为种种原因，狗主人哪怕自己也不想来领回帕尔玛，但是迫于舆论压力还有那个领导的威胁，不得不来领回帕尔玛。但是，最终大家都被科里亚和帕尔玛感动了。飞机上的乘务员以狗主人没有防疫证明拒绝他将狗带上飞机，就连狗主人也以自己的狗不叫帕尔玛而叫阿尔玛为由，选择放弃帕尔玛，让它跟随小男孩。

【为什么帕尔玛最终选择了小男孩，而非苦苦等候那么久的原来的主人？】

生：我注意到一个场景，那就是帕尔玛在无数次等待后，最后一次等待原来的主人时，看到一只狗在主人的安抚下被飞机乘务员盖上毯子带走，狗的主人在旁边一个劲儿地安抚那只不安的狗，告诉它只是暂时分别两个小时，等飞机着陆后就会立即来找它。我觉得这个时候帕尔玛真正意识到自己被主人抛弃了。对于极其聪明的帕尔玛而言，它第一次感到被主人背叛的心灰意冷，所以它放下了原来的主人最后一次逗它玩的红色小橡胶球，它决定不再等了，它的心死了。

生：我觉得帕尔玛之所以选择小男孩，是因为对原来的主人彻底绝望了。一开始它还以为自己的主人是暂时离开，一定会来接自己，但是无数次等待后，它终于看清真相，所以它失去了活下去的勇气。那个大雨之夜，帕尔玛已经选择死亡，但是小男孩竟然紧紧地抱着自己，这让帕尔玛重新有了活下去的勇气，所以从那个夜晚开始，帕尔玛决定此生为科里亚而活。

生：我也这样认为，但我还想补充一个细节，就是当狗原来的主人迫于舆论压力来到机场准备接回帕尔玛时，帕尔玛在他的脸上不断地蹭来蹭去，还用舌头舔他，刚开始我还以为它会重回原来的主人身边，后来才知道其实那是帕尔玛念着旧情，感恩原来的主人，但是它不断地回头看科里亚，它的心里早就做好了决定，这次只不过是与原来的主人告别，或许也是和自己的过去告别。只不过作为狗它还是不了解人类的套路，自己原来的主人是迫于社会压力才来接它的。

生：我觉得小男孩之所以能成为帕尔玛的主人，他之所以会对帕尔玛付出这么多，那是两个孤独的灵魂彼此的同病相怜。小男孩在这只狗的身上看到了自己，所以他才会理解狗的痛苦。

生：我觉得小男孩对帕尔玛的爱才是真正的爱，我想从"两次放弃"来分析。科里亚其实非常想收留帕尔玛，一方面是日久生情嘛，另一方面是自己同样孤独，帕尔玛是唯一的朋友。但是在父亲的劝告下，他懂得了真正的爱是付出而不是占有，是让所爱的帕尔玛幸福而不是让自己快乐，所以科里亚选择了放弃。但是帕尔玛原来的主人在机场为了自己的工作选择放弃了帕尔玛，这样的放弃就是背叛。科里亚的放弃是为了爱帕尔玛，狗原来主人的放弃是为了自己。

【如果你是忠犬帕尔玛原来的主人，面临这样的处境，你将会怎样抉择？】

师：对这个问题，大家先不要急着回答，请你们设身处地地站在帕尔玛原来主人的角度想一想，然后大家讨论一下，再发表意见。

生：一开始，我内心是非常讨厌这个男人的，因为谁都接受不了被别人背叛的感受，对于背叛者我们都是非常讨厌的。但是当我们小组冷静下来讨论，我听着大家义愤填膺地声讨帕尔玛原来的主人时，反而有了另一种感受，我觉得其实一开始他也是百般不情愿放弃的，所以他才恳求那个女乘务员，也就是修理工的女儿。但是最终因为把防疫证明弄丢了，他才被迫放弃。

生：但是他可以像科里亚的父亲说的那样，换下一班飞机啊！

生：对，他可以先去开证明，再换下一班飞机。

生：其实，帕尔玛原来的主人找过防疫人员开证明，只是动物医生检查出帕尔玛耳朵发炎了，所以不能给它开证明。我觉得他好不容易找到一个自己梦寐以求的工作，如果失去了也是会终生遗憾的。

生：我觉得虽然是这个道理，但还是可以想一想别的办法，比如恳求朋友暂时收留帕尔玛，等工作稳定后再回来接它。

生：我觉得在机场，狗原来的主人已经做了应该做的一切努力，他的可气、可恨在于对帕尔玛好像没有一丝的愧疚。

生：我觉得也不是没有一丝的愧疚，最后他不是选择放弃帕尔玛，让它回到小男孩身边了吗？

生：说实话，一开始我是非常愤怒，非常讨厌这个男人的。好像大人为了自己，可以放弃一切，甚至自己的家人。就像科里亚的父亲，为了自己的飞行梦想，曾经放弃自己的妻子和孩子。我觉得这样太自私了。但是看到影片的最后，尤其是看到科里亚的父亲从小就有的梦想，看到他的那本翻看得滚瓜烂熟的世界各大城市地图手册，以及最终帮助科里亚找回帕尔玛，还找来记者千方百计地帮帕尔玛寻找它的主人，我就原谅了科里亚的父亲。而帕尔玛原来的主人也是这样，虽然迫于无奈他不得不认领帕尔玛，但最终又放弃了，让它寻找自己的自由。我想他们都是在尽力弥补曾经的过错吧！

【狗这样等待主人，值吗？】

师：让我们转换一个视角，来思考这个问题，你觉得帕尔玛这样日复一日地等待，值得吗？你们也讨论讨论。

生：我觉得不值得，因为爱是相互的，当一个人放弃了你，你再坚持也是没有意义的。

生：我也这样认为，不值得，因为被人抛弃的感受，被人背叛的感受，真的是非常绝望的。就像科里亚一样，他的妈妈死了，他从小又被爸爸抛弃了，所以他特别能感受到帕尔玛那种被人抛弃的感觉。

生：就像狗原来的主人和科里亚的父亲在机场说的那样，他引用一个记者的话说：帕尔玛有多么伟大，它的主人就有多么混蛋。等待这样一个背叛自己的人还有什么意义！

生：我也这样认为，不值得。因为当帕尔玛意识到自己被抛弃了，而不是暂时停留在这里时，它选择用绝食放弃等待，或许它也觉得自己不值得吧，要是狗也有思想的话！

师：要是帕尔玛也有思想，你觉得它会后悔自己的选择吗？假如它一开始就知道主人放弃了自己，它还会选择等待吗？

生：我不知道，但假如狗也有思想，那么它应该会后悔，因为它的主人的的确确伤害了它。

生：我觉得它会后悔，自己等待了那么久，换来的却是无数次的绝望。它的主人只是把它当作一个普通的生日礼物，虽然电影里没有交代是谁送给他的礼物，其实最后他并不情愿来领回帕尔玛，他面对那么多报纸铺天盖地的搜索，一开始是想要写匿名信选择放弃帕尔玛的。要是帕尔玛知道这个真相，肯定会更加伤心，也会更加心冷。

师：假如不是"人"与"狗"的故事，而是"人"与"人"的故事，你会像帕尔玛一样等待吗？

生：我不会！

生：我也不会！

生：我也不会！

生：我也不会！

师：狗的世界只有纯粹的爱，即使明知是不对等的情感付出，帕尔玛也心甘情愿，这正是帕尔玛感动我们、感动所有人的地方。以至于影片一开始就出现在头等舱里的那位大人物，都要好好利用帕尔玛为机场作宣传，利用帕尔玛来感动更多乘客，让更多的顾客选择自己的航空公司。的确如他所想的，许许多多的人慕名前来一睹帕尔玛的真容。但狗——帕尔玛毕竟不是人，它不会像我们那样理性地作出选择——值吗？值得我等吗？值得我这样付出吗？值得我这样努力吗？我这样做有意义吗？理性的选择，有时往往让我们丢失了最宝贵的赤诚之心！因为，是否值得的背后是人类对价值与利益的考量，一旦陷入值不值得的思考，就意味着你长大了，也意味着你的童真时代结束了！

【你觉得帕尔玛忠于谁？】

师：影片的名字叫《忠犬帕尔玛》，这让我想起西班牙作家路易斯·普拉茨根据日本真实事件创作的小说《忠犬八公》，后来这部书也被改编成了电影。这两部作品中都出现了一个"忠"字，你怎么理解这个字的含义？

生：我觉得"忠"就是忠心，对一个人一心一意，就像帕尔玛对它的主人一样。

生：我觉得"忠"就是忠诚，不论遇到怎样的情况，都不会背叛自己的主人。

师：大家都提到一个词——主人，你觉得帕尔玛是忠于谁？

生：我觉得帕尔玛忠于自己的主人。

生：我也这样觉得，一开始它忠于原来的那个主人，后来它忠于小男孩科里亚。

师：这样的"忠"为什么能感动这么多人？对比帕尔玛的"忠"，人与人之间的"忠"一样吗？

生：或许人类不像狗那样忠诚吧，就像我们刚才谈的，人类更多会从自身利益出发来考虑自己的选择，但帕尔玛并不是这样。我记得电影中有一个场景，当帕尔玛被防疫人员用卡车带到动物收留所，帕尔玛从车窗逃出来后，还顺便救出了动物收留所里那些被关在露天笼子里的狗。当它们逃出收留所，到了一个分岔路口的时候，其中一只黑白相间的狗还在等帕尔玛跟上大部队，但帕尔玛站在原地犹豫了一下，依然选择跑回机场。这正是帕尔玛感动我们的地方。

生：我怎么对这个"忠"字有一种奇怪的感觉，尤其是大家不断提到什么狗的主人啊，这种感觉不是很好。毕竟狗忠于主人，和人忠于人，既有相同的地方，也有不一样的地方。有一个词突然跳入我的脑海——狗奴才，因为狗非常忠诚，所以用狗来形容奴才对主人的忠诚。因此，我感到特别别扭。

师：大家讨论着讨论着，便引出"忠"字的诸多内涵。其实，这个字本身就代表着一种精神传承，不论这种传承的精神本身是良善、美好的，抑或是虚伪、扭曲的。忠，这个字所包含的精神内涵是非常丰厚而悠久的。从字源上讲，忠字从心、中声，本义为忠诚无私，尽心竭力。"忠"是一种道德准则。"忠，德之正也。"（《左传·文公元年》）曾子说"吾日三省吾身"，第一省便是"为人谋而不忠乎"。（《论语·学而》）当人类逐渐分化等级，人与人分工的不同，也决定了社会地位的不同。上层阶级要求社会按照"下级忠于上级"的秩序来维持自己的统治，因此"忠"便成了一种调节社会秩序的道德准则，处于"至德"地位。但孔子所提出的"天下大同"的思想，并没有局限于忠于统治者，而是忠于"天道""大道"，忠于自己内心的道德理想——"仁者爱人"。"夫子之道，忠恕而已矣。"（《论语·里仁》）"忠"思想绵延数千年，其涵义不断得到阐释和发扬，从而成为一种文化，一种精神信仰，一种沉淀于中国人心中的价值和理想。

【科里亚领养帕尔玛，和你养宠物有没有不同?】

生：现在回过头来思考这个问题，和一开始老师问我们养宠物的经历，好像有不一样的感受。我觉得一般人养宠物只是为了好玩，一时兴起。但是科里亚对于帕尔玛的感情显然超出了这样的喜爱，那是发自内心的一种爱。

生：我家也养过狗和猫，我们就是把它们当作自己的家庭成员，不论外出旅游还是去亲戚家，一般都会带上它们。

生：我虽然没有养过宠物，但是将心比心，如果要养宠物就要负责到底，不能随便抛弃。

生：我觉得科里亚对帕尔玛的感情是超过一般家庭对宠物的感情的，因为一般家庭就算是把宠物当作家里的一员，但那是不大平等的，我的意思是，都是人在养动物嘛，都是人给宠物提供吃喝拉撒的一切嘛，所以主人往往掌握绝对的主动权，最起码是人让狗听话，从来没有听过人听狗的话。但是我觉得科里亚和帕尔玛之间是平等的，是相互依靠的，因为科里亚是一个孤独的人，最起码在没有原谅爸爸之前是这样的，所以科里亚对待帕尔玛才会用生命去呵护它。我想到那个下大雨的夜晚，要知道不可能有哪个家庭养宠物能做到那样，抱着宠物生怕它出现什么意外，而完全把自己的身体置之不顾。

师：你的发言，让我想起《忠犬八公》中的一句话，"等待，是为了永不忘记爱我的人"。虽说宠物乃宠爱之物，但这是一种对等、信任、双向的需求，珍重彼此，而非拥有、占有、施舍、可怜，也非单向的忠诚与居高临下的恩赐。所以，从某种意义上讲，是领养，而非饲养，亦非驯养，因为领养宠物是领受这位治愈孤独的良友，是为了治愈自己内心深处的爱的缺失。

【如何理性地思考现代社会领养宠物的话题？】

师：看了这部电影，你对领养宠物引发了怎样的思考？

生：首先，我注意到了电影里的流浪狗收留问题，的确，假如不对流浪狗进行有序的管理，任由它们泛滥，其实是会造成严重的问题的。所以，现在回过头来看电影里机场的安保人员，其实他们也是在尽职工作，并不是说他们就没有一点爱心，只是不了解帕尔玛的坚持背后的故事，他们看到的是帕尔玛妨碍了机场的安全。

生：我觉得一个人既然选择领养宠物，就要真正做到有始有终，始终如一，不能兴致来了就养，没兴趣了或者宠物生病了就随便抛弃，这让我想起一个绘本《流浪狗之歌》，那只被抛弃的流浪狗蹲在夕阳里，真的很可怜。

生：我也想到一个问题——流浪狗与狂犬病，毕竟狂犬病是目前尚未找到治疗方法的绝症，任由宠物弃养，会造成很多危险的事情，所以是不是应该制定一些规定或者法律，谁弃养了宠物就要上黑名单或者受到处罚。

生：我看过一个绘本，名字叫《遇见你真好》，后记中就有关于领养动物的建议。第一是合理评估自己的状况，指的应该是经济条件允不允许吧；第二好像是要得到大人的允许；第三是帮助宠物做绝育手术，当时觉得有点残忍，因为我家的猫就是做绝育手术的时候伤口感染死的，但后来知道这也是避免产生过多流浪动物的没有办法的办法。

师：谢谢你的介绍！这是一套绘本，由知名的演员孙俪主编，《遇见你真好》《这里是动物医院》《我有三个名字》《长长的旅行》《1，2，3咔嚓》。每个绘本都讲述了一个关于宠物的故事，有关于如何正确领养宠物，如何救助受伤的动物，如何尊重每一只动物，如何给动物做绝育手术等等。我想就用《忠犬八公》的翻译者轩乐在译后记中引用顾湘《好小猫》中的一句话来小结我们今天关于宠物的讨论吧！"小猫一片赤忱地爱着某个人，同时它有着自给自足的圆满的精神世界。"我们衷心祝愿每一个人，每一只宠物，每一只野生动物，都有一个自足圆满的美好世界。

三

心理学家希尔曼说，那些在童年时代读过许多故事书或听过许多故事的人，"比起那些没有接触过故事的人来，会有较好的外表及前景……及早接触故事，他们就会对生活产生观照"。我们进行这样的讨论，便是希望课堂的思考在生活中延续。因为，最好的课堂在窗外——窗外，冬日的阳光普照，祝福每一个生灵都能安详如意地度过此生！

从前慢，当然不仅仅只有慢

——电影《剃头匠》赏析

一

"从前"，从叙事的角度而言，是故事的缘起。对于个人而言，"从前"便是生命的缘起。追忆也罢，留恋也罢，都回不去了。或许，一切文学作品都是从前的故事，哪怕科幻作品讲述发生在未来的故事，那也是以作家从前的生活经验为基础创作的探索未知的故事。那么，我们从自己或别人的"从前"的故事中得到了怎样的人生启示呢？带着这样的思考，我们一起走进中国蒙古族人哈斯朝鲁执导、靖奎领衔主演的剧情片《剃头匠》。

敬大爷是北京城老胡同里的一位剃头匠。十二岁学剃头，当学徒，出师，开店，经历老北京的风云变幻、朝代更迭，一把剃刀、一个箱子，这一干就是八十年。如今九十三了，仍旧眼不花、手不抖，服务周到，深得老主顾们的喜爱。敬大爷家的墙上挂着一本大大的日历，上面写着每个主顾的名字，敬大爷就照着标注的日期几十年如一日地骑着三轮车走街串巷为老主顾们服务。每天敬大爷照例清早出门，为安排好的老主顾逐个理发、剃头、刮脸、剪鼻须、按摩，偶尔到邻居老伙计那儿搓搓麻将，聊聊闲天，或是到老主顾爆肚张那儿坐在几十年照旧的老位置吃上一盘爆肚、喝点小酒。

他最大的心愿就是能够干净、体面地离开这个世界，不打扰子女，不给他们添麻烦。米大爷病逝了，赵大爷被儿子接走了，老主顾越来越少，敬大爷免不了也为自己的后事发愁。给老主顾爆肚张理发时，闲聊得知殡仪馆有专门的后事服务项目，敬大爷打电话咨询，对方说需要一张照片、一份五百字左右的生平简介。趁着夜静，敬大爷用老式录音机录制了两盒介绍生平的磁带……

　　一天，敬大爷忽然昏倒在大街上，生命在一点点地离他而去，可是一切都还没安排好。敬大爷倚靠在城墙根儿迷迷糊糊醒来后做的第一件事，便是拿出梳子梳理那头乱了的白发。然后，他特意在街头中年剃头匠那儿理了一次发，给自己置办了一张像样的遗像。

　　这一天，敬大爷的老摆钟彻彻底底坏了，他生平第一次睡过头。儿子在门外叫了半天没人应，进门看见父亲的遗像，愣在那儿。平常老是在父亲面前抱怨生活，还经常从父亲这儿拿点钱的儿子，头一回没拿钱，只是把父亲的遗像以及寿衣包好拿回去，还告诉父亲他当曾祖父了。敬大爷小心地用布包好摆钟，准备拿到店里去修。他骑着三轮车在胡同中渐行渐远，最后消失在胡同的尽头。

　　北京城又入冬了，下雪了。街道拆迁工作人员在低矮的胡同口墙上又刷了一个规规矩矩的"拆"字。来往的老住户打趣地问：哥们，什么时候拆啊？工作人员回应道：估计快了，我也不知道呢！

　　该片于 2006 年 9 月在日本福冈国际电影节首映，曾获第 37 届印度果阿国际电影节最佳影片金孔雀奖、第 5 届印度浦那国际电影节最佳故事片奖、

第 14 届法国维苏尔国际电影节最佳故事影片奖。

二

【看了这样一部影片，你内心有什么感觉？】

生：我觉得有点迷迷糊糊的，电影里面敬大爷每天日常都去剃头，很平凡。

生：我感觉人生很平常，有人离去，有人出生。这部电影让我感觉懵懂，又觉得有些悲伤。

生：生命是有限的，影片中的剃头匠能坦然面对死亡，只想要干干净净地走向人生的终点。我感觉这部电影与我以前看过的其他电影不同，虽然只是讲一个老人几天的日常生活，但是却让我对生命有了新的看法。

师：到底是怎样的新的看法，随着我们进一步的交流再请你补充，可以吗？

生：这部电影中大部分片段让我很感动，其中所隐藏的人情世故让我有一种似懂非懂的感觉。

生：我看了这部电影觉得非常震撼。人年纪大了，难免会贪生怕死，也会每天窝在家里，而敬大爷却不一样，他每天都会按时出门给顾客剃头。我觉得不管已是耄耋或至期颐，人都可以自由自在、无须怕死地活着，直到永远闭上双眼。

生：我感觉这部电影与我之前看过的电影大不相同，之前的情节都是波澜起伏的，而这部电影却平平无奇，中间也没有特别突出的情节。

生：以前看的电影都是比较有趣的，一看就懂了，而《剃头匠》我看得似懂非懂，感觉是在探索一个新的未知的领域。

生：看完整部电影，我的内心有些起伏，说不出什么感觉，因为电影中很多情节或者说是细节、画面什么的，我都看得不太懂。就比如，结尾处只见北京城下了一场雪，几个人在那里说什么快要拆迁房子了，我觉得这并不是一个完美的结尾。

　　说实话，让一个小学生看这样一部电影，的确是有一定理解难度的。但假如我们认同这样的观点——孩子是天生的哲学家，那么我们就有了继续探索这部电影的可能性。因为，孩子天生的敏锐感觉还未被生活完全磨灭，他们与生俱来的真诚、善良、敏感、悲悯，将会是深入理解这部电影的极其重要的智慧之源。因此，尊重孩子们对电影的认知起点，正是引导他们深入理解电影的基础。

　　【从影片中你看到了什么？分享影片中让你印象比较深刻的镜头或画面。】

　　生：敬大爷照常去给老米剃头时，敲门叫唤了半天都没人应。当他推门进去时，发现老米已经死了。敬大爷打电话给什么人，应该是殡仪馆或街道的办事人员，不一会儿就来了几个穿白大褂的人，把老米的尸体盖上白布用担架抬走了。敬大爷在寒风中瑟缩地坐着，一根烟一根烟地抽着，若有所思的样子。那一刻，我觉得很难受。敬大爷特别孤独，甚至无助，他或许也在考虑该怎样料理自己的后事。这个镜头让人有点莫名的恐惧或者说惆怅。

　　生：赵大爷本来是住在小胡同里的，儿子儿媳住进商品房，根本不来管他。后来他们突然把赵大爷接走了。敬大爷来理发，通过邻居才得知是因为儿子儿媳惦记着赵大爷的拆迁款，才硬把赵大爷接到自己家。可是赵大爷死活不肯吃饭，终日把自己闷在被子里，只是念叨着要儿子把敬大爷找来。敬大爷默然地看着赵大爷不受儿子和儿媳的待见，心里憋着一肚子的气。后来赵大爷的儿子开车把敬大爷送回去，给了敬大爷一百元，敬大爷没接，他以为嫌少于是拿出两百元，敬大爷却转身离去了。敬大爷这是心寒啊！

　　生：一次，敬大爷给老赵剃头，剃完头还给他来了个免费的"放放睡"——这是一个老词儿，就连帮忙照顾老赵的上了岁数牙都掉了的邻居大婶也不懂这个词的意思。

　　师："放放睡"，指的是剃头师傅给老主顾理完发后按摩穴位、放松筋骨，这是福利，不收额外的钱，而这也是老交情才有的默契和身领神受。

　　生：我脑海里浮现的是这个画面——敬大爷缓缓地站起来扶起一位大爷，

让他坐在床上。接着敬大爷把带来的一个小包袱打开，里面是一套剃头的工具，还有一个瓶子。他慢慢地把瓶中白色的液体涂在大爷的胡子上，然后用剃刀不紧不慢地剃胡子。

生：街道办事处的人过来丈量敬大爷家拆迁房的面积。儿子为了多得一点拆迁款，就加盖了一个小间。工作人员说，上次来还没有这间房，不能算。敬大爷说，不算就不算，你们看着办就行！可是当看到写在他家进门墙上的"拆"字竟写成了"折"字，敬大爷不干了，说这是错字，拆是拆，折是折！办事的工作人员也傻了，老人家不计较拆迁款多少，竟为了一个字较真，最后答应给补上那一点。

师：从敬大爷的这个举动，你读懂了什么？敬大爷通情达理，但又有所坚持，这便是一种做人的准则！这个准则就像一杆秤，一头压着世态炎凉、世道人心，一头压着自己坚守的底线良知与社会公德。

生：敬大爷把摆钟往后一推，再从口中拿出假牙，慢慢地放进装有水的杯子中，然后换上睡衣，把台灯一关，躺在床上睡了。

生：敬大爷的儿子退休后得了病，可退休金却要分给全家使用，自己买不起好的药，他向敬大爷诉苦，敬大爷什么也没说，点了一支烟，然后从床底下拿出一个盒子，从里面拿出一叠钱给儿子。

生：敬大爷去爆肚张的店里吃饭，可是临窗的老位置已经坐了一对年轻的情侣。爆肚张的儿子想让他俩和敬大爷换一下座位，年轻人死活不让，敬大爷只好带着爆肚走了。可是我对接下来的情节看不大懂：敬大爷拿着打包好的爆肚回家，准备打开来下酒，那只黑猫爬上桌来吃爆肚，敬大爷非但没有阻止，反而自己也不吃了，好像躺着休息去了……

【聚焦镜头细节，聊一聊电影中哪些场景或细节看不大懂，提出来交流讨论。】

师：刚才大家谈自己的观影初感时提到这部电影有很多地方看不大懂，我们不妨将电影中那些看不大懂的场景或细节，先梳理一下，写在讲义稿上，一会儿我们再交流。

（学生自主学习后，根据学生提出的疑问，集体交流如下几个关键问题）

1. 敬大爷的牙套为什么在电影中反复出现？

师：我们先来谈谈电影中一个反复出现的道具或者说细节——敬大爷的牙套。电影中敬大爷每晚睡觉前都要将牙套拿出来泡在水里，第二天醒来后第一时间把它套回去。

生：我觉得这个牙套在不断提醒观众敬大爷的岁数，因为牙套是老年人很老很老老得牙都掉光了的象征。

生：我觉得不止是提醒观众他是个老人，也是在表现敬大爷的生活习惯，他做事总是一丝不苟的。

生：我不知道自己的理解对不对，我怎么觉得牙套就像是敬大爷。牙套被戴上完成一天的使命，到了晚上再拿下来，就像敬大爷又过了一天。

师：我也有这种感觉，就是牙套每晚被放进水里，给人一种压抑又很无趣，甚至死寂一般的感觉，这是不是有点像敬大爷，表面看起来周围的邻居都需要他帮助理发，他的生活也过得有条不紊，其实他的内心可能也像这个牙套一样孤寂。尤其是夜深人静，一天又要过去的时候，这种感觉就会特别强烈。顺着这个思路，我们再来聊一聊敬大爷的摆钟。

2. 敬大爷的摆钟是否还有其他深刻的含义？

生：敬大爷家里的老摆钟就象征着敬大爷等老人的身体、精神状况，都是"老家伙"了，所有的零部件都已经老的老、坏的坏，差不多就要被淘汰了。

生：敬大爷每天早上起来都会照例打开钟的柜门，调拨一下。一天，或许是觉得这钟老是慢五分钟，每天这么调也不是个事儿，于是就拿到钟表店去修一修。一个小孩，应该是店里的伙计把手伸进钟摆想要拆钟，一旁的老板或是师傅说："不要什么都拆！"然后对敬大爷说："这钟您自己拨拨针，哪天真不走了，您来，我再给您修！"

师：电影的尾声，钟表停了，敬大爷第一次睡过劲儿了，睡到八点多，直到儿子来惊醒他。儿子进门，瞥见桌上摆着寿衣和敬大爷事先给自个儿准备的遗像，以为父亲死了。把电影中这些镜头细节交织在一起，你们有一种怎样的感觉？

生：我感觉，牙套和摆钟都在营造一种氛围，那种老旧的氛围，既给人一种略带压抑的感觉，又给人一种莫名的可怜的感觉。

3. 敬大爷的梳子又有怎样特殊的象征含义？

师：敬大爷每天起床和睡前都要拿出那把梳子梳一次头。另外，拍遗照前梳过一次，爆肚张的孙子给他画头像时梳过一次；即便感觉到自己快不行了，晕倒在城墙根儿还想拿出梳子来梳理头发，手刚抬起来，帽子还没拿掉，就晕过去了，不知昏睡了多久，他在孩子们嬉戏声中缓过神来，做的第一件事，是脱下帽子，又用梳子整理蓬散的头发。

生：这把梳子既是敬大爷帮人理发的工具，也算是敬大爷的一个朋友吧！总觉得敬大爷离不开这把梳子，就像敬大爷离不开他的理发箱，离不开这个老胡同一样。

生：我觉得这把梳子也像牙套、摆钟，都是在营造敬大爷的生活氛围。

生：我觉得敬大爷用这把梳子梳头也应该是他精神的一种体现吧，敬大爷不是经常和朋友说人要利利索索地活着，也要利利索索地死去。敬大爷特别在意自己的头发，象征敬大爷爱干净的生活习惯。

师：我想问你，敬大爷梳理头发，把自己收拾得干干净净，联系他的言行举止，你觉得仅仅象征爱干净的生活习惯吗？

生（若有所悟）：我觉得更象征了敬大爷干干净净的生命。他这个人从不求人，从不干坏事，总是心平气和地工作，和邻里、老主顾都保持一种很和睦的关系，这也证明敬大爷是一个正直、善良的人。

4. 从敬大爷的故事中，你看到怎样的人生？

师：敬大爷为了安排自己的后事，打电话给殡仪馆，了解料理后事的所有服务程序。他得知需要提供五百字左右的生平简述，于是对着录音机开始慢慢讲述自己的人生遭遇。录完一盒磁带意犹未尽，又加录一盒，可是放在桌上的磁带，却被那只黑猫碰到地上，磁带也被拉扯一地……从敬大爷的录音中，你听到了怎样的人生？联系整部影片，你又看到了怎样的人生？

生：我看到一个高龄老人平凡的人生，一个个朋友去世，他越来越孤单。

生：我觉得敬大爷特别认真，干工作认认真真，做人也认认真真，就算是儿子培养得不是那么如意，他也一如既往地能帮他多少就帮多少，即便自己已经九十多岁了。但我总觉得敬大爷对自己的儿子又爱又有点恨铁不成钢。所以，我觉得敬大爷的人生有得也有失吧。

生：我觉得敬大爷讲述自己的生平，有精彩的故事，也有很平常的一些生活小事，他一开始是想给殡仪馆提供一个生平简介的，后来讲着讲着就收不住了。但从他录了满满两盒磁带，又不管不顾，任由小猫把磁带拉扯出来，我们就知道其实他或许对自己的一生有满意的地方，也有不满意的地方，总之随便吧，人都要死，更何况现在已经九十多岁了。

师：刚才有同学提到一个看不大懂的细节——敬大爷拿着打包好的爆肚回家，准备打开来下酒，可是最后那只黑猫爬上桌来吃爆肚，敬大爷非但没有阻止，反而自己也不吃了，好像躺着休息去了……此时，你读懂敬大爷这个举动了吗？

生：我读懂了，敬大爷感到特别孤独，或许也有一点难过吧，自己一大把年纪了，也不知道哪一天死，就是一种特别无助的迷茫。

师：生老病死，众多的不如意组合在一起，便是我们真实的人生况味。正所谓"人生不如意事常八九，可与人言无二三"，敬大爷只能对着磁带向自己倾诉。看似一地鸡毛的人生，高开低走，但我们从敬大爷的身上分明看到他那一头白发般的干干净净的灵魂，以及宠辱不惊、遇事不乱的人生态度。

【电影的结尾有怎样意味深长的含义？】

摆钟停了，敬大爷睡过劲儿了，第一次睡到八点多，直到儿子来惊醒他。桌上摆着寿衣和事先给自个儿准备的遗像。"你有事儿吗？""您有重孙子了。"……"你当爷爷了。""可不是嘛，一转眼就当爷爷了。"敬大爷起身从床底下拿出放钱的盒子，想给儿子拿些钱，可这次儿子没拿，而是收起父亲的遗像和寿衣，低着头走了。

北京城下了一场雪……

师：我们一开始交流观看这部电影的最初感受时，就有同学提出电影的结尾看不大懂。我们现在探讨影片的结尾，你从这些镜头语言中读懂了什么？

生：敬大爷骑着三轮车渐行渐远，最后消失在胡同的尽头，似乎预示着敬大爷平静地走完了人生。

生：电影最后，北京城下了一场雪，让我想起人生的冬天。敬大爷走完了自己的人生，就像北京城的冬天来临。

师：这场雪还有什么特殊的含义吗？为什么不用北京的春天来结尾？或者是北京的秋天来结尾？

生：我觉得这场雪除了象征人生之冬，是不是也象征着像敬大爷这样的普通百姓过完自己的一生，没人在意，也不可能留下什么痕迹，就像北京城的老胡同、老城门，这场雪一下都变得异常安静。

师：电影最后一个环卫工人在扫雪，一个胡同的居民缩着脑袋问一个正在给矮墙重刷"拆"字的街道工作人员，这个片区到底什么时候拆迁，工作人员也只能敷衍地回应，自己也不知道刷了几回"拆"字了。把这样的结尾和整部电影所呈现的北京城老胡同居民的生活对应起来，甚至可以和整个社会现代化进程中的"旧城拆迁"的现状联系起来，你们又有怎样的思考？

生：敬大爷还有那个赵大爷的房子，都在拆迁的范围，可是"拆"字写了一年又一年，似乎没什么动静，谁也不知道什么时候拆迁。

师：个人的命运在时代的车轮面前，似乎显得非常无力，你改变不了历史的进程，也不清楚历史如何进展，就像老胡同里的拆迁房。电影的结尾给我们留下了许多思考的空间，关于个人命运，关于历史演变，关于城市拆迁。但每个人又像电影镜头里反复出现的后海公园摆摊理发的"板寸王"摊位前那个鸟笼中的八哥。你待在笼子里吃着鸟食，守着鸟笼，安全稳当，不用操劳，不用日晒雨淋，但同时也失去了飞翔的自由。这似乎预示着每一个普通人，就像影片最后出现的那个缩着脑袋的年轻人，胡同里的老住宅就是他的鸟笼，没有人能告诉他什么时候拆，又要往哪里迁。当然，这部影片值得我

157

们讨论的还有很多，比如爆肚张的老店。爆肚张感慨地说道，做爆肚生意的百年老店全北京剩下没几家了。人类文明与时俱进，不因个人意志而改变。老手艺、老艺人、老工匠，这些都会慢慢消逝在"胡同"的尽头，谁也不知道那一场雪后，是否还能找回那些老味道了。

【为什么《剃头匠》会获得那么多的奖项？从中你对什么是好电影有了怎样的理解？】

师：庸常琐碎的日子，平淡无奇的记录，波澜不惊的情景，为什么这样一部类似敬大爷生活的纪录片会被评为"最佳故事片奖"？讨论了这么多，现在请你们重新梳理这节课的所得所思，发表自己的看法。

生：虽然这部电影只拍摄了一个老人日常的生活，但是电影中的每一个镜头都值得人细细品味，从这些生活琐事中我们也能看到敬大爷的为人以及乐观的性格。

生：我觉得电影以敬大爷为中心，以小衬大，写出了人暮年时对生命的感叹。

生：我觉得这部电影从敬大爷的角度写出了人对生死的一种深刻理解，虽然我没完全明白导演的拍摄意图。

师：是的，关于生死，关于生命的探索，没有人能给出标准答案，但好的电影能引发你丰富的联想与深入的思考，很多时候得到答案不是目的，思考才最重要。

生：电影告诉我们，做一个人就要干净利索。敬大爷不贪生，不怕死，做事利索干净。他经常和老朋友说的一句话就是"做人就要干干净净、利利索索的"，这既是敬大爷的性格写照，也是导演想要通过敬大爷传递给观众的人生信念。不论是从事什么职业，做多小的事儿，都要干干净净、利利索索。

生：这不仅仅是一部电影，更像是一本指南书，告诉我们要乐观开朗地面对人生，不要过于消极。我觉得这部电影通过对普通人的人生的真实记录和真诚思考，写出了生死之道。

师：每一帧镜头，都那么真实，又那么耐人寻味。一般来说，导演刻意诠释、讲述的道理，观众假如一眼就能看穿，往往会比较排斥或者拒绝。但是这样一部电影将人生百态、平凡真实的生命呈现给我们，我们就像浸在水中一样，不知不觉被带到某种氛围之中，充分而真切地触摸到极富生命质感的生活。或许，这就是这部电影之所以打动观众、获奖众多的原因之一吧！

三

　　当然，这部电影还给我们留下了许多值得深入探讨的话题，比如从敬大爷的生命状态中得到怎样的人生启示，再如城市文明推进中如何保护传统文化，再如老人赡养、旧房拆迁等社会问题。这部电影通过真实的记录，呈现给观众开放的思考与丰富的体验，这无疑都会加深我们对自己生活现状的理解。

　　生命的节奏如同四季的节令，自有其运行的节律。在当下快速、快闪、快删、快递、快餐的文化形态背景下，观看这样安静的、富有生命哲思之美的影片，或许会带给孩子们一点沉静的启发吧。因为，理解了电影的镜头语言，或许你就慢慢读懂了生命的无助感和挫败感，而随着阅历的丰富，你还会慢慢咀嚼品味到生命当下深刻的孤独感。

　　同时，透过这样一部纪录片式的电影，我们会在平平无奇的日常中，慢慢读懂自己生活的细节，感受生活当下的真实，理解生命的本质。那生命的本质又是什么？其实生命的本质就是生命本身。普通生命的真实记录，没有大开大合的故事情节，但每日的细水长流，构成的正是真实世界的生命长河。这便是生命日常行走的意义，这也便是我们欣赏、分享此部影片的意义。

我们为什么要读唐诗

——电影《长安三万里》赏析

一

唐朝，一个令人无限遐想的王朝。而作为开创大唐最华丽篇章的开元盛世，更是令无数后人遥想神往。如何利用现代媒介，重回大唐，讲好故事，一直都是影视导演创作的热点题材之一。2023年暑期上映的《长安三万里》便是以大唐盛世为背景创编的动画电影。

大唐，实在太绚烂夺目了！该怎样讲好这个故事呢？如何在一部时长两小时的电影里包容如此丰厚的文化记忆呢？单单如何用一条比较清晰的线索串联起活跃于开元、天宝年间的众多人物，就是一个不小的难题，更别说中间演绎的纷杂繁多而又耳熟能详的历史故事了。自白居易《长恨歌》以来，唐明皇李隆基与杨玉环的爱情故事便成了演绎唐朝由盛及衰的不可绕过的经典桥段。上海影戏公司1927年便根据白居易《长恨歌》和洪昇《长生殿》，拍摄了黑白电影《杨贵妃》。这也是杨玉环成为银幕形象的第一部作品。

《长安三万里》避开了这个桥段，另辟蹊径，以诗人的视角讲一段诗酒醉书、灿若云霞的故事，演一曲霓裳羽衣、由盛及衰的历史。导演、编剧巧妙地将唐代殷璠编选的专收盛唐诗的唐诗选本《河岳英灵集》与杜甫《饮中八仙歌》作为影片的故事脚本，以李白和高适的相识相知为线索，将李白、王维、孟浩然、王昌龄、高适、岑参、崔颢、常建、贺知章、李适之、李琎、崔宗之、苏晋、张旭、焦遂、杜甫等众多诗人以及玉真公主、哥舒翰、郭子仪、严武、李龟年等历史人物的形象、行为、传说融进影片故事中。独特的视角、扎实的叙事、新颖的结构、丰富的想象、包容的万象，正是这部动画电影赢得较多赞誉的原因之一。

但对于小学生而言，他们在影片中诸多文化典故以及情节背后人物的抉择方面会存在认知的盲点与困惑。因此，本课希望以影片赏析为契机，引领学生打开盛唐之门、诗歌之门，从而开启一段寻觅中华传统文化的旅程。

二

【对《长安三万里》中的地点、人物、情节、典故进行梳理。】

安史之乱后，吐蕃大军进犯长安，唐王朝寄希望于守卫边关的高适出云水关痛击敌军，以解长安之围。在此千钧一发之际，皇帝担心高适与郭子仪——这两位手握重要兵权的大将因救李白而心生嫌隙贻误战机，派钦差程公公持节质问高适如何认识李白，从而引出李白与高适交往的主体故事。请你们回顾整部影片，想一想李白和高适相识相知的时间、地点、故事。

洞庭湖畔：李白和高适相识。

黄鹤楼下：高适陪同李白将好友吴指南的遗骨安葬于这座天下名楼之畔，然后李白东下扬州，高适西去长安。

长安城里：高适拜谒无门，后得岐王厚爱，于招待玉真公主的晚宴上表演高家枪法，终归不入公主法眼沮丧地离开长安城。

扬州：高适报国无门，失意回乡，绕道扬州，以赴李白一年之约，得识裴旻之女，比试武艺，败于裴家剑法之下，回梁园勤读诗书，苦练武艺。

商丘梁园：李白突然造访，告知高适李家的变故，父亲去世，自己即将入赘安陆许家为婿。

黄鹤楼下：因高适反对李白入赘，李白决定前往湖北襄阳拜访偶像孟浩然，征求意见，未遇，疾马追至江夏，于黄鹤楼买醉题诗《黄鹤楼送孟浩然之广陵》。

陇西驿站：高适投靠张宗珪，守卫边塞，侦察契丹，奋死搏杀，却见将军帐前歌舞升平，愤而弃军，驿站题诗《燕歌行》。与因无意中发现安禄山谋反之心被追杀的李白偶遇，得识被押解即将问斩的陇右哥舒翰帐下偏将郭子仪。因高适父亲与哥舒翰为旧交，因此救了郭子仪。

　　长安城里：高适回到梁园蛰居十年。李白因玉真公主推荐西去长安，得唐玄宗赏识入翰林院，名扬天下，写信邀请高适前往长安。长安城延寿坊门口高适重遇青年杜甫，相携往曲江胡姬酒肆寻访李白。酒醉赋诗的李白全然忘记相邀好友高适之事。高适悄然离去，回到梁园。

　　山东济南：一年后杜甫陪同被赐金放还、愤然离京的李白拜访高适。李白与高适、杜甫一同前往济南，领受道箓。分别时李白说："今日不见天上见。"高适答道："你是谪仙人，要回天上去；我是世间人，我在世间盘桓。"别后，高适出塞投靠哥舒翰。李白游览山水，然后入赘宗家，与武后朝宰相宗楚客孙女结为夫妻，因安史之乱爆发，隐居庐山。

　　黄鹤楼下：高适被封为淮南节度使，赴江南讨伐永王李璘。李璘兵败身亡，投靠李璘作幕僚的李白以叛臣贼子被捕，押至高适帐下。李白妻子宗氏求情于高适。

　　云水关外、白帝城下：高适突袭吐蕃大营，解了长安之围，程公公告知被流放夜郎的李白已获大赦。李白于白帝城下顺流而东……

　　【《长安三万里》中除了李白与高适这两个主要人物，还有哪些人物、哪些场景给你留下了印象？分享之后，交流影片中的典故。】

　　"探花"与"曲江宴"：影片开头出现一位翩翩佳公子，骑着高头大马，自由驰骋于长安城名园。他就是开元十五年（727年）与王昌龄同榜考中进士的常建。

　　唐代进士及第后有隆重的庆典，即在曲江边上的杏花园举办探花宴，所以又名曲江宴。事先选择同榜进士中最年轻且英俊的两人为探花使，遍游名园，沿途采摘鲜花。然后在琼林苑赋诗，并用鲜花迎接状元。常建进士及第六十九年后，四十六岁的孟郊也考中了进士，写下了《登科后》。"春风得意马蹄疾，一日看尽长安花"，这既是孟郊心情的真实写照，也是"探花"风尚的延续。

"**岐王宅里寻常见**"：岐王李范，原名李隆范，唐睿宗李旦第四子，唐玄宗即位后，参与消灭太平公主势力集团，迁太子少师，以礼贤下士、广交好友、善举人才闻名。影片中，少年杜甫与渴求举荐的高适即在岐王府中初见。给岐王排练招待玉真公主晚宴节目的导演是谁？正是杜甫《江南逢李龟年》中被后人誉为唐代"乐圣"的李龟年。玉真公主何许人？为什么经她推荐，王维就能凭借诗才一举夺魁？玉真公主，唐睿宗李旦第九女，唐玄宗李隆基同母妹，深得哥哥唐玄宗的宠爱。据《唐才子传》记载，王维是一位全才，九岁就会写文章，善写草隶，精通音乐，深受岐王器重。科举考试之前，岐王让王维抄录几篇自己写的好诗，带上自己新谱的琵琶曲，一起造访玉真公主府邸。公主非常喜欢王维所作的琵琶新曲，王维又趁机献上自己所写的诗篇，公主读后，又惊又喜，于是极力向主持考试的官员推荐王维。由于得到公主的大力举荐，加上王维本身才华杰出，于是他就考中了状元。后来，四十一岁的李白也正是通过玉真公主的举荐来到长安得到唐玄宗的赏识入职翰林院的。影片巧妙地将杜甫、王维、高适、李龟年众多人物置于"岐王宅里"，集中叙事，极大节约了影片演绎的时间与空间。

"**裴家剑法**"：唐朝文宗皇帝之时，曾向全国颁发了一道罕见的诏书，御封李白的诗、张旭的草书、裴旻的剑舞为大唐"三绝"。影片中出现的李白好友、虚构的故事人物奇女子裴十二，就是根据盛唐"三绝"之一的裴旻将军所创编的。裴旻曾先后参与对奚人、契丹和吐蕃的战事。石堡城是著名的军事要塞，开元十七年（729年）唐军从吐蕃手里夺取，还设置了振武军，裴旻此时在振武军中担任高级将领。奇绝纵横、气势磅礴的书法名帖《裴将军帖》，正是大书法家颜真卿赠送给裴旻的诗歌。

"**饮中八仙**"：影片一个重要的场景就是胡姬酒肆上演的即兴赋诗。场景中出现的人物，即是根据杜甫《饮中八仙歌》改编而来的。"知章骑马似乘船，眼花落井水底眠。"贺知章这位大诗人初见李白，即赞其为仙人，于是李白"谪仙人"的名号便在长安城传开了。这八位酒坛圣手、神仙中人还有谁呢？可饮三斗淡定入朝觐见天子的汝阳王李琎，饮如长鲸吸水的左相李适之，玉树临风袭封齐国公的美少年崔宗之，生性豁达的崇文馆学士苏晋，还有就是斗酒诗百篇的李白与盛唐"三绝"草书大家张旭，而最有意思的是高谈雄辩、能饮五斗的焦遂，竟然是一位布衣平民。不论地位，纯以神交，以酒会友，真乃神仙中人。"落花踏尽游何处？笑入胡姬酒肆中。"（李白《少年行其二》）这便是大唐风神，这便是盛唐诗情。

【艺术创作和历史研究的不同。】

少年杜甫可不可能出现在岐王宅里？

唐玄宗先天元年（712年），杜甫出生于巩县（今河南巩义），是西晋名将杜预的十三世孙。杜预是京兆（今陕西西安）杜陵人，但在东晋初年，杜甫祖上这一支迁到了襄阳（今湖北襄阳）。到了杜甫曾祖一代，又迁到了巩县。祖父杜审言也是一位著名的诗人。母亲崔氏在杜甫出生不久去世，继母卢氏过门后，他曾一度被寄养在洛阳的二姑母家里。开元五年（717年），杜甫随家人寄居郾城（今河南漯河）。开元十三年（725年），十三岁[①]的杜甫才随父亲杜闲来到了洛阳，开始了和文士们的交往。那一年，高适二十五岁。开元七年（719年），高适初游长安。滞留长安两年，拜谒无门，于开元九年（721年），失意而归，客游梁宋，定居宋州（今河南商丘），耕读自养。而岐王李范于开元十四年（726年）去世，因此，少年杜甫是不可能出现在岐王宅里的，更不可能与高适在岐王宅里相遇。

高适真的是在二十岁那年与李白在洞庭湖畔相识的吗？

武则天长安元年（701年），李白出生，其出生地尚无确说。是年王维生。王昌龄（690—757）十一岁。孟浩然（689—740）十二岁。高适生年虽无定论，一说为生于700年，故年纪与李白相仿，初游长安为开元七年（719年）。那一年，李白尚未出蜀。开元十二年（724年），李白二十三岁，离开故乡开

[①] 此篇中年龄均为周岁。

始远游，出峨眉泛舟东下至渝州（今重庆）。《峨眉山月歌》"峨眉山月半轮秋，影人平羌江水流。夜发清溪向三峡，思君不见下渝州"便是出蜀途中所作。

开元二十三年（735年），高适应试不第。开元二十六年（738年），北上幽蓟目睹张守珪隐瞒败绩、军中腐败之事，结合此前北上幽蓟之见闻，作《燕歌行》诗。开元二十七年（739年），高适秋至汶上，与杜甫同游。

天宝元年（742年），李白四十一岁，应玄宗之召入京，精神振奋以为可以一展宏图，挥笔写下"仰天大笑出门去，我辈岂是蓬蒿人"（《南陵别儿童入京》），赴长安，与太子宾客贺知章相遇，贺知章以"谪仙人"称之，复推荐于朝廷，得玄宗优遇，命为翰林院供奉。是年杜甫三十岁，在洛阳。高适离开淇上，至滑台。天宝三年（744年），李白四十三岁。正月刚送贺知章退休回老家绍兴，三月便因被谗言诋毁而赐金放还。初夏，李白与杜甫识于洛阳。秋，李白与高适、杜甫共游梁宋，登台赋诗，驰骋畋猎，还一起游览了王屋山阳台宫欲寻访李白旧友道士司马承祯。待到达阳台宫后，方知司马承祯已经仙逝，不见其人，惟睹其画，于是李白留下了唯一存世墨迹——《上阳台帖》。那年冬天，李白北往安陵，欲得出世之道，赴山东济南紫极宫授道箓。影片据此情节，将丹丘生、岑夫子等人物聚集在一起，演绎了一段逸兴遄飞的《将进酒》。天宝五年（746年）夏，高适奉李邕召，赴临淄郡，再次与李白、杜甫相聚，后随李邕至北海郡。

艺术创作源于社会生活，但不等同于历史研究。影视创作剧情素材有的来自正史记载，有的来自文学改编或野史传闻。因此，我们看电影不能简单地以为这就是历史事实；当然，也不能武断地否定艺术创作的自由，拿出所谓考据之证来批判艺术作品，而应以包容的心态、审美的眼光、独立的思考，来欣赏品评。

【为什么要选择高适来讲这个故事？】

影片《长安三万里》以李白、高适的交往为线索，以高适的回忆串叙大唐的故事。可是《河岳英灵集》所收的诗人就有二十四人之多，其中包含了"诗佛"王维，"七绝圣手"王昌龄，令李白于黄鹤楼前慨叹"眼前有景道不得"的崔颢,还有李白的偶像孟浩然等等。不论是当时的诗名、才气或者对后世诗歌发展的贡献,都不比高适低。而杜甫笔下《饮中八仙歌》中的"酒中八仙",无不风姿绰约,才情卓绝,个性十足。为什么导演、编剧要让高适来讲这个故事呢?高适讲这个故事的优势是什么?结合高适年谱以及电影,联系高适的出身、经历、性格、成就来讨论。

显然,这个问题超过了孩子们的赏析能力。因此,我引领孩子们再度阅读高适年谱,勾画他的履历,然后组织讨论,最后慢慢地引发观点的碰撞。当然,这样的品评是没有标准答案的,有的是宽阔、独立、自由的思考与平等的分享。

高适,安东都护高侃之孙,唐朝名臣、边塞诗人。高适早年家境贫寒,壮年时期寓居梁宋一带,与李白、杜甫等人交游。近五十岁才由人推荐中有道科进入仕途,任封丘县尉,不久辞去。天宝十一年(752年),到河西节度使哥舒翰幕中任掌书记。天宝十四年(755年),任绛郡长史。至德元年(756年),擢谏议大夫。不久任淮南节度使,奉命讨伐永王李璘。乾元二年(759年),拜彭州刺史。上元元年(760年),转蜀州刺史。广德元年(763年),任剑南西川节度使,摄东川节度使。广德二年(764年),应召回京,任刑部侍郎、散骑常侍,加银青光禄大夫,进封渤海县侯,食邑七百户。永泰元年(765年),高适去世,赠礼部尚书,谥号"忠"。

名门将后,血液里流淌的是一种勃发的豪壮志气,肩上担负的是保家卫国、重振门楣的使命。正是这样的家传身教,让高适心中燃烧着一团忠诚的烈火,练就一身治军杀敌的本领。而丰富的从军经历,尤其是入名将哥舒翰幕中,于安史之乱之初守卫潼关,也使得他相比于唐朝其他边塞诗人对战争有更加真切的体认。因此,让一个战争的亲历者、国家的守卫者,讲述安史之乱前后家国动荡的边关战事,更加令人动容、震撼。

影片开始,吐蕃进犯长安,迫使镇守云水关的高适陷入两难的抉择——若听皇命贸然出关,势必重蹈哥舒翰出潼关的悲剧;若不出关,又难免违抗圣旨的罪名。影片的最后,高适趁吐蕃大军大举进犯之时,暗度陈仓,直捣黄龙，绕道突袭吐蕃大营，从而与赶来接任、增援的严武大军前后夹击吐蕃主力，打败吐蕃大军，一举收复云水关，解了长安之围。当我们看到这样荡气回肠的故事，更加有"代入感"和"真实感"。

同时，李白、高适的交集，刚好串起大唐在安史之乱前后国势由盛转衰的历史进程。因此，以高适的视角、身份，串联大唐由盛转衰的故事，联结"边塞"与"长安"的关系，将盛唐诗人众生相以及他们的代表诗作创编在一起，便显得不突兀。

李白、高适的青春岁月正好是唐王朝极为富强的开元盛世。自李隆基登基以后，历开元之治，唐王朝国力达到顶峰。据历史学家冻国栋《中国人口史》分析，唐朝天宝年间全国人口约 7475 万到 8050 万人。

天宝十四年（755 年），安史之乱爆发。高适与李白再一次发生"交集"，正源于这场生灵涂炭的国难。李白携妻子宗氏避居庐山，永王李璘数次下达聘书，李白终入其幕府。至德元年（756 年）七月十二日，太子李亨于灵武即位，是为肃宗，尊玄宗为太上皇。七月十五日，玄宗至汉中，他并不知道李亨已经即位，听从房琯建议，命李亨为天下兵马大元帅，以永王李璘为节度使赴江陵。肃宗闻知，令永王还蜀，永王不从。肃宗以高适为淮南节度使，率兵讨伐永王。第二年，永王兵败而亡，李白以叛臣贼子被捕入狱。造化弄人，昔年好友，竟然以这样的方式重聚。

同时，高适的性格与李白形成鲜明的对比，这种反差带来审美的幽默感，使得影片更有观赏性。相比浪漫天真、热情豪放的李白，而让沉稳内敛、略显木讷的高适来讲"长安三万里"的故事，使得故事更具信服力、逻辑性。

【为什么要选择李白作为演绎盛唐故事的中心人物？】

师：联系李白年谱，结合影片具体情境，回顾自己读过的李白诗文，你看到了一个怎样的李白？

生：很豪爽的李白。刚刚和高适认识，就相约喝酒，那时候高适刚好没钱了。

生：很有才华，在胡姬酒肆，李白纵酒赋诗，应该是最厉害的。

生：李白很豁达，刚刚被人拒绝，还很伤心的，可一转身就拉着高适去黄鹤楼喝酒，完全把吃闭门羹的愤愤不平抛掷脑后。

生：我觉得李白武功也挺厉害的，刚开始嘛，他的剑法和高适的高家枪法不相上下，他还请高适教他枪法，自己则教他摔跤。

生：我的观点不大一样，我觉得李白这个人不大靠谱。他认为高适是自己最好的朋友，但是几次忘记和高适的约定。一次是在扬州，一次是高适收到他的信到长安找他。他喝得酩酊大醉，根本忘记了这回事。

生：我也觉得李白不是很明智，就是影片后面，他投靠永王李璘，李璘兵败，他被高适捆绑到船上，高适的随从书童问他难道不知道永王李璘要造反吗，李白完全不知情，而且他的妻子也跟高适说曾劝李白不要去投靠李璘。也许，李白是太想报效国家，太想证明自己了。

师：好美酒、好功名，任侠尚气，狂傲不羁，这正是李白身上的浪漫气质。杜甫《饮中八仙歌》写道："李白一斗诗百篇，长安市上酒家眠。天子呼来不上船，自称臣是酒中仙。"不过影片省去了李白人生履历中一段很重要的经历，那就是唐玄宗天宝元年得玉真公主引荐诏入翰林院供职。原本是"仰天大笑出门去，我辈岂是蓬蒿人"，渴望拜相封侯，大展宏图的，没想到只是去做一个供唐玄宗、杨玉环取乐的御用闲人。关于这段经历，你们还听过哪些典故？

生："高力士脱靴"。皇帝命人找李白写诗赞美杨玉环，李白竟然让大太监高力士帮自己脱靴，还让皇帝的宠妃杨玉环研墨，最后被赐金放还。

师：是不是从李白身上看到了很多矛盾、争议、难以理解的性格特点？李白身上的争议是什么？你怎么理解？

生：观看电影，我最不明白的就是他为什么几次三番地爽约忘事，是不是饮酒过度造成的？

生：我不明白他为什么不听妻子的劝告，执意投靠永王李璘。

生：为什么李白好像很落魄的样子？在我的印象中，李白应该是很洒脱的，什么"五花马，千金裘，呼儿将出换美酒""千金散尽还复来""钟鼓馔玉不足贵"。

　　生：我觉得李白青年时期应该是很潇洒的，也就是在扬州那段时间，后来根据影片中李白对高适所说的，父亲突然病逝，哥哥说这几年他的那份家产已经被挥霍得差不多了，就把他赶出了家门，他在扬州大病了一场，之后，就只能入赘为婿。

　　师：假如李白是事事考虑周详的李白，遇到权贵懂得逢迎拍马的李白，见到皇帝卑躬屈膝的李白，你觉得中国文学史上还会有"诗仙"李白吗？

　　李白之于朋友，不是薄情寡义，而是性之所至，情之所钟，当下兴起。你可以责其考虑不周，思维不缜密，但也是这样的李白，才写得出俊朗超拔、思接八极的诗句。假若对朋友的情感不真挚，又怎能为无名的汪伦写下这样的诗句——"桃花潭水深千尺，不及汪伦送我情"；又怎能听闻好友王昌龄左迁龙标，写下这样深情的言语——"我寄愁心与明月，随君直到夜郎西"。任何一种性格都有其局限或者说不足吧，也正是这样的性格缺陷，导致李白纵有治国之韬略，却难以控制自己的情绪，难以在宦海浮沉中运筹帷幄、周旋求全。正是缺乏政治智慧，让他"安能摧眉折腰事权贵，使我不得开心颜"（《梦游天姥吟留别》）。官场、政坛少了一个李白，中国文学史的巅峰却闪耀着一颗璀璨的"太白星"。

　　生：我想问的是，在唐朝商人的儿子为什么不能参加科举考试？我想如果李白能参加，凭他的才华和即兴创作的能力，应该早就可以考中。

　　师：中国历代封建王朝把抑商重农定为国策，并对商人及其家人在穿戴、住房、入仕等方面采取了种种限制性措施。在唐朝初期，国家颁布的选举令就规定商人及其四代内的亲属不得为官。当然，关于李白祖上是否是商人，学术界的研究争议较大。影片采用的正是争议较多的郭沫若先生的观点，即李白出生于碎叶城，父亲是巨商。而另一种观点可能得到学术界的更多认同，那就是李白祖上可能因为犯事逃离到塞外，而唐朝法律《通典》规定，"刑家之子，不得应试"。不论哪一种观点，相同的一点就是，李白纵有天赋之才，因为家族身世的缘故，彻底失去了科举应试进阶之门。

每个文人都有一颗难以安放的躁动的心，一方面恃才傲物，一方面屡屡受挫，于是借着盛唐诗人一首首用仙气、酒气、才气浇铸倾泻喷薄而出的诗歌，一吐胸中块垒，一扫现实颓废。从这个角度而言，每个落魄文人的心里都住着一个自己的李白——可亲、可近、可对酌、可交心的李白！

"大鹏一日同风起，扶摇直上九万里。"（《上李邕》）出发时，你想起的是壮志凌云、鲲鹏万里的李白！李白便是你的同行者！

"仰天大笑出门去，我辈岂是蓬蒿人。"（《南陵别儿童入京》）得志时，你想起的是春风得意、意气风发的李白！李白便是你的分享者！

"天生我材必有用，千金散尽还复来。"（《将进酒》）受挫时，你想起的是恃才傲物、目空一切的李白！李白便是你的代言者！

"长风破浪会有时，直挂云帆济沧海。"（《行路难》）气馁时，你想起的是不屈不服、志存高远的李白！李白便是你的引领者！

"花间一壶酒，独酌无相亲。举杯邀明月，对影成三人。"（《月下独酌》）孤独时，你想起的是孤芳自赏、顾影自怜的李白！李白便是你的知己！

"两岸猿声啼不住，轻舟已过万重山。"（《早发白帝城》）回望时，你想起的是云淡风轻、喜悦畅快的李白！李白便是你的知音！

李白一生放纵不羁，负气而行——天真之气，天赋之气，天纵之气；浩然之气，浩达之气，浩荡之气；活泼泼之气，洒脱脱之气，直耿耿之气，还有傻愣愣之气。年少意气风发，剑气纵横；青年朝气蓬勃，元气淋漓；中年真气充盈，仙气翩然；暮年也依旧孩子气十足，任气恣意。这就是为什么古往今来，那么多人喜欢李白的原因所在，这也正是影片选择李白作为演绎盛唐故事的中心人物的原因所在。因为，理解李白，你才能读懂大唐的浪漫与自信；理解李白，你才能看到盛唐的繁华夺目与天真开阔，因为他"绣口一吐，就是半个盛唐"（余光中）。

【为什么影片名为《长安三万里》?】

影片的最后，高适还乡，与书童侍从对诗。高适吟咏《河岳英灵集》中李白的诗句，"遥望长安日，不见长安人"，"长安一片月，万户捣衣声"，"长安如梦里，何日是归期"。"长安"象征着什么？"三万里"又有怎样的含义？影片为什么以此为名？

　　长安，大唐的政治中心、文化中心、思想中心。大唐，尤其是贞观之治之后的开元盛世，满足了传统文人对国家的一切幻想——强大、开放、自由、包容、自信。

　　"宁为百夫长，胜作一书生。"这是初唐就有的精神。即便经历了安史之乱、吐蕃侵扰之后的大唐，诗人李贺依然昂扬着这样的大唐气魄，"男儿何不带吴钩，收取关山五十州。请君暂上凌烟阁，若个书生万户侯"。影片开始，李白与高适相遇，同去黄鹤楼。高适说：此时正是大唐盛世，我当直趋长安，叩天子门。李白说：你我身当如此盛世，当为大鹏。直趋长安，当为大鹏，这是理想，这是抱负，这是心愿，这是志向，这也是胸怀，这也是胆魄，这也是气概。这不应该是单单只有唐朝才有的气象与追求，当是每一个有热血、有志气、有担当的中国人共有的责任。从精神传承的角度讲，长安，成了一种中国人心向往之的精神图腾，一种血脉相传的文化象征，一种家国情怀的华夏基因。回溯历史，追寻长安，不仅仅是为了缅怀，更是一种传承，一种回归，一种对当下的希冀、对未来的畅想。

　　到了风雨飘摇的明末，深陷崇祯乱局、抗清漩涡的陈子龙，曾写下了这样的诗句，"梦到长安三万里，海风吹断碛西头"。八九百年的时间长度，这位悲情的将军多么希望能回到一个安定平和的盛世啊！

　　三万里，这是遥望长安的理想与深陷困局的现实的距离，可现实与理想的距离何止三万里啊！三万里，也是空间的距离。广阔的版图，繁华的都城，辽远的疆域，是一个国家强大的象征。当然，其中也包含了戎马倥偬的边疆与歌舞升平的长安的反差，塞外苦寒，将士九死一生，长安城里却依然每天上演霓裳羽衣之舞。从这个角度讲，三万里长安，是忧患，是警钟。

　　"天地一逆旅，同悲万古尘。"（李白《拟古其九》）但"诗在，书在，长安就在"，这是文化的力量，这是文明抵抗时间的精神所在。三万里，是时间的远，空间的远，理想的远。远，是文化的接引，是历史的传承，是民族的担当。三万里长安，丈量的是你与理想的距离。影片中出现了两种鸟的意象，一是白鹤，一是大鹏，这让你想到了什么？这正是一种精神的映射与灵魂的化身。"总为浮云能蔽日，长安不见使人愁。"（李白《登金陵凤凰台》）长安，见或是不见，不仅仅是李白的矛盾心理，其实一直都是中国古代传统文士行走于儒道之间的集体心理。

如果大唐是一首诗，那当为一首壮丽之诗、浪漫之诗、自然之诗、人性之诗、悲壮之诗，这正是我们为什么要读唐诗的缘由所在。尝试着理解唐诗，理解诗人，便是渴望与世间可爱的诗魂产生更深层次的共鸣。在未来的处境中，这些诗句，这些诗境，或许可以汇成生命长河中一道澄碧通透的风景，成为心灵的一种慰藉、一种精神的力量，从而让你以更丰盈、更包容的心态理解人性，理解文化。

下辑　电影赏析与整本书专题阅读

读诗，"在光中看见光"

一

不记得在哪本杂志上读到这样一个故事：一架飞机遭到劫持，劫匪不抢劫钱财，也不是什么恐怖分子。他一手拿着枪，一手拿着自己创作的小说或是诗歌之类的文稿，他仅仅是希望飞机上的乘客能听听他朗诵自己的作品。其实文学在21世纪的当下所遭遇的困境，法国19世纪伟大文学家维克多·雨果已经预见。他在《莎士比亚论》之《论艺术与科学》中曾说："今天有许多人甘愿充当交易所的经纪人，或者往往甘愿充当公证人，而一再反复地说诗歌消亡了。"他紧接着说："这几乎等于说，再没有玫瑰花了，春天已经逝去了……"

多么有意思的比喻。读诗，不能给我们带来具体的物质享受，不能带来经济的发展，但是，假如没有诗歌，人类的精神世界就像是荒芜的、没有玫瑰的春天。让我们来读一读尼加拉瓜诗人鲁文·达里奥创作的《卷心菜的诞生》吧！

在地上的伊甸园，在百花受造的灿烂一日，夏娃被蛇诱惑之前，那邪恶的灵走近最美丽的一朵玫瑰，此时她正迎着阳光的爱抚，展露红艳纯真的嘴唇。

——你很美。

——我的确美。——玫瑰回答。

——美丽又幸福。——魔鬼说下去,——你拥有颜色,姿态和香气。不过……

——不过?

——你没有用。你没看见那些硕果累累的大树么?它们不仅枝叶繁茂,还能为来到树下的众多生灵提供食物。玫瑰啊,美丽是不够的……

于是玫瑰——像此后的女人一样受了诱惑——一心想要变得有用,鲜红中平添了一抹苍白。

次日拂晓,良善的上帝走过。

——天父——花中的公主问道,颤抖在她芬芳的美艳中——您能把我变得有用么?

——如你所愿,我的孩子——上帝回答,微笑着。

就这样,世界上有了第一棵卷心菜。

(选自王尚文、郭初阳、颜炼军编选的《人之初——现代蒙学四十六课》,范晔译,东方出版社)

这让我想起英国小说家毛姆以法国印象派画家高更的生平为素材创作的《月亮和六便士》：一个原本平凡的伦敦证券经纪人思特里克兰德，突然着了艺术的魔，放弃了旁人看来优裕美满的生活，抛妻弃子到法国巴黎学画，后来奔赴南太平洋的塔希提岛，用画笔完成自己的生命诉求，把生命的全部热情倾注于笔端，在绚烂的画布上留下至真、至纯、至精的感悟与体验。或许，对于人类而言，卷心菜能填饱肚子，但是美是人类的另一种精神追求与向往。诗，便是人类精神的觉醒，美的觉醒，是混沌中生出的光亮。雨果在《论拜伦》中说："根据东方的奇妙传说，一滴眼泪落在海里，就会变成一粒珍珠。"诗，就是诗人的眼泪滴落在世界语言的海洋里幻化成的珍珠。"思想家用竖琴的声音驱除凶野之性。"（雨果）诗人用风铃般的歌声带来文明的曙光。

若能帮一颗心免于残破，
我便不算白活；
若能减轻一个人的痛楚，
或缓减一种痛苦，
或帮助一只雏鸟
回到树上的窝，
我便不算白活。

——［美］艾米莉·狄金森《心愿》

诗歌是"一座由火热的情感与冰冷的智慧砌成的神秘建筑"（东君《卡夫卡家的访客》）。东野圭吾说："世界上有两种东西不能直视，一种是太阳，一种是人心。"太阳不能直视，因为它的炽热会灼伤人的眼睛；人心不能直视，或许则是因为它的冷酷会掐断人的神经。那么，读诗，不妨看作是，为了寻找光明而不至于被光明灼伤，为了冷峻地窥探人性而不至于绝望沉沦的行径吧！西班牙诗人、哲学家乌纳穆诺说："对于宇宙而言，我是微不足道的，而对我自己，却是一切。"读诗，就是向生命致敬，向自己致敬；读诗，就是向美好致敬，拥抱自己的美好、美好的自己。然后，像茨维塔耶娃笔下的阿拉伯骏马奋蹄奔腾。

你夺不走我脸上的绯红——
它旺盛得一如江河泛滥。
你是猎人，可我不会落入陷阱，
你是追兵，可我是逃犯。

你夺不走我充满活力的心灵！
它有如一匹阿拉伯骏马——
把身子撅成一张弯弓，
咬紧牙关，在追捕下

奋蹄奔腾。
　　　　——［俄］茨维塔耶娃《致生命》

在诗人的诗句中，我们找寻丢落在草丛中的星星，找寻迷失在黑夜的自己，找寻埋藏在大山深处的太阳，找寻我们心底无数次想要述说却难以用言语表达的心愿。诗人说，这叫"互补"。

在我身上你找山，
找葬在林中的太阳。
在你身上我找船，
它迷失在黑夜中央。
　　　　——［墨西哥］奥克塔维奥·帕斯《互补》

彻夜我坐着读一本书，
我坐着，读着，仿佛置身在书的
庄严的纸页中。

这是秋天，星星坠落，
覆盖那些匍匐在月色中的
皱巴巴的形体。

我的夜读无灯陪伴，只有
一个声音在嘟囔："万物
回归冰冷，包括

那些麝香葡萄串，
甜瓜和光秃园圃里
红亮的梨。"

庄严的书页没有字迹，只有
焚烧的星星的痕迹
密布在霜天里。

——［美］华莱士·史蒂文斯《夜读》

在诗行间，我们寻觅生命的启迪，我们寻觅熟知的、深陷其中的世界之外的世界，那个世界或许是陌生的，但能给我们带来生命的惊喜，也可能是另一种生命意义的开启。

我们常常迷失在自己的小世界里，
拾到一枚贝壳，捉到一个青虫，
都会引来一阵欣喜。好像
这世界已经属于自己，而自己却
被一团朦胧困守住，
翻过来、跳过去，在一只手掌心里。

有一天忽然醒来，
烧焦了自己的须发，
从水里的游鱼、天空的飞鸟
得到了启示。于是
涉过水、爬过山，

抛弃了心爱的镜子，
开始向自己的世界外去找寻世界。

路旁石缝里的一株小草，
悬崖下的一泓泉水，
还有那些蹦蹦跳跳的小动物，
都在告诉我们一段经历，
教我们怎样去磨炼自己，
从这个起点到另一个起点。

今天，我们不会再轻易去叹息——
一朵花的凋谢，月亮的残缺；
一粒星的陨落，一只蛋壳的破裂，
都给我们预示了将要来到的
一些忧患，都给我们指点了
面前的路，
因它们生命的变幻
填平了多少崎岖和坎坷，
领我们到一个新的世界
——自己的世界之外的世界。
————杭约赫《启示》

雨果说："诗是从理想中分泌出来的，诗是从英雄主义中产生的，这是诗人为什么是人民的启蒙导师的原因。"正如鲁迅先生所说："无穷的远方，无数的人们，都和我有关。"

黑夜给了我黑色的眼睛，
我却用它寻找光明。
————顾城《一代人》

诗人要歌唱，歌唱生活，歌唱理想，歌唱不平，歌唱虚假，歌唱世界，也歌唱自己。诗，是诗人自己的精神启蒙，也是对我们的精神启蒙，哪怕诗人已用诗为自己写好了墓志铭，依然不能阻止他们自由地歌唱。

他要歌唱，
　　　为了忘却
真实生活的虚伪，
　　　为了记住
虚伪生活的真实。

——［墨西哥］奥克塔维奥·帕斯《诗人的墓志铭》

诗，就像一缕清风，又像来自西伯利亚的寒风，抑或来自太平洋上空的台风，"越过时间和空间的界限，去寻找一些他所了解的人，和他认为值得被他们了解的人"（雨果《论拜伦》）。每一种事业、每一种技艺，最核心的精神，那就是"人"，那就是纯粹之心。所有外在的表现都只是高级、纯善、精粹之心的外显，技道不二，艺心一体。每一件真正的艺术品都是艺术家生命的全部体现，都是他们生命、精神、思想、心灵的全然投入。我们用心阅读这一件件艺术的"真品"，就是重新赋予它精神，重新唤醒它的灵魂，当那一刻来临，万物皆着我生命的光彩！当那一刻降临，你就用你真诚的感动的心唤醒了沉睡的诗之灵，你就化为了一阵风与之共舞共鸣共生。

每个白昼
都要落尽黑沉沉的夜
像有那么一口井
锁住了光明。

必须坐在
黑洞洞的井口
要很有耐心
打捞掉落下去的光明。

智利诗人巴勃罗·聂鲁达这首《如果白昼落进……》让人想到法国雕塑家罗丹的《地狱之门》，我们所熟知的《思想者》就是这个大型雕塑的一个中心人物。《地狱之门》是陈列于罗丹博物馆花园里的一座近七米高的青铜雕塑，由一百八十多个人物或者说是鬼魂，如疾风暴雨般交织在一起，它是罗丹用三十七年光阴、呕心沥血打造的未竟之作。那个紧绷着全身肌肉的"思想者"用一只手支撑着头颅，面对着无尽渊深的地狱之门，在思考什么？或许，他思考的正是生命的终极关怀，这也正是诗人的哲学叩问。

诗，是生命的哲学叩问与终极思考。当人类从启蒙时代苏醒，理性思辨成了社会的主流思想，现代文明的曙光将人类带到理性的时代的同时，也让人类陷入了新的精神危机。传统信仰失去了现实的根基，而现代科技文明所带来的求证、逻辑、推理又不能让人类重建心灵的信仰。于是，有人选择逃避，有人选择颓废，有人在摇滚、嬉皮士里获得宣泄，但从根本上说，都不能带给人以精神的安定。丹麦诗人、现代存在主义哲学创始人、后现代主义先驱、现代人本心理学先驱索伦·克尔凯郭尔终其一生都在探索依靠逻辑与推理来求证信仰的真实性与确定性，"但最终他发现信仰本身就是一种冒险，在理性求知与信仰确信之间存在一道鸿沟，你必须纵身一跃才能跨过这道鸿沟，但是即便跨越而过，你也不得而知前方是拯救精神的彼岸还是跌入虚空的深渊"（引自刘擎《西方现代思想讲义》第 64 页）。

一百多年后，中国诗人臧克家写出了同样的困惑：

人生永远追逐着幻光

但

谁，把幻光看做幻光，

谁，便沉入了无边的苦海

所不同的是，我们在诗中读到的不是虚无，而是一种力量，一种近乎夸父逐日的力量。人类正是沿着这样的曙光，重新在现代文明的困境中找到了坚定的信仰与前进的方向。

真正的诗是诗人用心写就、吐露、镌刻在生命旅程中的血染的脚印。读这样的诗，你的心也会流泪！

　　所有的火都带有
　　激情。光芒却是孤独的！
　　你们看多么纯洁的火焰在升腾
　　直至舐到天空。
　　同时，所有的飞禽
　　为它而飞翔，不要烧焦了我们！
　　可是人呢？从不理会。
　　不受你的约束，
　　人啊，火就在这里。
　　光芒，光芒是无辜的。
　　人：从来还未曾诞生。
　　　　——［西班牙］维森特·阿莱克桑德雷·梅洛《火》

　　火，象征着追求者的激情以及激情燃烧带来的光，还有便是难逃熄灭的宿命以及从燃烧走向熄灭的亘古不变的孤寂。这让人不由想起鲁迅先生的《死火》，如毒蛇缠住灵魂的孤寂。当我们读到这样的诗句，我们的内心就会重燃爱的动力与热度，爱复爱，爱自己，爱世界，爱复爱，以爱之名、诗之义饱餐生命的馈赠、宇宙的给予。

　　有朝一日
　　你会心情振奋
　　欢迎自己来到
　　自己门前，进入自己的镜子
　　彼此报以微笑

　　说，坐这儿。吃吧
　　你将再度爱上那曾是你自己的陌生人
　　给酒，给面包。把你的心还给

它自己。还给那爱了你一辈子的

陌生人,你忽视了他

而且注意别人。他深知你

从书架上取下情书

照片,绝望的笔记本

从镜子上剥下你自己的影像

坐,饱餐你的生命吧!

——[圣卢西亚]德里克·沃尔科特《爱复爱》

  读诗,你仿佛看到站在山峦之上与你同行的不同时空的前贤,你仿佛听到他们借用诗歌讲出了你郁积于胸的喟叹,那一刻你的心灵得到了沉静与安详,那一刻你将不会因为孤单而哭泣,从心头升腾而起的是平和和欣喜。不论你的躯体是青春还是衰老,你都会寻找到前方的光亮。

  "不要温和地走进那个良夜,/老年应当在日暮时燃烧咆哮;/怒斥,怒斥光明的消逝。"(巫宁坤译)这是从诗人狄兰·托马斯《不要温和地走进那个良夜》节选的三句诗,电影《星际穿越》中曾出现。读到这样的诗句,你想到了什么?我想到的是曹操的《龟虽寿》。

  神龟虽寿,犹有竟时。

  腾蛇乘雾,终为土灰。

  老骥伏枥,志在千里。

  烈士暮年,壮心不已。

  盈缩之期,不但在天。

  养怡之福,可得永年。

  幸甚至哉,歌以咏志。

  幸甚至哉,我们还有诗可以歌,我们还有志可以咏!当我们真的老了,不能焕发扼住命运咽喉的力量,不能焕发"我不是生来就要被你打败"的豪言,我们还可以读诗,读爱尔兰诗人叶芝的《当你老了》:

  当你老了,头白了,睡意昏沉,

炉火旁打盹，请取下这部诗歌，
慢慢读，回想你过去眼神的柔和，
回想它们昔日浓重的阴影；

多少人爱你青春欢畅的时辰，
爱慕你的美丽，假意或真心，
只有一个人爱你那朝圣者的灵魂，
爱你衰老了的脸上痛苦的皱纹；

垂下头来，在红光闪耀的炉子旁，
凄然地轻轻诉说那爱情的消逝，
在头顶的山上它缓缓踱着步子，
在一群星星中间隐藏着脸庞。

美国文学评论家哈罗德·布鲁姆说，我们都害怕孤独、发疯、死亡，莎士比亚和惠特曼也无法让我们不怕，但他们带来了光和火。这光和火是什么呢？是安慰、同情和理解，是洞察更复杂的人性。

诗是人类孤独痛苦时悲观的绝望，诗也是社会责任赋予人类的担当，我们来读读奥地利诗人里尔克的《严重的时刻》吧！

此刻有谁在世上某处哭

无缘无故在世上哭

在哭我

此刻有谁在夜间某处笑

无缘无故在夜间笑

在笑我

此刻有谁在世上某处走

无缘无故在世上走

走向我

185

此刻有谁在世上某处死

无缘无故在世上死

望着我

诗人冯志说:"我们天天走着一条小路/不要觉得一切都已熟悉/到死时抚摸着自己的发肤/生了疑问:这是谁的身体?"诗是一盏心灯,让你随时看清自己的局限、狭隘、怯懦与渺小,从而唤生更大的勇气与胆魄,直面自己,正视灵魂。

起初他们追杀共产主义者,

我不是共产主义者,我不说话;

接着他们追杀犹太人,

我不是犹太人,我不说话;

后来他们追杀工会成员,

我不是工会成员,我继续不说话;

此后他们追杀天主教徒,

我不是天主教徒,我还是不说话;

最后,他们奔我而来,

再也没有人站出来为我说话了。

——[德]马丁·尼莫拉

犹太人大屠杀纪念碑铭文,波士顿,1945年

沉痛而真诚的反思是人类走向理想与和平的必由之路,虽然人性的复杂将导致人类不断陷入混乱与战争的漩涡,但是只要有理性之光的指引,我们就会将目光看回到自己的身上——

在大门关闭之前

在最后的问题提出之前

在我被颠倒之前

在杂草长满花园之前

在不再有宽恕之前

在水泥变硬之前

在所有的笛孔被盖住之前

在东西被锁进碗柜里之前

在规律被发现之前

在结论被设计好之前

在上帝握拢他的手之前

在我们无处站立之前

——［以色列］耶胡达·阿米亥《之前》

  在事情发生之前，我们在哪儿？现在的我们在哪儿？我们的未来又将在哪儿？没有人是孤立的存在，人之所以为人，便是因为人与人建立了深刻而不可分割的联结，不论是哪一种肌肤、哪一个种族、哪一个国家、哪一块大陆、哪一片大洋，我们都是一个有机的整体。我们用"现在"来反思"之前"，我们用"之前"来关照"未来"，或许我们就能在混乱中找到共存的秩序，在纷争中寻得相处的原则。

  阿米亥还有一首小诗叫《嘎吱响的门》：

嘎吱响的门

它想去哪里？

它想回家去

所以嘎吱响

可它就在家！

但它想进屋。

成为一张桌

成为一张床。

  当我们读到这首简短的诗，会被那扇孤独的门所打动，它渴望进屋，可主人却把它安在门框上永远不能进屋，屋里的温暖、屋里的热闹、屋里的一切都是背对着它，我们读到的是这扇门渴望被人接纳、被人关爱的诉求，这种诉求是我们共有的心声。但读到最后，你是否会突然萌生这样的念头——那门进屋了，谁去当门呢？门有门的作用，桌有桌的用处，床有床的功能。这让人不由想起谢尔·希尔弗斯坦《阁楼上的光》中的小诗《总得有人去擦亮星星》：

> 总得有人去擦亮星星，
> 它们看起来有些昏暗，
> 总得有人去擦亮星星，
> 八哥、海鸥和老鹰都抱怨，
> 那些星星已老旧而锈蚀。
> 想换新的我们买不起，
> 所以请准备好你的抹布
> 和你的打蜡罐，
> 总得有人去擦亮星星。

总得有人去擦亮星星，那也就总得有人去当门吧！其实，读诗我们有两个视角，一个是读人，一个是读己。《总得有人去擦亮星星》是读己，告诉自己，而不是要求别人；《嘎吱响的门》则是读人，接纳别人，听到别人孤独的心声。这不正是巴勒斯坦诗人穆罕默德·达维什《想想别人》所传达的美好祝愿吗？

> 当你做早餐时想想别人
> 别忘了喂鸽子
> 当你与人斗争时想想别人
> 别忘了那些想要和平的人
> 当你付水费单时想想别人
> 想想那些只能从云中饮水的人
> 当你回家，回你自己的家时，想想别人

别忘了那些住在帐篷里的人

当你入睡点数星辰的时候想想别人

还有人没有地方睡觉

当你用隐喻释放自己的时候想想别人

那些丧失说话权利的人

当你想到那些遥远的人们

想想你自己,然后说:

"我希望自己是黑暗中的蜡烛。"

在意义的丛林里旅行,诗人的指引会带给我们完全不同的视角,甚至颠覆我们原有的认知,让我们"拔掉思想的瓶塞",看到人生旅行中不同的风景。叙利亚出生的黎巴嫩籍诗人阿多尼斯就写过这样一首长诗——《在意义丛林旅行的向导》,其中五句被选入北岛编选的《给孩子的诗》,我将这五行诗倒过来与学生分享意义丛林旅行的颠覆性认知。

什么是时光?我们穿上的衣服,却再也脱不下来。

这是对时间一去不复返的比喻,并没有新奇之感。

什么是焦虑?褶子和皱纹,在神经的丝绸上。

有意思的比喻,将抽象的心理转化为与之有必然关联的肉体,最重要的是将神经的脆弱比作丝绸的柔滑,既陌生又直观可感。

什么是雨?从乌云的列车上,下来的最后一位旅客。

什么是尘土?从大地之肺发出的一声叹息。

"尘土"的比喻让人读到了环保的意味,"雨"的比喻并没有特别的美感。

什么是玫瑰?为了被斩首而生长的头颅。

当我读到节选的第一句时的确被震撼了!玫瑰的娇嫩与美好竟然可以和斩首的血腥、头颅的可怖联系在一起,而且从颜色、形状到折枝的形态都极其妥帖。哦!诗啊,你打开了我们全新的认知视角,让我们看到温存的表象下或许存在极其冷酷的现实,抑或冰冷的外表下或许潜藏着细腻的柔软。这不禁让我想起看过的一幅哲理漫画,谁创作的忘了,但是画面与语言却至今难忘——"弹簧：能屈能伸，是最为扭曲的灵魂！"我们常常听到这样的格言，大丈夫能屈能伸，方显英雄本色，但或许英雄本色的背后潜藏着不可告人的丑陋与卑琐。这样新奇、凝练，挑战我们阅读神经的语言，让我又想到瑞典诗人托马斯·特朗斯特罗默《写于1966年解冻》中的比喻："桥：一只飞跃死亡的巨大铁鸟。"（北岛译，选自北岛选编的《给孩子的诗》）诗，其实从某种意义上讲就是一只飞越死亡的鸟、跨越时空的桥。它的生命超越了生与死的界限，它的复活打破了时空的阻隔，架起了诗人与读者精神共振的桥梁。

"一个人要走多少路/别人才把他称为人。"美国诗人、音乐人鲍勃·迪伦在风中凛冽地唱到。这是对人类的集体追问，对茫茫宇宙发出的没有回声的"天问"——对！天真的追问！但，诗不正是天真的追问吗？就像B612星球上的小王子对玫瑰的守护与归顺，他必须不断铲除不断疯长的猴面包树。

  一个人要走多少路
  别人才把他称为人
  一只白鸽要飞越多少海
  才能在沙滩沉睡
  炮弹要发射多少次
  才会永远作废
  我的朋友，答案就在风中飘
  答案就在风中飘

  一座山要存在多少年
  才能被大海淹没
  一些人要生活多少年
  才能获得自由
  一个人要转多少次头
  还假装什么都看不见

我的朋友，答案就在风中飘
答案就在风中飘

一个人要仰望多少次
才能看见天空
一个人要有多少耳朵
才能听到人们的哭声
到底还要死多少人
直到他知道太多的人已死去
我的朋友，答案就在风中飘
答案就在风中飘

"我想在大地上画满窗子，让所有习惯黑暗的眼睛，都习惯光明。"（顾城《我是一个任性的孩子》引言）诗，有时是纯粹的祝愿，哪怕自己身心俱疲，濒临崩溃，也要向世界表达最美好的心念。

从明天起，做一个幸福的人
喂马、劈柴，周游世界

从明天起，关心粮食和蔬菜
我有一所房子，面朝大海，春暖花开

从明天起，和每一个亲人通信
告诉他们，我的幸福
那幸福的闪电告诉我的
我将告诉每一个人

给每一条河每一座山取一个温暖的名字
陌生人，我也为你祝福

愿你有一个灿烂的前程
愿你有情人终成眷属
愿你在尘世获得幸福
我只愿面朝大海，春暖花开
　　　　——海子《面朝大海，春暖花开》

　　于是，春暖花开时节，不论你身处大山深处，还是面朝大海，但凡你读过这首诗，但凡你的心还柔软，但凡你渴望用诗一般的语言向世界表达你的祝愿，或许你都会想到海子的这首诗。哪怕你不了解海子写作此诗时的心境，哪怕你只读过海子的这一首诗，海子已然将美好传递给每个读过这首诗的朋友，然后每个欣然的读者又将美好传递给世界。

我喜欢这个世界是柔软的
一场雪不会压伤另一场雪
最早最深层的那些雪花
也还是
乍开放的完整　清洁

我喜欢这个世界是柔软的
一个人不会伤害另一个人
最旧最皱的一张脸下面
也还是
叶芽一样的善良　天真

我喜欢这个世界是柔软的
微笑风般自由流溢
眼泪从来不会跌碎
圆满的疼痛　清澈的虔诚

我喜欢这个世界是柔软的
好让我抱着满怀的花朵
走过漫生的荆棘
没有灯火的长街

走过一个一个惊醒的冬夜
西风不和西风比凉
冬雪不和冬雪比寒
刀不和剑比锋芒
今天不和昨天比忧伤

我喜欢这个世界是柔软的
在这柔软里
开放　凋萎　祝福　远行
在这柔软里
相遇　分离　回忆　期许

漫长的一生和一生
也只是
温存的花事

——人间草木《愿世界温柔待你》

（来自网络，被评为2017年度最佳美文）

  诗人陆忆敏《年终》："记住这个日子/等待下一个日子……点燃一盏孤灯/照亮心中那些字。"读诗有时与生活一样，很多时候只能你独自面对，只能你独自品尝，但遇见照亮心灵的文字你便不会太孤单。

  我是根。

  一生一世在地下

默默地生长，
向下，向下……
我相信地心有一个太阳。

听不见枝头鸟鸣，
感觉不到柔软的微风，
但是我坦然
并不觉得委屈烦闷。

开花的季节，
我跟枝叶同样幸福
沉甸甸的果实，
注满了我的全部心血。
——牛汉《根》

　　身陷困顿之中，没有抱怨自己的命运，没有粉饰自己的心境，只是如同根一般自然而然地向下生长生长，注满自己生命的全部能量。正如台湾诗人周梦蝶所写："一只萤火虫，将世界/从黑海里捞起——/只要眼前有萤火虫半只，你我/就没有痛哭和自缢的权利。"

　　诗人陈敬容《山与海》："你有你的孤傲/我有我的深蓝。"亦如周梦蝶《九行二首》之二："水仙在清水白石上坐着。/水仙说：我是花，/只为自己开！"

　　荷尔德林说："人生充满劳绩，但可以诗意地栖居于大地之上。"或许你会不屑地质疑道："那让诗人去劳动试试。"另一个诗人，尼采或许会这样回应你："在你立足处深挖下去！/就会有泉水涌出！/别管蒙昧者们叫嚷：下面永远是——地狱！"或许你又会质疑地不屑道："他俩都是疯子。"的确，读诗，就不能不读诗人。这是知人论世、以身世解读诗歌的传统，也满足了普通读者读诗以想窥见诗人的好奇。古往今来，古今中外，很多诗人向世界呈现绝美诗行的同时，也留下了另一种非正常的生命状态。李白的浪漫与浪荡、李贺的孤绝与冷艳、徐渭的癫狂与自残、尼采的疯狂与孤傲、食指的神经质与迷茫、顾城的自虐与残杀、海子的失意与卧轨，甚至写下"人，诗意地栖居"的德国古典浪漫诗人荷尔德林也患有精神分裂症，甚至生活不能自理。

那如何向学生传递、分享这一个个"病态的语言天才"的生命状态与命运结局呢？首先，我们必须避免以往的习惯性解读，即把诗人推向神坛、圣坛，将之进行非人化、伟人式的解读。我们要以平等的视角，借着这些诗句与他们的生平故事走近这一个个原本正常的人——因为，我们每个人身上都同样存留病态的心理。我们只有将诗人看成和我们一样的"人"，才能最终借助诗人所写之"诗"，走近"人生"，走近"人，生而有之同时又随着年轮递增不断生衍的共有的人性"，例如嫉妒、愤恨、残忍，当然也包含美好、良善与怜悯。诗人与你我一样，一样的两足，一样的双手，一样的躯体，一样的灵魂，他们身上的一切缺陷，你我身上皆有。诗人在放大自己生命缺陷的同时，也放大了生命的光亮与热量，还有对生命最真挚、最浓烈、最纯粹的热爱，从而用从心泉里流淌出的诗行，唤醒我们放下自命不凡或者自甘堕落，看到世界的美好，看到自身的美好，带领我们领会另一种生存状态下世界的美好。

我不相信，野兽不会说话，
鸣禽不能思索，
狡猾的狐狸只有直觉，
蜜蜂不懂得辛勤劳作。

请试试独自钻进小树林里，
躲到针叶茂密的树荫
并倾听周围喧腾的生活，
抛掉陈年世俗的偏见，——
这样，你心中的傲气将会一扫而空。
激动和羞怯会骤然把你围袭。

万物之王是否应当
把世间所有的生灵划分
高贵低贱，三六九等？
有时君主也智匮才尽，
或许这一切皆系相对而言？

不应该高傲——
无论风云伟人，还是聪慧贤哲。
在郁郁松林，在袅袅桦丛
生活的希望是那样五彩缤纷，
我，一个强者，惟愿
更其善良、纯朴，更富人性。

站在自己的山头我们不可能观览万象，
尚待发现的奇迹还有不少，
我担心，自命不凡会妨碍我们
理解另一类世界的奥妙。
　　　　　　——［苏联］雅申《我不相信》

　　同时，诗人脆弱病态的本能唤醒的是敏感的神经，敏感的神经生出清妙的思想，清妙的思想最终呈现出的是语言的奇观。
　　上层的雪
　　很冷吧。
　　冰冷的月亮照着它。

　　下层的雪
　　很重吧。

上百的人压着它。

中间的雪
很孤单吧。
看不见天也看不见地。

——［日］金子美玲《积雪》

孤独而敏感、纤细的人啊，读着这样的诗句，心便像被熨帖过一样，瞬间有一种莫名的伤感与共鸣的畅想。世间不是只有刚强、乐观、勇敢，每一个生命都应有自己存在的尊严。孩子们，读诗，可以让你们在诗行间看到被人认同、与之共鸣的希望。

读一读西班牙诗人费德里戈·加西亚·洛尔迦《哑孩子》，我们就能真切地感受到诗人深刻的同情与慈悲的心：

哑孩子在找寻他的声音
（把它带走的是蟋蟀的王。）
在一滴露水中
哑孩子在找寻他的声音。

我不是要用它来说话
我要把它做个指环
让我的缄默
戴在他纤小的指头上

在一滴露水中
哑孩子在找寻他的声音。

（被俘到远处的声音，
穿上了蟋蟀的衣裳。）

诗，应该是一种生活的态度，应该是一种生命的信念。读诗，就是在我们日常琐碎的生活里寻找内心的春天，不至于让心田荒芜，长满欲望的杂草。读诗，就是珍爱自己，就如同珍爱最深爱的恋人，因为我们很多时候爱别人却忘了爱自己——用世界上最轻最轻的声音，轻轻地唤自己的名字每夜每夜；用最温润的心，每时每刻都好好待自己。别忘了，好好爱自己，世界才会好好爱你！

用了世界上最轻最轻的声音，
轻轻地唤你的名字每夜每夜。

写你的名字。
画你的名字。
而梦见的是你的发光的名字：

如日，如星，你的名字。
如灯，如钻石，你的名字。
如缤纷的火花，如闪电，你的名字。
如原始森林的燃烧，你的名字。

刻你的名字！
刻你的名字在树上。
刻你的名字在不凋的生命树上。
当这植物长成了参天的古木时，
呵呵，多好，多好，
你的名字也大起来。

大起来了，你的名字。
亮起来了，你的名字。

于是，轻轻轻轻轻轻地唤你的名字。

——纪弦《你的名字》

孩子们，诗之旅即将告一个段落，在美丽的春天里，我们遇见诗歌，我们在诗行里看到另一个春天。若干年后翻开今天的品赏笔记，或许你会被苏格兰诗人罗伯特·彭斯《往昔的时光》（即《友谊地久天长》）润泽双眼。那一刻，孩子们，我们都将彼此的挂念化作吟咏的诗行，为了往昔的时光——

老朋友哪能遗忘，

哪能不放在心上？

老朋友哪能遗忘，

还有往昔的时光？

为了往昔的时光，老朋友，

为了往昔的时光，

再干一杯友情的酒，

为了往昔的时光。

你来痛饮一大杯，

我也买酒来相陪。

干一杯友情的酒又何妨？

为了往昔的时光。

我们曾遨游山冈，

到处将野花拜访。

但以后走上疲惫的旅程，

逝去了往昔的时光！

我们曾赤脚蹚过河流，

水声笑语里将时间忘。

如今大海的怒涛把我们隔开，
逝去了往昔的时光！

忠实的老友，伸出你的手，
让我们握手聚一堂，
再来痛饮一杯欢乐酒，
为了往昔的时光！
（王佐良译）

二

近一周的学习分享后，我请所有学生为这个专题学习做一个小结，可以以诗歌的形式来表达当下最真诚的心声。短短的一节课后，我收获了整整一百首美丽、动人的诗歌。

花的自由

我只是万千繁花中一朵
千万繁花中一朵
我的凋零
对于整个春天来说
似乎不值一提
我数着被风吹落的花瓣，
一片，两片，三片……
整整六片
这不值一提的六片花瓣
却是我的全部
　　——六（7）班　吴价

路

一

你的脚下有两条路，
你可以选择更长的路，
也可以选择更危险的路，
但不要忘记哼着你最喜欢的小曲走下去。

二

如果现在你正在黑洞洞的房间里哭
如果在此刻门缝里传入一道光
如果房间里走进一位天使
如果你兴高采烈地冲出房间
那么，不要忘记报答那道光

——六（7）班　吴臣妍

回家的路

人
一出生
就出了家门
不断地
学习
摸索
一切一切的努力
只为了
找到那条回家的路

——六（8）班　赵语毅

镜子

世界上最优秀的发明是镜子，
它能让你看见吃饭时
不小心滴在脸上的油渍，
拿起湿巾，
擦拭干净；

世界上最糟糕的发明也是镜子，
它会让你在擦拭干净后
一直望着自己那洁净的脸，
并时不时发出大笑……

——六（7）班 项振轩

光

世上有那么多光，
总有一束是你的。
你我，
亦是同行人。

"他强我亦强，清风拂山岗"，
你只需做好自己。

生活总该迎着光亮，
失败过后才能拥抱更多坚强，
黑夜的尽头就是阳光。

去追光吧，

追寻那属于你自己的光,

不论结果,

漫漫人生,

只需四个字,

我已追光……

——六(7)班　杨伊惠

旅行者

一个旅行者在荒野中走着,走着……

没有人知道他从何处而来,向何处而去

他只是走着,走着……

或许是漫无目的,风餐露宿

或许是寻找一个温暖的落足之处

他只是走着,走着……

夜深,星星与月亮不知去向

只留下一片黑暗

他始终朝着一个方向走着,走着……

终于,他爬上一座高山,看到了海平面上的第一抹阳光!

——六(8)班　陈政含

我为孩子们手写的诗歌设计了封面,交广告公司装订成册,分赠给了每一个孩子。我们将诗集命名为《采风·虫二集》。采集心灵真挚的声音,就像收集春风的柔软,收集夏风的清凉,珍藏秋日的和煦,珍藏冬阳的温暖。源自心底的诗,就像泰山上的"虫二"刻石一般,风月无边,前途无量!

三

我们一起读诗,我们一起写诗,然后我们一起走进一部关于诗的电影。

《邮差》是改编自智利作家安东尼奥·斯卡尔梅达的同名小说,迈克尔·莱德福执导,菲利浦·诺瓦雷、马西莫·特罗西主演,1994年公映的意大利电影。

该片讲述了1948年,智利诗人聂鲁达和年轻的妻子玛蒂尔德流亡到意大利南部的一个小岛上,与邮差青年马里奥以"诗歌的名义"建立真挚而深刻的友谊的故事。

聂鲁达和妻子在岛上认识了专门为他送稿件和信件的邮递员马里奥——岛上唯一识字的居民。这位邮递员对诗人极度崇拜,并从他那儿学到一些诗,从而得到了岛上最美丽的姑娘阿特丽契的爱。就在聂鲁达为马里奥主持婚礼的喜庆时刻,他收到了智利政府宣布取消对其通缉的书信。聂鲁达离开小岛后,受到精神启迪的马里奥一如既往地支持聂鲁达所信仰的共产主义,并坚决反对小镇的议员以拉选票为名允诺居民将会改善小岛自来水工程的虚伪行径。在一次为信仰而举行的集会上,他本要朗读一首自己创作的颂扬聂鲁达的诗,却在暴乱中死去。而当聂鲁达故地重游,来到阿特丽契和她的姨妈所经营的小酒吧时,见到的是马里奥的儿子——一个从没见过自己父亲的可爱的小男孩。

巴勃罗·聂鲁达,1904年出生于智利,1973年9月23日去世,是誉满拉美的"诗圣",1971年获得诺贝尔文学奖。诗人一生中曾经三次到过中国。1928年他作为外交官赴缅甸上任时,到中国给宋庆龄颁发列宁国际和平奖。

此行中，他还见到了茅盾、丁玲、艾青等中国作家、诗人，进行了友好的交流。在访问中国时他得知，自己的中文译名中的"聂"字是由三只耳朵（"聂"字的繁体为"聶"）组成，说："我有三只耳朵，第三只耳朵专门用来倾听大海的声音。"

而《邮差》这部电影讲述的故事发生地正好在大海边。电影的最后，阿特丽契将一盒磁带送还给聂鲁达。这盒磁带原本是马里奥生前想要寄给聂鲁达的礼物，但妻子舍不得自己的丈夫唯一留存于世的声音，就私自留了下来。聂鲁达倾听着马里奥收录的小岛上最动人的声音以及旁白介绍，漫步于当年与马里奥多次漫步、交谈过的海滩，眼含热泪地眺望远方……

孩子的潜力是无限的，因为他们的心灵相较成人更接近哲学与诗性。原本以为这样一部没有精彩故事情节的文艺片，孩子们会看得索然寡味，但他们却依然看得很投入。我们用了一个中午的时间看完影片，孩子们利用周末自主撰写观后感，然后进行了真诚的交流分享。因为这样的影片仅观看一遍就深入交流，显然是不现实的，利用反刍式的思考，沉下心来思考影片中的一些困惑与延伸的话题，显然更利于提升孩子们的思维与审美。

【聂鲁达是一个怎样的人？马里奥是一个怎样的人？聂鲁达给马里奥带来的是什么？】

生：聂鲁达是以一个导师的身份出现的，他的出现刺激了马里奥从内心去追寻美与真理。这种美如久旱的甘霖，初升的阳光，给人以无限的遐想。"这首诗写的是大海，但却是献给你的"，这句话是在影片最后马里奥的录音中出现的，这是他对人生导师聂鲁达的感恩，也是学以致用，用大海暗喻聂鲁达，感谢他能走进自己心灵深处，让一个普通的青年邮差发现了最美的世界。这部影片中，马里奥的扮演者也是本片的联合导演，为拍摄这部电影推迟了手术，耽搁了病情，在本片杀青后的十几个小时便去世了。他也用生命诠释了真理，为世人留下了生命的赞歌，也让这部影片蒙上了跨越生死的神秘气息。马里奥的结局虽然十分不幸，却给世人留下一个警醒的感叹号，而非圆满的句号。整部电影中，一切东西都是为心灵而服务的，我坚信，只有实现心灵的超越，才是为人之本，生命之道。

生：这部电影所表达的友情是最令我难忘的。在那个贫穷、偏远的小岛，马里奥与聂鲁达的友谊是跨越阶级、贫富的，一个是平凡的临时邮差，一个是高高在上的大诗人。那是什么让他们建立起这么深厚的情谊？也许是那颗热爱文学、热爱诗歌的心吧！正是因为诗歌的指引，马里奥在聂鲁达的帮助下完成了精神的升华，而马里奥精神的成长也加深了他与聂鲁达的友情。"当华美的叶片落尽，生命的脉络才历历可见；逆风的方向更适合飞翔。"这是我观看这部电影后得到的启示。

生：对于马里奥而言，聂鲁达是他一生的导师——思想的导师。聂鲁达给马里奥的帮助与指引，让马里奥找到了自己一生所要追求的目标。对于聂鲁达而言，马里奥不仅仅是一个忠实的粉丝，更像是一个学生或者朋友，马里奥火热的心让聂鲁达看到了生命的信任与情感的真挚，而这正是聂鲁达诗歌创作所要追求的方向。从这个角度讲，电影的最后，聂鲁达眼含热泪地倾听马里奥生前留下的那八段录音，这更像是马里奥对聂鲁达的精神启迪。

生：一份真挚的友情，生命的结束不代表友谊的结束，这份友谊会留在聂鲁达的心里，无法抹去……

生：聂鲁达改变了马里奥的生命，马里奥改变了聂鲁达的内心。

生：在聂鲁达流亡的那个意大利小岛上，每个人都坚信神是万物的主，会拯救他们，实际上神只是暗喻着吃人的议员、高官，他们信仰精致的利己主义，眼中只有自己，聂鲁达用坚定的共产主义信念改变了马里奥。

师：马里奥和聂鲁达从刚开始的陌生，到形成真挚的友谊；从马里奥向聂鲁达要一个签名都困难，到聂鲁达帮他求爱；从送信时的短暂招呼到每次都侃侃而谈，尊贵的人民诗人和一个小岛的"无业游民"两位身份差距如此之大的人能建立友谊，靠的是马里奥的真诚，更是聂鲁达对马里奥父亲一般的慈爱。马里奥准备录制小岛上最美丽的声音，当作礼物给聂鲁达寄去，同时寄去的还有马里奥最真诚的思念与敬意。从浅滩的波浪声、绝壁的风声、幽静的夜空之声，到父亲忧愁的渔网空网而归的声音、自己即将出生的孩子的心跳声，马里奥所记录的声音一段比一段富有诗意，表达了他对聂鲁达朋友式的怀念、师长式的感念。他把万千感受都遗留在了这部小小的录音机里，但他不知道的是自己再也见不到聂鲁达了。马里奥短暂的一生中只写了一首诗，是赞扬聂鲁达的，但在暴乱时因人群拥挤散落在地被人踩入泥土之中。重回故地的聂鲁达感受着那张纸的脉搏，将永恒的思念用目光倾泻进了大海。潮起了……潮落了……大海静静地躺在那里，浅滩的波浪仍旧轻声起伏，绝壁的风仍旧低声呜咽，一份大海般的友谊随它们一起永恒。

【看了这部影片你对诗歌又有了怎样的理解？影片中哪些充满诗意的语言令你印象深刻？】

生：让我印象最深的是马里奥给聂鲁达录制了八段小岛上动人的声音：第一段是小小的海浪声；第二段是海浪声，大的；第三段是悬崖上的风声；第四段是吹过丛林的风声；第五段是他爸爸空手而归的伤心声；第六段是教堂的钟声，女士的忧伤声，还有牧师的声音；第七段是岛上布满星星的夜空之声；第八段是马里奥即将出生的孩子的心跳声。我觉得这八段声音就是马里奥诗歌化的表达，或者说这八段声音就是最美的诗，起码在诗人聂鲁达听来是这样的，在我听来也是这样的。

生：湛蓝的天空，无边的大海，壮观的峭壁，仿佛与世隔绝的小岛，这是智利著名诗人聂鲁达的逃难暂居之所，电影《邮差》正是根据其真人、真事改编的。整部电影主要以三条线索引导观众进入故事情境。其一，马里奥与聂鲁达的友情；其二，马里奥追求爱情并最终用诗歌打动爱人与其结婚；其三，马里奥靠着自身的领悟、诗歌以及聂鲁达的指引一步步地走向成熟。马里奥原本是一个木讷的人，但他又很纯真，越到后面他对诗歌的认知就越真切、越深刻，可以说出"忧愁像悲伤的渔网"这样的短句，甚至可以自己独立写出一首完整的诗献给聂鲁达。电影的结尾七分悠扬三分悲伤，像马里奥的眼睛，像渔民的渔网，像聂鲁达的诗，像四面环海、与世隔绝的小岛……

生：这部电影用了看似极其通俗的爱情、友情故事，进行了非常诗歌化的艺术表达。当邮差马里奥这样一个原本与现实世界格格不入的"无业游民"学了诗后,即使看到食物也能有所领悟。诗歌是发自他内心最动人、最真实的描述。或许,来到小岛并遇见马里奥对大诗人聂鲁达来说,只是生命中的一段偶遇,可对小人物马里奥来说,却扭转了他的命运。当后来聂鲁达听到录音机中各种美妙的声音时,他也成了聆听者。

师:在不可能平等的对话中,诗歌建立了平等。诗歌洞察现实的残忍,是良善和艺术的结合体。正如影片中马里奥所说,"诗属于需要它的人,不是写它的人"。

生:《邮差》不仅是一部经典老片,更是一部引发观众共鸣的文艺好片。诗人聂鲁达在教马里奥写诗时,提到一个词叫"暗喻"。它既是写作的一种手法,又是暗喻整部影片的一个关键词。不管是马里奥与聂鲁达的偶遇,还是马里奥对女主角的一见钟情,以及马里奥为了追求共产主义信仰而牺牲的结局,都是由历史的纵贯线和空间的横贯线交错而成的,这也正暗喻着一个人内心最真实的感受——有情感,有抱怨,也有惋惜和无能为力,以及天不遂人愿的意外。而影片的片名也是一种暗喻,不仅因为男主角的身份是一名暂时的邮差——一个专门帮助聂鲁达递送信件的临时工,更是因为电影本身也像邮差一样,向我们传达了人生的信念。

生:古罗马诗人贺拉斯说:"仅仅有美,对诗来说是不够的。诗应该打动人心,把听从的灵魂引导到诗的意境中去。"那什么能打动人心?——情感。何为情感?喜、怒、哀、乐。不!感,是思维概念,是感觉;情,则是依托、依赖……情感就如对话,是真情的流露,是发自内心的抒情。读者与诗产生共鸣,万千情愫得以释怀,亦是意境……聂鲁达是一位浪漫的人民诗人,浪漫的本质即是爱。他心系世界,心系祖国,心系人民,当然也心系每一个爱他的小岛上的朋友。爱——对诗的爱,对爱的真诚,也正是联结马里奥——这个小岛上唯一识字的年轻邮差——与聂鲁达的精神桥梁。而正是纯粹的爱让原本从未读过诗的马里奥对诗歌创作的"暗喻"领悟得如此之快。他对阿特丽契的爱即是他的灵感与奋斗的方向。正是因为爱,马里奥进入了生命的诗境，在黑暗中找到了那盏孤灯。至于什么是暗喻，我想引用马里奥第四次给聂鲁达送信，他俩的第一次真挚的交流来说明——"有什么事吗？你站得像邮筒一样僵硬。""钉得像钉子一样牢。""你竟然跟我说明喻和暗喻？""暗喻是什么？""天在哭表示什么？""下雨。""对，这就是暗喻。"所谓暗喻，或许就是借助眼之所见表达心之所爱的一种语言。

生："一开始马里奥是为了讨好、追求心中喜欢的女人而学诗的，到后来他则是为自己对生活的热爱而写诗。写诗不是诗人的特权，一个渔民也可以写出一首漂亮的诗。诗是暗喻，是净化灵魂的过程，是打开心扉的神秘钥匙。但纵使诗是暗喻的沃土，诗的发生也要深层地懂得灵感的客体。而意大利这座与世界相连而又隔绝的小岛便是渔民马里奥诗歌创作的灵感客体。小岛上的一切事物，包括无边的大海，浩瀚宁静的夜空，还有小岛上最美的女人，以及暂居小岛的伟大诗人，都是他认识诗歌、读懂诗歌甚至说出诗一般语言的灵感客体。当然，在我看来，马里奥原本就与众不同的内心，才是灵感的源泉。他生性敏感，对身边一切现实事物都不感兴趣，他与别人格格不入，他生就一副诗人的气质，所以他才能与诗人聂鲁达真诚地对话，他才能从心里感受诗歌的美。最后，希望电影的主演马西莫·特罗西能在另一个世界——微笑！

生："诗歌不属于写它们的人，而属于需要它们的人。"马里奥的这句话道出了诗歌所具有的最温暖的含义。马里奥在诗人离开小岛后，满怀热忱地四处奔忙，为诗人录下岛上最美好的声音。当他在游行活动中兴奋地拿着诗稿等待上台，却在警察围捕的混乱中咽下最后一口气。那首马里奥生前用文字创作的唯一的诗，哪怕它已经不复存在，但他对生命的思考将永存世间。影片的最后，一个小聂鲁达，一片无垠的海洋，沉重的结局，却是新生的开始。无论生生死死，人情世故，诗歌永远是心灵崇高而温暖的归宿——诗是情感，亦是生命！

生："你若没进入我的生命，我也永远不会写这首诗。"这句话是马里奥送给诗人聂鲁达的。在这样一个贫穷得连水都缺的小岛上，马里奥的一生不应该是平凡的吗？在流亡到这个地方后，聂鲁达的这段人生不应该是黯淡无光的吗？但恰恰相反，两个灵魂发生了充满诗意的碰撞，还有被诗填满的爱和远方，还有希望！诗时刻鼓励着他们，让马里奥走出了洞穴，发现了这个世界原来如同一个大花园一般美丽。诗让聂鲁达放下心中的悲痛，拥抱希望与未来。诗照耀着他们，也成就了他们最纯粹的交流。马里奥用录音机记录下了八段美好的声音，而令我最感动的是第七段——夜晚天空中的星星，本没有声音，但马里奥却用录音机记录了下来。这不仅仅是对聂鲁达的友谊，还是马里奥对美的发现，对诗的诠释。虽然最后马里奥的结局是令人悲痛的，但他这样的一生告诉我们，远方是灿烂的，现实是残酷的，在种种考验面前，可以通过诗解放自己，寻找希望，让自己的一生在开花的同时，也能留下有用的果实。电影的最后，忧愁的渔网在海风中摇晃，似乎也暗喻着美好。诗！追求！

生：何为诗？何为歌？诗歌是隐喻、暗喻、明喻，或批判，或挣扎，或痛苦……诗歌源于内心，写诗如独白，只是多了一重韵律，有了一层哲理。诗歌可以赞美一个人，批判一个人，对一个人表达爱，表明对生活的态度……诗是开放的，不拘束，不隐藏，就如"面朝大海，春暖花开"是诗人发自内心深处的对自己的一种叩问。诗人的思想是高尚的，他们用笔打开了一扇扇窗户。诗歌是诗人对世界真挚爱意的表达。用心地爱世界，无论光明还是黑暗，我们都要永葆初心。

生：我觉得整部电影拍摄得很有诗意。电影的音乐基调以悲伤惆怅为主，从马里奥第一天开始送信，到结婚时手风琴拉的曲子都是同一首，这首歌是线索，贯穿整部影片。这部电影感情基调也偏惆怅，那是一个黑暗的社会，最后聂鲁达离开了小岛，马里奥和他的妻子留在了岛上，可谁也没想到，马里奥也倒在了黑暗中。电影最后是马里奥留给聂鲁达的诗以及各种声音，给人艺术留白的感觉，看完给人心里带来极大的震撼。这就是一个诗人存在的意义，诗人用自己的语言魅力感染他人，指引他人走向正确的人生道路。

诗歌，有用吗？我们为什么要读诗？或许这些问题终将萦绕于每一个有生命觉知的人心中，一生难以释解，但孩子们在诗中看见了光，看见了爱，看见了世界，也看见了自己。他们对于诗歌是什么，或许也有了自己的答案。诗歌是一个又一个、一代又一代诗魂邮寄给我们的最好的礼物——如同春天邮寄给花园的玫瑰。

神话：遥远的记忆与当下的意义

"神话"一词虽然是 20 世纪初西学东渐历程中进入中国的学术话语，但神话之"神"与"话"，在中国古代早已有之。神话之于中国人的哲学、审美、文化的定义是什么呢？它是先民认识世界的方式与观念，它是祖先在残酷的生存环境中长年累月代代相传形成的朴素的宇宙观、质朴的审美观与独特的体验观。

统编教材在四年级上册第四单元专门安排了"神话故事"的整组学习，共安排了《盘古开天地》《精卫填海》《普罗米修斯》《女娲补天》四篇神话故事。其实，在二年级下册第八单元安排的三篇课文《祖先的摇篮》《当世界年纪还小的时候》《羿射九日》，也是与神话思维、想象神奇、探究起源息息相关的课程内容。

怎样借助经典的神话故事，探寻祖先的思维方式与精神世界，从而获取生命的力量与启迪？我们专门安排了一次"神话探源"的专题学习。

一

【中国神话中"神"的分类。】

中国神话中的"神"大致可以分为三类：万物之神、祖先之神、宗教之神。

提到中国神话研究，我们就必须先要了解一个人的贡献。他就是中国神话研究的奠基者——袁珂。袁珂先生建立了中国神话学，其对中国神话学资料的收集、整理、梳理、分析、研究、著述以及普及方面的贡献都是巨大而卓越的，其中《中国古代神话》一书，改变了疑古派和言必称希腊者所谓的中国神话资料贫乏的误解和谬见。

1950年，袁先生出版了第一部神话学专著《中国古代神话》，这是我国第一部较系统的汉民族古代神话专著，由此奠定了袁珂先生的学术声望。1980年出版了《山海经校注》。1983年，在《中国古代神话》基础上历经两次重要增补修订而成的《中国神话传说》一书，内容已达原来的四倍，字数六十余万。1983年，出版了《中国神话传说词典》。

根据袁珂先生研究，远古时代，我们的祖先"对于大自然所发生的各种现象，例如风雨雷电的击搏，森林中大火的燃烧，太阳和月亮的运行，虹霓云霞的幻变……产生了巨大的惊奇的感觉。惊奇而得不到解释，于是以为它们都是有灵魂的东西，叫它们作神。他们不但把太阳、月亮等当作神，还把各种各样的动物、植物，甚而至于微小到像蚱蜢那样的生物，也都当作神来崇拜"。这就是"万物之神"，也正是图腾崇拜的一种偶像之神。

远古时代，天地莽荒，我们的祖先在与大自然的搏击中慢慢繁衍壮大，他们在这片神圣的土地上群居、取火、捕猎、驯养、耕种、纺织，逐渐成为神州大地的万物之灵。有一些伟大的人在带领族群战胜自然、拯危济困、开疆扩土等生存斗争中做出了不可磨灭的贡献，于是，后世子孙代代相传的歌颂沉淀为一种祖先缅怀与崇拜敬仰。开天辟地的盘古，创造人类和熬炼五色石补天的女娲，钻木取火的燧人，发现药草的神农，驯养动物的王亥，教导人民种庄稼的后稷，治理洪水的大禹，创造汉字的仓颉……他们既是征服自然、改善人类生活的劳动英雄，也是后人对祖辈集体智慧崇敬心理的化身。用袁珂先生的话说，"他们是神，可也是人"。这就是"祖先之神"。

当然随着历史的发展，人类开始出现等级分化，也随着祖先崇拜、宗教信仰演变出各种各样的神、圣、人合体的中国特有之神。天神、仙人、鬼狐等等，都因不同的政治目的、创作初衷、历史流变成了一种民间的膜拜之神，或被统治者利用加以宣传而成为一种威吓、教化、麻痹百姓的精神之神。这就是"宗教之神"。

【中国古代神话主要出自哪些经典的古籍?】

1. 上古神话的出处

(1)《山海经》：这是一部先秦古籍、百科全书，内容包括地理、民族、物产、药物、祭祀、巫医等。同时保存了共工与颛顼之战、夸父逐日、女娲补天、精卫填海、大禹治水等不少脍炙人口的远古神话传说。据说是战国到汉代的楚国或巴蜀人所作。

(2)《楚辞·天问》：屈原创作的长诗，收录于西汉刘向编辑的《楚辞》中。

(3)《三五历记》：三国吴国徐整所著。《盘古开天》就出自此书。

其他历史典籍中也保存有一些中国上古神话，例如我们熟知的《愚公移山》就出自《列子》，《三皇五帝》《女娲补天》在西汉《史记》《淮南子》中均有记载。

2. 神话志怪的出处

(1)《神异经》：相传汉代东方朔编写的神话志怪小说集。

(2)《博物志》：西晋张华编写的记载奇物奇事的神话志怪小说集。

(3)《搜神记》：东晋史学家干宝著录的记录民间传说中神奇怪异故事的小说集。

(4)《神仙传》：东晋葛洪著录的志怪小说集。

(5)《述异记》：南朝祖冲之著录的鬼异小说集。

(6)《幽明录》：南朝刘义庆及门客编写的志怪小说集。

(7)《太平广记》：宋代人编写的小说总集，收录了大量的神怪故事。

(8)《历代神仙通鉴》：明代徐道编撰的一本讲述神仙故事的书。

(9)《聊斋志异》：清代蒲松龄创作的短篇志怪小说集。

(10)《阅微草堂笔记》：清代纪晓岚创作的短篇志怪小说集。

中国古代出现了许多志怪小说，这些小说中也保留了许多脍炙人口的神话故事，例如董永与织女、神农鞭百草就出自《搜神记》。这些志怪小说中往往融入了儒家、道家思想以及因果报应、劝善惩恶的佛教思想。

3. 神魔小说的出处

（1）《西游记》：明代吴承恩创作的中国古代第一部浪漫主义章回体长篇神魔小说。

（2）《封神演义》：俗称《封神榜》。明代许仲琳所著，约成书于隆庆、万历年间。以姜子牙辅佐周武王讨伐商纣的历史为背景，描写了阐教、截教诸仙斗智斗勇、破阵斩将封神的故事。姜子牙、哪吒、杨戬就是其中的神话人物。

根据"神"的出处以及他们所处的时空或门派思想，又可以分为：上古诸神、道家诸神、佛教诸神、佛道融合之神、民间之神等。

上古诸神：盘古、女娲、伏羲、羲和、常羲、神农、祝融、共工、夸父、后羿、神农、嫘祖、刑天、后羿、仓颉。他们中有些是创世之神；有些则是人类的祖先被赋予神话色彩，介于神、人之间。

道家诸神：元始天尊、玉皇大帝、西王母、雷公电母、太白金星、八仙等。

佛教诸神：佛祖如来、观音菩萨、十八罗汉、活佛济公等。

佛道融合之神：《西游记》中的诸神仙、阎罗王（也叫"阎王爷"，来源于古印度神话中的阎魔王。在佛教中，阎魔王是冥界唯一的王。后来，道教吸收了阎魔王的说法，结合民间传说和历史人物创立了十殿阎王的概念。第五殿之王就是阎罗王，由北宋包拯担任）、四海龙王（"龙王"一词来自印度，佛教有八部天龙、十部龙王。而在我国古代，人们认为龙和降水有关，遇到旱涝灾害，百姓就认为是龙王发威惩罚众生。后来，道教套用龙王一词，在龙神崇拜、海神信仰的基础上创造出四海龙王。四海龙王的名字最早出现在元末明初杂剧《争玉板八仙过沧海》中）。

民间之神：土地神、灶王爷、门神、牛郎织女、白蛇、七仙女、劈山救母的沉香等。

二

神话，不仅只是故事。尤其是上古神话，它是人类童年时代飞腾的幻想，也是我们探寻人类思想源流的重要载体，因为它保留了我们祖先探索自然宇宙的生命体认与思想衍变。

【请同学们梳理一下盘古开天、女娲造人、女娲补天、后羿射日、夸父逐日、大禹治水、精卫填海、愚公移山这些我们曾经读过的神话，你们觉得这些人物或神话故事可以分为哪两类?】

生：盘古开天和女娲造人应该属于人类还没出现的时代的神话。

生：后羿射日、夸父逐日、大禹治水、精卫填海、愚公移山应该是人类在生存考验中流传下来的神话。

生：我觉得女娲补天应该也是这样的神话，因为那个时候，泥石流、地震之类的灾害应该经常发生，所以人才会创造了"补天"这个神话。

师：同学们说得很好，我们大致可以把这些神话人物分为两类，即创世之神与救世之神。当然女娲造人中的女娲是创世之神，在补天的故事中又是救世之神。接下来，我们就通过一个个神话故事，一起探求它们背后潜藏的我们祖先的思想以及对我们当下生活的启示。

师：屈原《楚辞·天问》中说，远古的开头，天地未分，混混沌沌。无底的黑暗生出光明，这是谁的缘故？穹窿的天盖，又是谁动手凿成？这样的工程，何等伟大，谁是天地第一个英雄？天地何时诞生？是谁创造万物？人从何处而来？远古的神话，飞腾着我们的祖先对世界怎样的认知？

【走进创世神话《盘古开天》。】

"天地浑沌如鸡子，盘古生其中。万八千岁，天地开辟，阳清为天，阴浊为地。盘古在其中，一日九变，神于天，圣于地。天日高一丈，地日厚一丈，盘古日长一丈，如此万八千岁。天数极高，地数极深，盘古极长，后乃有三皇。数起于一，立于三，成于五，盛于七，处于九，故天去地九万里。"最早编录盘古开天这个上古创世神话的是三国吴国徐整所著的《三五历记》。选入唐高祖李渊下令编修的类书《艺文类聚》，此书由欧阳询主编，是我国现存最早的百科式图书。

清代马骕《绎史》卷一引《五运历年纪》："首生盘古，垂死化身。气成风云，声为雷霆，左眼为日，右眼为月，四肢五体为四极五岳，血液为江河，筋脉为地理，肌肉为田土，发髭为星辰，皮毛为草木，齿骨为金石，精髓为珠玉，汗流为雨泽，身之诸虫，因风所感，化为黎甿。"

教材中所选用的袁珂先生《中国古代神话》之《盘古开天地》的故事正是这两个版本的融合创生。盘古是谁创造的？他的斧头是从哪里来的？为什么天地像一个鸡蛋？为什么盘古死后身体会变成各种事物？……

遥想几十万甚至上百万年前，我们的祖先用粗制的方法，敲击、捶打、刮削工具时，他们会想些什么？一把把石铲、石斧开天辟地，大地上升腾起的是人类文明的曙光。东海之滨河姆渡的先民们雕刻双鸟朝阳纹牙雕，正面中间阴刻五个大小不等的同心圆，外圆上端刻有熊熊的火焰纹，两侧各有一只引颈勾喙的鸷鸟，拥载太阳。他们为什么要创造这样的图案？

新石器时代黄河流域仰韶文化的创造者，在每天日落前，面对滔滔河水滚滚东流，他们会想些什么？6000多年前，辽河流域红山文化的创造者，在放牧、捕猎、打鱼等等劳作之后，面对苍穹又会作怎样的遐想？河姆渡的先民在低洼潮湿之地搭建起人类最早的干栏式房屋，开始圈养牲畜，种植水稻，他们会思考为什么会有世间万物吗？再往远望去，距今约300万年前开始，延续到距今1万年左右止的旧石器时代的先民敲击石块、点燃火把时，他们怎样想？他们蹲坐在河边，眼神深邃而迷茫，他们在思考什么？……

当我们将神话传说置于历史语境中观望、探寻、思考，就会发现这一个个神话人物背后，蕴含着人类生存之初多少的智慧与力量。他们是在真真切切的生死考验中，在火与水的锻铸中顶立于天地之间，慢慢成为万物之灵，繁衍生息，代代相传的！

当我们这样解读上古创世神话，就不会简单地用"想象神奇"来解释其中的故事情节，也不能简单地用"凡神皆有神器"来解释盘古的那把斧子。因为，神话是我们先民真实的认知。在他们的心灵世界里，这些都是真的，而且是千真万确的。这是他们探寻世界存在、生命意义，认知世界源头、自然万物的真实思维。我们不能简单地以现代思维审视和解读这些故事，以一句"假的"或"从哪里能看出这些假的故事的神奇之处"，完全否定我们的祖先认识世界的真实精神状态与思维方式，这自然是背离我们学习神话的目的的。

上古神话体现了先民认识的局限，但绝非是对已知的虚构。原始的巫、神、人、圣都是一体的。神话之"神"，正是先民近取诸身、远取诸物的创想。我们读《山海经》，就会发现许多先民或神的形象都是人与动物的合体。因此，阅读上古神话的意义，不在于"是什么的确认与了然"，而应唤生"为什么的遐想与认识"。

【古代创世之神的对比研读。】

1. 《盘古开天地》选自三国吴国徐整的《三五历记》。

2. 《淮南子·精神训》："古未有天地之时，唯象无形，窈窈冥冥，有二神混生，经天营地，于是乃别为阴阳，离为八极……烦气为虫，精气为人。"

3. 《山海经·海外北经》："钟山之神，名曰烛阴，视为昼，瞑为夜，吹为冬，呼为夏，不饮，不食，不息，息为风。身长千里。在无䏿之东。其为物，人面，蛇身，赤色，居钟山之下。"

4. 《太平御览》："俗说天地开辟，未有人民，女娲抟黄土作人，剧务，力不暇供，乃引绳于泥中，举以为人。"

意大利哲学家维柯认为："神话就是想象的类概念。"它是人类认识事物的特殊方式，是对世界诗性的解释，是人类祖先智慧的最初形式。那么我们不禁要追问，我们祖先的想象又是如何生发展开的呢？让我们跟随茅盾先生的《开辟神话》，到世界其他民族的创世神话中看看：澳洲南部 Boonoorong 部落的开辟神"有一个老婆"。印度某岛上的 Negritos 族的开辟神也"有一个老婆"。印度教奉为最高主宰的"梵天"在包含有世间一切生命的卵里寂然不动地度过了一年的孕育期，然后卵分裂成两半，生命由此开始，这与盘古开天如出一辙。

当我们重新解读这些创世神话，不难发现一个规律，那就是对生命起源的思考与探索。而这些创世神话中都有一个"女性"或"卵"（鸡蛋）。大家不妨想一想怀孕的女性，就不难发现神话创造的一个共有心理，那就是近取诸身、远取诸物。我们的祖先正是看到身边女性生育的过程，推导出人类诞生的过程。正所谓，神话即人化，然后将人神化，代代相传成了神话。

【走进救世神话。】

面对浩瀚的苍穹、无边的天地、神奇的自然，我们的祖先是怎样想的？他们如何面对生存的压力、死亡的考验、希望与绝望的交替？

女娲补天，夸父逐日，羿射九日，精卫填海，愚公移山，大禹治水……当把这些神话放在一起，你们发现了吗，我们的祖先又是如何共同面对天、地、日、月、山、海这些与人类生存息息相关的宇宙万物的考验？

我们赞叹山的峰峦雄伟，也惊叹它的怪石嶙峋；我们赞叹山的山清水秀，也惊恐它的悬崖峭壁；我们赞叹山的崇高伟岸，也恐惧它的山崩地裂；我们赞叹山的巍峨峭拔，也惊悚它的山塌地陷；我们赞叹海的风平浪静，也惊叹它的奔涌咆哮；我们赞叹海的波澜壮阔，也惊恐它的黑海怒涛；我们赞叹海的水天一色，也恐惧它的风呼海啸；我们赞叹海的一碧万顷，也惊悚它的浊浪滔天。

我们赞叹天的云淡风轻，也惊叹它的浩瀚无垠；我们赞叹天的风和日丽，也惊恐它的暴雨倾盆；我们赞叹天的四季轮回，也恐惧它的严寒酷暑；我们赞叹天的日月星辰，也惊悚它的飞沙走石；我们赞叹地的辽阔无际，也惊叹它的震怒塌陷；我们赞叹地的物产丰饶，也惊恐它的潜藏威胁；我们赞叹地的千姿万貌，也恐惧它的神秘莫测；我们感恩天地哺育万物的恩泽，也惊悚天地吞噬族人的无情残酷。

面对大自然的威力，面对生存的威胁，我们的祖先凭着怎样的生命意志与精神力量一代又一代地繁衍下来，从而创造了后世的文明？从这些救世神话中你读懂了什么？

生：我似乎有点读懂了，这些救世神话其实也和创世神话一样，都是源于对生命起源和生存的思考，不论是女娲还是夸父，还是大禹和后羿，应该都是我们祖先的化身。以前，我总有一种感觉，那就是大禹治水应该是历史故事，女娲补天是纯粹的神话故事，后羿射日也一样是不可能存在的。但是现在突然明白，神话人物其实是我们的祖先与大自然搏击过程中的精神化身。

生：我也有同样的感觉，一下子觉得神话并不是简单的故事，我们通过神话似乎可以追溯我们的祖先在远古时候的生活状态。比如《夸父逐日》，原本我总觉得这个夸父有点傻，还不明白为什么要创造这个神话。现在想想应该是我们的祖先对光明的一种渴望，一种向往。

生：女娲补天和后羿射日，这两个故事是不是可以理解为，我们的祖先在面对难以抗拒的大自然的威胁时的某种精神祈祷呢？

生：我对《愚公移山》这个神话有点不大理解，本来我觉得愚公应该是我们祖先渴望改变现状的一种精神象征，我在手机上看过一部印度电影的介绍，一个也同样生活在大山里的男人为了改变交通状况，活生生地移掉了一座大山。但我不大明白的是，为什么大山最后却是两位神仙帮忙移掉的呢？

师：好问题哦！我们不妨来看看愚公移山和精卫填海这两个神话，看看它们的相同之处与不同之处。

又北二百里，曰发鸠之山，其上多柘木，有鸟焉，其状如乌，文首，白喙，赤足，名曰"精卫"，其鸣自詨。是炎帝之少女，名曰女娃。女娃游于东海，溺而不返，故为精卫，常衔西山之木石，以堙于东海。

——《山海经·北山经》

太行、王屋二山，方七百里，高万仞，本在冀州之南，河阳之北。北山愚公者，年且九十，面山而居。惩山北之塞，出入之迂也，聚室而谋曰："吾与汝毕力平险，指通豫南，达于汉阴，可乎？"杂然相许。其妻献疑曰："以君之力，曾不能损魁父之丘，如太行、王屋何？且焉置土石？"杂曰："投诸渤海之尾，隐土之北。"遂率子孙荷担者三夫，叩石垦壤，箕畚运于渤海之尾。邻人京城氏之孀妻有遗男，始龀，跳往助之。寒暑易节，始一反焉。河曲智叟笑而止之曰："甚矣，汝之不惠！以残年余力，曾不能毁山之一毛，其如土石何？"北山愚公长息曰："汝心之固，固不可彻，曾不若孀妻弱子。虽我之死，有子存焉；子又生孙，孙又生子；子又有子，子又有孙；子子孙孙无穷匮也，而山不加增，何苦而不平？"河曲智叟亡以应。操蛇之神闻之，惧其不已也，告之于帝。帝感其诚，命夸娥氏二子负二山，一厝朔东，一厝雍南。自此，冀之南，汉之阴，无陇断焉。

——《列子》

生：我发现这两个神话不大像神话，更像一种现实的象征。炎帝之女女娃和愚公都是普通人，而且力量都非常渺小，女娃淹死了，愚公很老了。

生：我发现这两个神话结尾都比较具有神话的想象，女娃死了变成精卫鸟，愚公的行为惊动了操蛇之神。

生：我发现精卫鸟和愚公所面对的困难也是相似的，他们在大海和大山面前显得太渺小了，几乎是不可能战胜的，有点蚍蜉撼树的意思。

生：我发现他们的精神也是相似的，他们都是不达目的誓不罢休，有一种锲而不舍的坚持精神。

师：那请你们读一读这两个神话的结局，有什么不同呢？或者说读出了怎样的疑问？

生：我发现精卫鸟只是一个人在战斗，愚公不仅叫来自己的孩子，而且惊动天神，天帝派了夸娥氏的两个儿子把两座大山搬走了。

师：请你们再想一想这些救世神话，大禹治水、后羿射日、愚公移山、女娲补天，为什么有的神话人物成功了？为什么有的神话人物失败了，如夸父逐日、精卫填海？你窥探到这背后我们祖先面对自然万物的想法了吗？

面对天灾——地震、火山喷发、山洪等人力难以抗拒的自然伟力，我们的祖先只能祈祷神灵。这是精神的慰藉、心灵的抚慰、灵魂的安宁，这也是无奈、无助后唯一的希冀。神力的背后是人力的无能为力。再读这些神话故事，你看到遥远的远古时代，我们的祖先面对着怎样的生存环境？他们过的是一种怎样的生活？你看到灾难面前他们的恐慌了吗？你看到灾难过后他们的余悸了吗？你看到大灾大难面前他们匍匐于苍天下大地上虔诚祈祷的无助了吗？

那为什么有些神话故事却以成功结尾呢？这又体现了我们的祖先怎样的心理？当你读到"补""逐""射""填""移""治"这些动词时，你看到一幅幅怎样的画面？这是不屈，这是不服，这是不畏，这是不惧，这是生命的强力抗争，这是生命的顽强开拓，这是生命的自我救赎。面对天力神力，人力何其渺小？但从这些上古神话中我们又分明感受到人力的伟大与崇高。正是我们祖先的顽强生存，才使得华夏文明得以延续。成功与失败，人力与神力，抗争与祈祷，拯救与担当，追求与向往，这些就构成了神话的创作缘起与精神流传。愚公、精卫、夸父、后羿的精神与意志，一代又一代，沉淀成一种中华民族的品格！

三

【我们当下重读创世、救世上古神话的意义。】

叶舒宪先生在《神话意象》第五章《神话如何重述》中说："19世纪是西方理性宣布神话消亡的世纪，而20世纪则是神话全面复兴的世纪。""如何理解当代文化中的神话复活现象？我们长久以来习惯于把神话看作语言文学的一种形式，其实神话也是人类文化记忆的根本，其文化资源价值只是到了反思现代性弊端的后现代思潮的时代才逐渐为人们所认识、所珍惜。"19世纪，科技是第一言说力，于是遥远的原始先民成了愚昧无知的象征，神话只是人类童年的幻想。但到了20世纪，人类越来越发觉科技可以改变我们的生活，却无法改变我们的生命本质，科技的负面作用也越来越显露出来，于是，便渴望从远去的祖先神话中汲取解决问题的答案或预示。

正如王振复先生在《大易之美》第一章《巫：从人文深处苏醒》中所言："拂去历史的尘埃，这里是一个伟大的心灵宇宙。不只有愚昧和稚浅，有黎明前的黑暗，有撕肝裂胆的痛苦与忧患；也有生的喜悦，爱的挣扎，诗的韵味；有满天云霞，一泓微笑，有长河的奔涌，大地的磅礴，光辉的日出！有天籁、地籁与人籁的交和，有轰轰作响的来自远古的回声。"当我们重读这一个个创世、救世神话，不仅在追溯人类的文明足迹，更是在人类文明的源头寻求当下困境的某一种解释，并从中得到精神的接引，力量的延续，文明的重生。

通过对这些流传下来却屡经后世歪曲增删的远古神话的解读，我们不仅能了解其中反映或代表原始先祖的想象或观念的"语言"，还能约略推想远古巫术礼仪和图腾活动的面目，找到精神困境的由来，并从中得到某种启示，寻求未来的曙光。

神话蕴含了我们的祖先面对自然难题暂时无法克服与解答的恐惧，也蕴含了我们的祖先盲目相信自己能够解决一切自然难题的精神伟力。而这些人类的共同心理，并没有随着科学文明与人文思想的进步而得到根本的改变。当去除神话物我、主客之间的神秘感应时，我们就能从遥远的神话中探寻到人类独特的审美范式。古老的远古，是人类的童年。透过遗留下来的记忆、物象，我们可以看到在那片苍茫大地之上、莽荒苍穹之下，一派生动、活泼、纯朴、天真、健康的童年气象。这些富有意味的图腾符号、彩陶图案、崖壁岩画以及存留的神话意象、传说神像、传奇圣贤，都是我们的祖先沉淀下来的人类文明的印记，那是李泽厚先生所言的"内容沉淀为形式，想象、观念沉淀为感受"。这种远古的形式、感受，早已成为你我身上流淌着的生命记忆。

遥想远古，其实就是在遥想遥远的自己。猜测炎黄、女娲、伏羲、盘古，就是在端详自己心灵之穹顶。上古神话沉淀的集体密码，混沌时代无法阐释的神秘真实，不仅仅是贴附于语言文字的传说，也是你我生命的一种自我观照。远古的祖先与伟大的自然对抗、对峙并最终走向对话，这是中国文化精神的源头。现代文明笼罩下的我们不也无时无刻面临着生命的自我对抗、对峙与对话吗？远古并未远去，走向远古，是为了走向未来，走向自我——心灵深处的本我。

同时我们也借助神话感受万物之初，上古时代的宏大叙事与普世情怀，博大而朴茂的审美，沉静而潜跃的品格，给人以无限的遐思与瞭望，给人以无穷的启示与力量。虽然后世民间传说往往也包含朴素的愿望，但更多局限于一人一事，如董永与七仙女、牛郎与织女、白蛇与许仙，相较精卫与愚公有极大的不同。这正是民间传说与上古神话一点极大的区别，就是精神与审美的特质区别。

四

【神话之结构与解构：神话在当下语境中的价值与意义范例研读。】

今天我们以改编自《封神演义》中的经典神话故事《哪吒闹海》为例，一起探讨神话故事在当下的解构与重构以及带给我们的精神启示与现实意义。我们先来欣赏1979年上映的经典动画电影《哪吒闹海》。这是由上海美术电影制片厂制作，王树忱、严定宪、徐景达导演，王树忱编剧的动画电影，是我国第一部大型彩色宽银幕动画长片。

【从这部经典的动画片中，你读懂了神话故事背后蕴含着百姓怎样的诉求？】

生：我之前觉得龙王、龙王庙之类的东西代表了古代百姓迷信的思想，但是今天听了老师对神话的解读，我感觉到这应该是人类在大海、大江、大湖等变幻莫测的自然面前的一种渴望、祈祷。

生：我怎么突然想到《西门豹》，里面的巫婆和官绅勾结残害百姓。

生：我觉得这两者是不同的，一个是历史故事，真实的历史人物，意在告诫人们开凿水利工程，遵循科学知识；一个则是神话，反映了古代百姓的精神诉求。

生：我还读懂了人们在大自然面前的无奈，假如没有哪吒，龙王就会为非作歹，无恶不作，老百姓又没有一点办法，这正反映了古代人民在大自然面前的渺小、无助。

生：所以，神话人物哪吒的诞生，是不是也寄托了人们的一种精神慰藉？

生：我还读到了道家文化，就是哪吒的师傅——太乙真人，他道骨仙风，应该是中国古代道家思想的化身。

生：我觉得这个神话故事中包含了一种反抗精神，就是有点"官逼民反"的感觉，哪吒初生牛犊不怕虎，一身正气，看到不平之事就愤然抵抗，这一点也是他与父亲李靖最大的不同。我感觉李靖有点懦弱，或者说是因为法力不够，所以在龙王面前只能卑躬屈膝。相反，哪吒不仅武艺高强，而且敢于担当，视死如归，充满一种悲壮的感觉。我听到那段音乐，看到哪吒自刎，有点想流泪的感觉。

生：故事又是大圆满的结局，是非常符合中国古代文化的一种美好祝愿。坏人得到应有的惩罚，好人复活得道升仙，善有善报恶有恶报，这也体现了神话故事中包含的最基本的精神诉求。

【聊一聊这部经典动画电影融入了哪些中国文化元素。】

生：融入了许多中国戏剧元素，人物的造型、服装设计都借鉴了中国传统戏剧的艺术形式。

生：里面的音乐也是中国传统的民乐。

生：是不是有点剪纸的感觉，或者说是皮影戏的感觉？我有一次在电视里看到一部关于皮影戏的纪录片，感觉有点像。

生：看这个动画片有点奇怪的感觉，里面的动作有点像我爷爷看的京剧一样。

生：我感觉整部电影都像是中国画一样，里面的用色和造型应该都是中国画的形式。

生：我注意到，哪吒自杀后，四海龙王以为哪吒死了，大仇已报，从此再无后顾之忧，于是大摆筵席，里面的场景有许多中国杂技表演的元素。

生：我也注意到了这个场景，里面的歌舞表演是中国传统民族舞，有点敦煌飞天的感觉。

【由饺子执导兼编剧、于2019年7月上映的动画电影《哪吒之魔童降世》，班上同学都看过。与1979版《哪吒闹海》对比，该片在故事情节、人物形象、电影主题三个视角上有何不同？】

生：首先，我觉得在整体风格上，两部电影存在明显的不同。1979版《哪吒闹海》应该属于正剧，也就是比较传统的、正能量的英雄片。主人公英勇顽强、正义凛然，反面人物为非作歹、祸害百姓，最后坏人死了，好人得救。而《哪吒之魔童降世》有点搞笑片的意思。

师：或者说，叫新时代的商业动画片。

生：对，就是里面融入了许多观众喜欢的那种搞笑、幽默、时髦的东西。

师：能具体结合人物的形象和语言风格，谈谈《哪吒之魔童降世》吗？

生：我觉得太乙真人这个人物形象完全是对1979版的颠覆。原来那个仙风道骨的神仙，竟然变成一个骑着一头猪的胖子，还留着两撇、一根胡子，两根往上翘的眉毛，流着口水。一看就特别搞笑。

生：我觉得敖丙这个人物也是对1979版的颠覆。1979版的敖丙也是穿着白色盔甲，但是有一看就让人生厌的那种邪恶感。而2019版的敖丙简直就是高冷、酷帅、劲爆得让人羡慕嫉妒恨的大帅哥。

生：我觉得哪吒这个主要人物的形象也是一种颠覆。1979版的哪吒是传统的那种特别招人喜欢的小孩儿，机灵、可爱，虽然也有点调皮，但是充满了正能量。而2019版的哪吒从外观上看就是一个顽劣的魔童，乖张古怪，有仇必报，以捉弄别人为乐。

师：现在，请你们结合两部影片的情节，谈谈《哪吒之魔童降世》哪些情节是重新创编的？哪些情节又是对传统版本《哪吒闹海》的继承和保留？

生：首先，从整体人物上是继承和保留，太乙真人、哪吒、李靖、李夫人、敖丙、敖广等人物在1979版里都有的。其次，故事发生的地点也是保留的，李靖还是陈塘关总兵。

生：我觉得两个版本整个故事的走向是完全不同的。1979版的故事应该更接近原著，而2019版的应该是创编。故事一开始，2019版的电影就加入了许多新鲜的东西，什么混元珠、魔珠、灵珠，有点像神魔小说科幻版或者游戏版的感觉。之后，李夫人怀孕生"怪胎"虽然相同，但一个是哪吒降生之后，太乙真人前来道贺并收为徒弟；一个则是太乙真人直接参与了哪吒的"出生"。中间的故事主要情节也是完全不同的。1979版主要围绕哪吒打死敖丙这条线索展开，而2019版则是围绕哪吒如何捣乱这条线索展开的。故事的结局也不同，1979版是以龙王被死而复生的哪吒打死为结尾；而2019版则是以哪吒最终幡然醒悟，敖丙选择帮助朋友一同拯救陈塘关百姓为结局。

生：我有一点困惑，就是敖丙这个人物，我觉得有点突兀。他可是背负着整个龙族的命运，最后竟然选择放弃这样千载难逢的机会，选择站在死对头——哪吒这边。

师：顺着这个疑问，大家再来聊一聊这两部电影的创作思想或者说主题意义有什么不同。

生：我觉得1979版的主题是惩恶扬善，告诫人们要做一个正直善良的人，做一个对百姓有用的人，而不要做危害百姓的坏人，否则最终是会受到惩罚的。而2019版的电影，我一开始不大明白它的主题，因为第一次看这部电影，完全被里面搞笑的场景吸引了，现在想想主题也有这样的意思吧，哪吒最终选择宁死也要拯救陈塘关的百姓，包括敖丙最终放弃龙族选择拯救百姓，是不是也在宣扬正义最终战胜邪恶的主题思想？

生：我觉得还是有很大不同的。新版电影我印象很深的一句台词就是——"我命由我不由天"。我感觉有一种不屈服于命运安排的感觉，让我想起了贝多芬的"我要扼住命运的咽喉"。这是不是新版电影的主题思想？

生：我也有相同的感觉，包括敖丙，他也挣脱了命运的安排，选择听从内心的自我，最终站在了朋友与正义的一方。

师：大家谈得都很好。1979版《哪吒闹海》更多的是借助神话故事反映人的社会价值，即在社会集体坐标系中找到人的角色定位与责任、正义的担当。而《哪吒之魔童降世》则更多地借助神话的创编，强调个人意识的觉醒，人在自我生命意识中的定义与价值追求。哪吒从降生到叛逆再到觉醒、自我拯救，这是一个虽"生而为魔"却"逆天而行、勇斗到底"的成长的故事，也是一个人自我救赎、实现自我价值的精神象征。2019版的电影融入了当下很多审美元素，诸如大家谈到的流行网络语言、幽默搞笑的形象和桥段等。当然还蕴含了当下许多思想碰撞，例如电影中特意给了哪吒三次流泪的镜头，这三次镜头语言其实也在反映创作者的创作理念。第一次，敖丙陪他踢毽子，哪吒感动得流泪；第二次，得知自己真正的身世，看到父亲为了救他竟然愿意以命换命，哪吒用混天绫把父母绑住，然后慨然赴死；第三次，电影最后，看到陈塘关百姓跪下向自己道谢。哪吒的三次流泪也折射和反映了导演、编剧身兼二职的饺子先生的创作主题：童年的情感缺失与治愈、对父母养育之恩的回报与感念以及"我命由我不由天"的生命重生。当然，一部经典的神话电影所折射出的人文思想应该是多元的，老师相信随着生命成长、生活阅历的丰富，你们对这些主题思想一定会有更丰富、更真切的理解与感悟。

【立与破：神话解读背后的文学思想。】

《说文解字》："立，住也，从大立一之上。大，人也。一，地也。"立，意味着意义的建立，思想的确立，精神的树立。任何一个文学文本从诞生到完型，再到最终意义的稳定与集体认同，甚至成为一种沿袭的集体无意识，都需要时间的沉淀与大浪淘沙的确认。

《说文解字》："破，石碎也。"破，意味着冲破意义的限制，打破习惯的束缚，突破已有的模式。它是对完型结构的破坏，是从完整走向不完整的过程。一旦从不完整又沉积为稳定的完整模式，它又走向了自己的对立面——"立"。

《哪吒闹海》最早出于《三教搜神大全》一书。《封神演义》第十二回至第十四回写哪吒大闹东海、莲花化身。《西游记》第八十三回写哪吒大闹水晶宫，捉蛟龙，抽龙筋，托塔天王李靖怒而欲杀之，哪吒割肉还母，剔骨还父，精魂到达西天告佛祖。佛祖以莲藕为骨，以荷叶为衣，念动真言使之起死回生。今天我们熟知的《哪吒闹海》应该就是这三个版本的融合，而三个版本的神话故事有一脉相承的精髓、内容，也有不断完善、改编的情节、细节。

由"立"和"破"想到西方的哲学、语言学、文学批评流派，其中"立"有点像结构主义，追求完型、结构化、同时性；而"破"则有点像解构主义，追求打破固有完整结构与原有定义，寻求新的诠释与可能。结构，意味着稳定、结实、固态、定式；解构，意味着打破、批判、重构、开放。

但中国哲学讲究的是你中有我、我中有你、辩证统一、并行不二，这恰恰是区别于结构主义与解构主义的地方。也就是说"立"就是"破"，"破"就是"立"，不立不破，不破不立，破立不二。从这个意义上讲，《哪吒之魔童降世》可以说是对经典神话故事的解构与重构，同时又是另一种意义上的向经典的致敬与回归。其实，我们每一次重读神话故事，都是一次阅读理解的"立"与"破"的追寻，也是一次自我的身份确立与重构的过程，这也正是我们不断学习、不断前进、不断探索、不断超越的真正朝向。

【参考书目】

1. 周平远著《维纳斯艺术史》，上海三联书店。
2. 袁珂著《中国古代神话》，华夏出版社。
3. 袁珂著《中国神话传说词典》，北京联合出版公司。
4. 叶舒宪著《神话意象》，北京大学出版社。
5. 王振复著《大易之美》，北京大学出版社。
6. 李泽厚著《给孩子的美的历程》，中信出版社。
7. 余秋雨著《寻觅中华》，作家出版社。

包容世界，就是接纳自己

　　《巨人的花园》是英国作家王尔德的童话名篇，入选统编小学语文教材四年级下册"童话"单元。故事讲的是一个巨人看到孩子们在自己的花园里玩耍，很生气，他在花园周围筑起了高墙，将孩子们拒之门外。从此，花园里花不开，鸟不语，一片荒凉，春、夏、秋都不肯光临，只有冬天永远留在这里。一天，孩子们从墙洞爬进来，春天也跟着孩子们来了，花园里立刻变得生机勃勃。当巨人把孩子们再次赶出花园之后，花园又被冰雪覆盖了。后来，在小男孩的启示下，巨人醒悟了，随即拆除了围墙，花园成了孩子们的乐园，巨人生活在漂亮的花园和孩子们中间，感到无比幸福。

　　对于四年级的学生而言，这样一篇情节充满神奇色彩，结局又温暖人心的故事，自然是极具吸引力的。文质兼美的文本，既能激发学生阅读童话的热情，又能很好地培养学生梳理情节、讲述故事的语文素养。学生在潜心会文中得到了人文精神的熏陶，懂得了"只有通过分享才能得到真正的快乐""有孩子的地方便是春天"等道理。

　　但是，单就这篇经典童话本身，这样理解显然是没有真正接近作者的言说意图的。因此，在学生升入六年级时，我结合电影《行走的距离》，开启了"二度解读文本"的学习之旅。

一

【课前，我缓缓地讲述《巨人的花园》，带领学生重温这个童话故事。然后，发放课文复印资料，请学生撰写一篇200字左右的故事解读。】

生：《巨人的花园》是英国作家王尔德所写的一篇童话。有孩子的地方才有春天，这是多么美妙的遐想！故事中的巨人虽冷酷无情而遭受到天谴，却因为孩子们的闯入意外地得到了幸福。都说"分享就是快乐"，在故事的最后，悔改了的巨人终得回报。这样一个美好的童话，似梦一般，却能唤醒人们的心灵。

生："没有孩子的地方就没有春天。"王尔德说的没有错。孩子们的天真、浪漫、欢乐、活泼使花园变得春意盎然，而巨人内心的冷酷、霸道则使花园变得千里冰封，白雪皑皑。故事的最后，孩子亲巨人的脸庞的时候，就是孩子在传递一种天真无邪的情感。每个人都多一分热度，少一分冷度，世界将会变成春天。

生：《巨人的花园》是英国作家王尔德所作的童话。故事一开始，就运用了大量的四字词语，写出了孩子们在花园里玩耍时花园的美丽。故事从巨人旅行回来开始发生了极大的转变。花园随着孩子们被赶走，失去了原本的美丽，巨人还不知花园是因为孩子们被赶走才变得不漂亮，他认为是冬天的雪花和大风使花园失去了原本的美丽。到了春天，天依旧是那么寒冷，直到那天孩子们来玩耍时才又有了春天的样子，巨人还不知情，又一次无情地赶走了孩子们，一时间花园又变了样，变成了冬天。直到巨人发现桃树下还站着一个小男孩，而小男孩一挥手桃树就又开出了花，巨人才恍然大悟，没有孩子就没有美丽的花园。这就是爱的奉献，就是所谓"赠人玫瑰，手有余香"。这个故事告诉我们冷酷的心是无用的，只有能够温暖别人的心，才能让这个世界更加温暖。

【请学生再次回顾这个故事，真实地说出自己的疑问。】

生：小男孩没有拔腿逃跑，却用他那双会说话的眼睛凝视着巨人。为什么别的孩子听到巨人的叱责都逃跑了，这个男孩却不跑呢？

生：为什么男孩一伸手桃花就开了呢？这又不是神话！

生：当村子春暖花开时，巨人为什么不走出围墙？

生：为什么男孩看着巨人，巨人就火辣辣又恍然大悟了呢？

生：小男孩在巨人的脸颊上亲了一口，为什么说让巨人第一次感到了温暖和愉快？巨人以前从未体验过温暖和愉快吗？

……

暂时搁置学生的疑问，我有意引导学生深度思考巨人性格形成的原因：巨人冷酷地对待别人是结果，我们为什么没有站在巨人的角度去思考他这种性格形成的原因呢？巨人难道天生就那么冷酷无情吗？他的成长道路上可能遇到过哪些挫折和麻烦呢？

犹如阳光照进学生的心房，他们的话匣子一下打开了。

我们设想一下，假如一个比姚明还高还壮硕的巨人突然走进你居住的村子，你会怎么对待他？好奇？一群孩子天天围着巨人，巨人会怎样？如果你是巨人会不会觉得这群孩子特别烦人？如果你是家长又会怎样教育自己的孩子？你会放心让自己的孩子接近这个陌生的巨人吗？

一个异于常人的"巨人"慢慢地在所谓"常人"眼中就成了什么？学生近乎脱口而出——"怪人""坏人""变态"！慢慢地，巨人只能用高高的围墙将自己包裹在厚厚的壁障内，他既是躲避麻烦，也是在自我保护。

此时，学生正一步步地接近"巨人"这个故事意象，也正一步步接近原著的言说意义。我真诚地与学生分享道："我们总习惯性地站在教育巨人的视角解读这个故事，却忘记了真正需要教育的人是我们自己！"

接着，我补充了原著的开头，"巨人外出旅行已有好久了，其实巨人是从他的朋友食人魔家回来"。这再次印证了我们刚才的解读，正因为"常人"拒绝、排斥、歧视"巨人"，才让"巨人"只能选择以食人魔为伴、为友。然后，我回应学生之前提出的疑问，是什么融化了巨人那颗坚硬冰冷的心呢？为什么别的孩子听到巨人的叱责都逃跑了，这个男孩却不跑呢？他那凝视的眼睛在告诉巨人什么呢？

在学生畅言之后，我又缓慢而深情地讲述了故事的后续：后来巨人一直没看见那个小男孩……

学生愕然，教室里安静极了，他们都在等待我讲述故事的最终结局。

后来，巨人一直在村子里寻找桃树下那个凝神注视他的男孩，他问过村子里所有孩子是否见过这样一个男孩，但所有人都说没见过。后来，当年这些在巨人花园里玩耍的孩子们都长大了，他们的孩子又像当年他们的父母亲一样在巨人的花园里尽情玩耍，可巨人一直都没见过那个男孩。巨人老了，他老得走不动了，老得几乎弯不下腰，老得不想说话，老得知道自己快要离开这个世界了……

一天清晨，雾气迷蒙，巨人起床推开窗户，忽然，在那棵桃树下站着当年那个男孩。巨人几乎是用尽所有的力气才艰难地挪到桃树下，他低头带着近乎孩子般的委屈与希冀询问道："这些年你都到哪儿去了，我找得你好久好久啊！"

男孩闪烁着眼睛，说："当年你让我到你的花园里玩，今天，我带你到我的花园里玩！"

教室里没有一丝杂音，学生表情肃然，我泪花闪烁。

最后，我请学生在刚才解读故事的文字后面，补充一段新的解读。

生：读了这个故事，我才知道王尔德真正想告诉我们的是，当一个人长时间被孤立，他就会对这个世界产生排斥的心理。巨人砌起围墙，只是为了建立自己与世界的屏障，他不走出围墙亦是如此。读了结尾，我才知道，小男孩就是天使。巨人的残酷和任性其实是外表，善良才是他的天性。

生：王尔德想告诉我们，不管怎样，我们都应该平等待人，善待他人。如果一个人天生长得怪异，心理上就会受到很大的打击，要是我们再加以排斥、孤立，则那个人的心灵就会扭曲。巨人并不是生下来就冷酷无情的。小男孩用自己的行动感化了巨人,让巨人感受到了人间的温暖,使巨人敞开心扉去容纳这些孩子。爱才是这个故事的核心意义。

生:《巨人的花园》告诉我们,巨人不是一开始就冷酷任性的,他只不过是在无数次被孤立,无数次被异样的眼神关注后,才渐渐把自己关起来,不走出自己的花园的。巨人以前可能是感受过温暖的,在不断地被冷落、孤立后,才成了人们眼中的怪物,再也没有感受过温暖。《巨人的花园》告诉我们,爱是无处不在的,在你的身边,总会有一个像小男孩那样的天使,默默地守护你,感化你,爱着你。巨人那天被小男孩感化,他就喜欢上了这个小男孩。小男孩也在用自己的实际行动,也就是在巨人的脸上亲了一口,感化了巨人,让他感受到了人间的美好,也帮他拆除了心墙。这个童话的核心意义不是别的,正是爱。从缺少爱到被拯救,再到被救赎,然后是回报和分享爱,最后所有爱和被爱的人都有了幸福的归宿。

二

《行走的距离》是亚历山卓·古兹曼·阿尔瓦雷斯导演、卢卡·奥尔特加主演的一部墨西哥电影。

影片的主人公费德是一个肥胖症患者,几百斤的体重带来的不仅仅是异于常人的躯体,还有肥胖引发的心脏病、哮喘、行动不便等困扰。而最让他感到压抑与绝望的,则是来自周围人包括自己的妹妹对他异样嫌弃的眼光。恶意的歧视就像是捆绑在费德身上的另一副沉重的镣铐,让他几年来不敢走出自己十几平米的房间。有一天,妹妹、妹夫来看望他。他们带来旅行的照片,这激起了费德极大的兴趣。他艰难地找到一家照相馆冲洗已经坏了好多年的相机里的胶卷,于是,照相馆店员保罗走进了他的生活……后来保罗半送半卖给他一台相机,于是,拍摄自己的房间以及日常的生活成了他最大的乐趣。一次,费德的相机又坏了,善良的保罗到费德家里帮他修好了相机。费德渐渐地不满足于拍摄房间里熟悉的一切,他想去拍摄大海,可是路途遥远，肥胖的身躯、羸弱的心脏，还有不断加剧的哮喘，使这次旅行极可能成为不归之旅。妹妹罗绍拉极力阻拦他前去。为了满足费德的愿望，保罗和费德的妹夫雷蒙找来一辆皮卡，又用沙发在车斗上做了一把座椅，然后费力地搀扶费德坐上车……

【影片主人公费德给你留下了怎样的印象？】

生：我觉得费德是一个敏感而善良的人。因为身体的原因，他行动不便，所以没人和他交往，就比较封闭内向，但我觉得他内心其实是非常柔软的。

生：我也这样认为，正是因为这样，他的妹夫还有保罗才最终成为他的朋友。

师：那你觉得雷蒙和保罗是因为同情费德才走进他的生活吗？

生：可能有一点吧，但我觉得不是真正的原因。费德虽然行动不便，但是他的善良打动了雷蒙与保罗。同时，他们也有共同的爱好，那就是看漫画书。这些天真甚至有点幼稚的行为，我觉得恰恰是一个人内心柔软的体现。正因为这样，他们三人才走到了一起。

生：我觉得费德是一个特别不愿意麻烦别人的人。他靠着自己的心灵手巧，帮助工厂代加工首饰赚取生活费。但因为实在太胖了，所以不得不依靠妹妹和妹夫来照顾自己。因此，费德其实是有点怕自己的妹妹的。

生：费德给我印象最深的是，他的体型如此庞大，双手竟然这么灵巧。

生：费德虽然从身体上讲不大正常，但他也有正常人的爱好和梦想。

【为什么费德会爱上相机？导演这样的"特意处理"又有怎样的深意？】

生：爱上拍照源于妹妹和妹夫跟他聊起的旅行的经历，他俩旅游回来看望他时带了一些照片，正是这些照片激起了费德对外面世界的渴望。

生：我也是这么认为，首先费德因为身体的原因不能下楼，所以他生活的空间只有房间那么大，但正因为如此他才更加渴望了解外面的世界，他渴望到外面的世界去走一走看一看，可是现实不允许，只有通过拍照片来弥补自己的遗憾。

生：费德不是也有过一个相机吗？他从床底下拿出那些老胶卷，透过窗外的阳光看着这些小小的光影，这让他想起小时候的快乐时光。

生：我觉得导演之所以这样设定情节，一方面是因为费德只能通过手中的相机拉近与外面世界的距离，同时也是在告诉观众任何人都有自己的梦想。

生：一开始，费德是觉得拍照片好玩，但拍着拍着他就真的爱上了摄影，他不再满足于拍摄自己的房间以及从狭小的窗户所拍到的外面有限的世界，所以他才想冒着生命的危险去拍摄大海。我觉得到后来，就不是简单的喜欢了，而是一种生命的热爱或者是梦想的追求。

【聊一聊费德妹妹罗绍拉这个人物。】

生：刚开始我觉得罗绍拉这个人物是特别霸道的，我并不喜欢这样的人，因为她一方面嫌弃自己的哥哥，一方面对自己的丈夫有极强的控制欲。她的丈夫就像是我们听到的"妻管严"，在她面前显得特别懦弱。但是随着故事的发展，尤其是她为了阻止费德去海边，执意拦在门口，后来竟然无助地蹲在楼梯口哭泣着央求和嗔怪费德。我觉得罗绍拉其实是一个刀子嘴豆腐心的女人，她也特别善良。

生：我觉得这个人物是一个特别鲜活的人物，既有对哥哥的牵挂、关爱，又有对哥哥的嫌弃。这再正常不过了，因为自己的生活也一般，还要照顾哥哥，所以影片一开始她对哥哥只是出于亲人的照顾，不得不定期来看望一下而已，坐不了几分钟就会催着丈夫离开哥哥的住处。

生：我觉得妹妹罗绍拉还是很爱自己的哥哥的。我想起电影中，费德执意要去看大海，想去拍摄大海，妹妹是一千个不愿意的。她拦住哥哥，说：你不能去！不准去！我看到这个场景，还蛮感动的。

生：我想补充这个镜头，妹妹让开身子，呆立在门口，雷蒙和保罗一起将沙发搬下楼。妹妹追到楼梯口。妹妹带着哭腔，近乎请求，最后蹲跪在地上："雷蒙，我会一字不差告诉医生的，听到了吗？出了什么事儿，都是你们的责任。费德，随便让谁照顾你吧，等你回来！反正我不管了。"妹妹是真的担心哥哥会发生什么不测，才哭得这么伤心。她平常再怎么嫌弃哥哥，但心底里其实是非常爱他的。

【聊一聊影片中令你难忘的场景。】

师：刚才两位同学都聊到了罗绍拉阻止费德去拍摄大海的镜头，你们还记得吗，费德当时是怎么回答妹妹的？

生：费德回答说："我就是想拍点照片，好看的照片。这是我的相机，我的人生，我的梦。让我去，快来不及了。"费德也深知自己身体的健康情况，所以才如此迫不及待地去拍摄大海。

师：影片这个场景的确非常动人，请你们再回想整部电影，还有哪些镜头是令你难忘的？

生：让我印象很深的一个镜头是，费德趴在地上找相机，他非常吃力地趴下来，然后费尽体力爬起来，但是当擦拭干净这个有些年头的相机，然后慢慢抽出里面的胶卷时，他非常开心地笑了。这个笑容打动了我，这是费德在电影中第一次出现一种满足的欣喜。他好像重新看到了生活的阳光，重燃了生活的希望。

生：让我印象很深的一个镜头是，费德费力地下楼去找照相馆冲洗胶卷。我想这应该是他这么多年第一次下楼吧，看着他气喘吁吁地下楼，颤颤巍巍地向前走，我真担心他会突然摔倒起不来了。

生：我想聊的一个镜头是，妹妹和妹夫帮费德擦拭身子，费德坐在一条凳子上，背对观众，他真的像一座山啊！

生：我想聊的一个镜头是，保罗帮费德修相机。那天费德的相机又坏了，他打电话给保罗，善良的保罗其实已经听出是费德，故意开玩笑让他自己把相机送过来维修，这可把费德吓坏了，上次去修旧相机把他累得够呛，这次又要走下楼，得要费多少力气和时间啊！保罗随后爽朗地笑了，并在当天下午来费德家帮他修好了相机。因为下雨了，保罗就暂留在费德的房间，无聊地你一句我一句地闲聊，然后边吃零食边无聊地看电视。我看到这里觉得蛮尴尬的，费德沉闷的性子，加上保罗第一次来费德家，整个气氛又搞笑又尴尬。

生：我印象最深的镜头是，费德在保罗和妹夫的帮助下坐上搞笑的用沙发改装的车斗上，风吹着费德的头发，他惬意而满足地笑着，这是他这么多年以来第一次出远门，或许也是他最后一次出门，但不论怎样费德都特别特别地开心。与之形成鲜明对比的是，坐在车头的保罗与妹夫一脸严肃的表情，他们一方面担心费德的身体是否能承受旅途的颠簸，一方面可能在想是不是真的应该答应费德开启这次冒险之旅。而让我印象尤为深刻的是，一路上背景音乐都在持续地播放，这首曲子和这个镜头特别地搭。

【聊一聊影片的主题曲给你留下的印象。】

师：还记得吗，当妹妹百般不舍地阻止费德下楼，费德依然执着地想要去拍摄大海，电影的主题曲就慢慢随着吉他的弹奏响起，曲子一直跟随着那辆皮卡到了大海边。咱们再重温一下这首主题曲吧！

（再次播放电影的主题曲，歌声响起，费德安静地微笑着坐在皮卡车斗的沙发上："过去的生活充满遗憾，尽管我的灵魂备受折磨，我仍希望前路义无反顾，在暴风雨中寻找安宁，在暴风雨中寻找安宁。回首走过的时光，满是尘埃和痛苦，展望闪耀的未来，风催着我前行，风催着我前行，不远的将来，触到梦中那方净土，恍若隔世，满地芬芳，打破黎明。那些年，我记得，只能做一件事，便是活着……"）

生：我觉得这首曲子的风格有点忧伤，整个曲调虽然非常好听，但听起来就像是费德的心声，他的生活如此单调，这趟旅行对平常人而言是再普通不过了，但对费德而言既惊险又惊喜，所以配上这样的曲风，特别特别好。

生：我觉得这样的曲调有点像巴西、阿根廷的南美音乐。

师：你的音乐感觉很棒，一定听过许多异国风情的曲子。墨西哥位于北美洲南部，拉丁美洲西北端。这首曲子的风格的确带有鲜明的拉丁美洲的音乐风格，悠扬的曲风带有淡淡的忧郁，就像山间的风伴着淅沥的雨，既给人惬意的平和，又撩拨着沁凉的忧伤。

生：我觉得唱主题曲的男歌手的嗓音也很有特色，略带沙哑的中低音，恰如其分地表达出曲子的风格。

生：我想谈谈歌词可以吗？这首歌的歌词就是为费德的生活量身定制的。

他在没有爱上摄影之前，生活是充满遗憾的，但是尽管他的身体与心灵都遭受折磨，那又能怎样，就连自己的妹妹都略带嫌弃，更何况他人。所以歌词里唱道：回首走过的时光，满是尘埃和痛苦……那些年，我记得，只能做一件事，便是活着……但爱上摄影，尤其是在保罗和妹夫的帮助下，他开启这一趟海边之行，就是向梦中的净土出发，这是一次圆梦之旅，也是向过去只是为了活着而活着的告别之旅。

【聊一聊电影的结尾给你留下的思考。】

车缓缓地停在靠近海岸的一座悬崖边，雷蒙、保罗搀扶着费德走向岸边。整个屏幕充盈着三个人的背影，两小一大。

保罗：现在干什么？

费德：等！

保罗：等什么？

费德：日出啊！

雷蒙（转头笑着问费德）：日出？

费德：对啊！

电影就在逐渐拉远的大海的镜头中结束……

生：费德或许觉得这次旅行有可能是自己的最后一次长途旅行，他的身体不可能再次承受这样的折腾，所以他才任性地想要在海边看日出，拍摄日出。

生：我觉得不一定，这是导演特意留下的悬念，就像是《穷人》结尾的艺术留白，它留给观众无限的遐想。

生："日出"是不是一种象征？它象征着崭新的开始，就像主题曲所唱的，费德之前只是为了活着而活着，但这趟旅行让费德重新找到了生活的意义，这就像是海上日出，这是生命的全新开始。

生：我觉得电影最后他们之间的对话很幽默，虽然简短，但是特别温馨，又有点搞笑。

生：我也想谈谈电影最后他们的对话，尤其是费德回答保罗的"等"字，特别有象征的意味。我们每一个人都在等，等待长大，等待收获，等待成功，等待意味着希望，当然也可能是失望。总之，"等"字特别有陈老师在赏析小说时所说的"艺术张力"。

师：是啊，我们每一个人都在等待，等待意味着忍耐、坚持甚至煎熬，但等待同样赋予我们美好的希望与憧憬。请你们试着用两三百字描写电影最后他们三人等待海上日出的画面。

生：太阳渐渐地出来了，温暖的阳光照在了海面上，使海面变得波光粼粼，使冰冷的海水变得温暖了起来。阳光也照到了他们三人的脸上，三人睁开了蒙眬的睡眼，保罗指着那又大又圆的太阳对着费德喊道："看啊，费德，是日出！"费德看着眼前这美丽的景色，赶忙拿起相机，拍了一张照片。渐渐地，太阳露出了半边脸，天空是金黄的，云朵是金黄的，沙子是金黄的，海面也是金黄的，整个世界都被染成了金黄色。过了一会儿，太阳的全部面貌终于展现了出来，太阳悬在了天空中，亮亮的，像一个大火球。海浪拍打着海面，"啪——啪——"的声音像一首音乐。费德听着这音乐，"咔嚓"一声，又拍了一张照片，多好啊！

生：费德、雷蒙和保罗并排站在海边，等待着日出。夜，很静，只剩下海浪声和风声。风和海水舞动着，海水是湛蓝的，蓝得澄澈。就这样，静寂持续了很长时间。突然，波涛有些大起来了，一层接着一层，一层盖在一层上面，雪白的浪尖拍打着岸边的礁石。突然，一缕阳光从水天相接的缝隙中出来了，紧接着，是第二缕，第三缕。黎明的曙光照到了三人身上，费德的眼睛亮亮的，这是保罗和雷蒙从未见过的光彩。太阳露出来了，给费德肥胖的身躯镀上了一层金边，也把他的心照亮了。费德缓缓抬起相机。这时，一个浪头掀得高高的，好像要碰到天，这一刻，被永远定格在了相机中。

生：保罗对费德说："好啊，一起等吧。"费德坐在沙发上面，拿着相机，笑得很开心。渐渐地，费德的脸上有了一道道金光，他整个人仿佛都亮了起来。望着波光粼粼的海面和冉冉升起的朝阳，费德的手颤抖着，他尝试站起来，没有成功。保罗和雷蒙赶忙去扶。费德笑着说："我自己来！"保罗和雷蒙相视许久，还是放下了手。费德拿着相机挪着身子，慢慢地，慢慢地，他站了起来。保罗和雷蒙没有出手，只是让费德一步一个脚印地向前走着。在金色的日光下，费德的脚印镀着金黄，他笑得很满足，说道："多近啊！多好啊！"

三

【《行走的距离》与《巨人的花园》有什么相同之处？你又有怎样的思考？】

生：不论是费德还是巨人，都是因为体型异于常人，才遭受常人的歧视。

生：我觉得电影《行走的距离》这个片名很有哲理，刚开始费德的行走距离只有房间那么大，后来他因为要冲洗胶卷勇敢而艰难地走下楼，再后来在朋友的帮助下来到了海边，他是在一步步扩大自己行走的距离。

生：我觉得费德和巨人都是以"封闭自我"来逃避现实。

生：我觉得费德比巨人要幸运一些，因为他遇到了好心的保罗，妹夫雷蒙对他也很友善。

生：如果说是天使拯救了巨人，那么是朋友拯救了费德。

生：我补充一点，我觉得虽然是天使点化了巨人，但有一个很重要的前提就是，巨人自己必须要意识到自己的问题，才可能幡然醒悟，假如他注视着小男孩的眼睛脸不红心不跳，那么就不可能迎来人生的改变。同样，假如费德自己心中没有燃起渴望走出去看看外面世界的初心与梦想，那么他就不可能遇到保罗，更不要说去看大海拍摄日出了。

师：现在，让我们回过头来探讨电影《行走的距离》的结局，为什么导演留给我们的是夜幕，而不是日出呢？你们想一想，在现实世界里，像费德、巨人这样异于常人的人，他们真实的生存环境会是怎样的？

生：我觉得可能是一种象征吧，导演让我们看到了美好的友情，美好的结局，但他知道虽然费德实现了自己的梦，但更多像费德这样的肥胖症患者是很难走出自己封闭阴暗的生活的。

生：我觉得可能是留给我们一种思考吧，费德都能实现自己的梦，那么我们这些正常人为什么不能穿破黑夜，迎来日出呢！

生：费德与巨人都是我们常人所说的"巨人"，他们长得特别高大，看起来怪怪的，因此，他们都非常孤独，没有朋友，要么就是像巨人那样只能选择与魔鬼作朋友。

生：我觉得王尔德描写的巨人花园的城墙是一种象征。费德和巨人一样，一开始都选择封闭自己，与所谓的正常人隔离开来。

生：我觉得这两个人物都很善良，有柔软的爱心。你看，费德的手很巧，靠给工厂加工女士的首饰养活自己。他不仅有一双灵巧的手，也有一颗柔软的心。我们从他对拍照的感觉与渴望知道，他其实对生活充满了美好的希望。

生：这两个故事的结局都是美好的，巨人拆掉了围墙，走出了寒冷的冬天；费德在朋友的帮助下，用摄影开启了崭新的生活之门。

生：我有不大一样的观点。虽然有那么多孩子在巨人的花园里玩耍，但是到了晚上呢？巨人最终也没有结婚，更不要说有自己的孩子了。费德，我觉得找到女朋友的概率也很低。我有一种感觉，他们虽然得到了朋友，但内心依然是孤独的，因为他们可能始终不被外界理解。

师：的确，像巨人、费德这样异于常人的人，常常会被我们这些所谓的正常人误解，外表的"变形"往往被人误解为心理的"变态"。我们不得不反思，在我们习以为常、积习已久的观念中，是否存在固有的"正常与变态"的区别心，而一旦这种警惕、区别心过度敏感，就往往忽视了最基本的信任以及对别人应有的人格尊重。

由王尔德《巨人的花园》所引发的关于弱势群体与非常态个体现实生活的思考，我还想到了几部电影：中国导演佟晟嘉根据侏儒症患者叶云的经历拍摄三年而成的纪录片式的电影《大三儿》；彼得·维纳导演，詹姆斯·沃尔克主演，改编自布莱德·科恩与丽莎·维索基合著的同名书籍，关注妥瑞氏症患者的电影《叫我第一名》。大家有兴趣可以搜索相关的影评来欣赏。我用这样一小段话对上面几个故事做一个小结:"将心比心,爱人者人恒爱之。打破壁垒和隔阂,发现人性最柔软的善与美,你就会发觉人皆生而平等的高贵与高尚。因为,包容世界,就是接纳自己!"

四

我们有时候对别人的缺陷反而更容易接受,因为理性告诉我们应该接纳世界所有的缺陷,但是对自己的缺陷或者家人的缺陷反而更难接受。我们用了两节课的时间分享了一篇童话原著、一部电影,然后我们开启了一周的《奇迹男孩》的阅读旅程。

作者帕拉西奥说《奇迹男孩》的写作灵感来自一个小女孩。一次,帕拉西奥和孩子们外出,停下来买冰激凌时发现排在前面的小女孩脸部严重伤残,她三岁的儿子看到小女孩的脸之后立刻哭了起来。为了避免孩子们哭叫伤害到小女孩及其家人,帕拉西奥立即匆忙带着孩子们离开,离开时她听到小女孩的母亲冷静、友好地说:"好了,孩子们,我们该走了哦。"事后,她很自责,也开始思考:这个小女孩及其家人每天要经历多少次这样的事故?就在那天晚上,她听到了收音机中播放的娜塔莉·莫森特的歌曲《奇迹》,随即动笔,写下了这部动人的处女作。《奇迹男孩》的第 127 页直接描述了这个真实的场景,只不过帕拉西奥把三岁的儿子换成了后来成为奥古斯特同学的五岁男孩杰克。

【《奇迹男孩》讲了一个怎样的故事?书中哪些章节带给你内心极大的触动或者冲击?】

奥吉是一个普通却又不普通的男孩。因为有着一张不普通的脸,十岁之前他从未上过学。但是,十岁这一年,父母为奥吉精心挑选了一所学校——毕彻中学。自此,奥吉开始了异常艰辛的校园生活。他如何与校长图什曼先生、各个科目的老师以及性格迥异的同学们相处?上学之后的他与家人之间的关系又有什么新的挑战?在人群以及各种各样意想不到的冲突中,他该如

何自处？

生：一开始关于是否送奥吉去上学，爸爸妈妈的意见不同。爸爸说，就这样将奥吉送去中学，他就像待宰的羔羊；妈妈的意见则是不能这样一直保护着他，得送他去正常的学校学习。可是当他们到了毕彻学校参观后，回来的车上，爸爸妈妈关于是否送奥吉上学的意见反过来了，妈妈打退堂鼓了，爸爸则是一改原来的看法，坚持送奥吉去迎接挑战。

生：我感受最深的是杰克对奥吉的背叛。那是万圣节，原本奥吉要扮演《星球大战》中赏金猎人波巴·费特。因为出门时，姐姐维娅情绪失控，导致爸爸上班要迟到，所以奥吉来不及换上波巴·费特的服装，匆忙穿上了去年的骷髅幽灵衣。正因为这样，他听见一直以为的好朋友、好同桌杰克竟然在背后说他的坏话——杰克不知道那个骷髅幽灵就是奥吉。这对奥吉来说简直就是一场灾难。原本奥吉以为自己还有一个朋友，没想到这个朋友竟然这样看待自己，还说什么假如我是他就会去自杀这样歹毒的话，所以奥吉难过极了。请大家把书翻到第71页，"我不知道杰克是怎么回答的，因为我从教室走了出去，没有人知道我曾经来过。下楼的时候，我感觉脸上火辣辣的，汗水湿透了我的衣服。我哭了出来。我简直无能为力。我泪如泉涌，什么也看不见，但是我戴着面具走路，无法擦眼泪。我在寻找一个可以藏身的小地方。我想掉进一个洞，一个可以吃掉我的小小黑洞"。

生：我印象最深的是"奶酪附体"这个小节。那是一节科学选修课，一开始都很正常，同学们虽然在背后依然会议论奥吉，给他取外号，但在老师面前，他们还是尽量克制对奥吉的反感，但是当奥吉的手无意触碰到同学的手时，那个同学的反应非常大，过激的反应把大家的实验都弄糟了，而且那个同学以最快的速度跑到洗水台旁拼命地洗手。

生：我印象最深的是，杰克通过奥吉另一个朋友萨默尔的提示终于明白了自己伤害奥吉的原因，并最终化解了彼此的矛盾。但是从此杰克也被朱利安彻底孤立，朱利安还写字条侮辱奥吉和杰克，并在他们背后造谣。被所有男生孤立，那种感觉特别难受。

生：让我最感动的是故事的最后奥吉五年级毕业典礼。奥吉在全场的欢呼声中走上台领奖，那一刻是奥吉最幸福的时刻，所有人都为奥吉感到骄傲，所有人都愿意与奥吉合影，所有人都真正喜欢奥吉了。

生：我的感觉可能和大家的不大一样，我印象最深的是奥吉的宠物狗黛西死了，全家人的悲痛让我特别难过。

生：我想补充一点，那次奥吉其实知道姐姐不想让他参加自己的戏剧演出，他感到特别难过，于是爆发了，在饭桌上，他原本以为妈妈会来安慰他，但是后来维娅进来告诉他小狗黛西快死了。

师：维娅为什么不愿意让家人到学校观看自己的戏剧演出呢？之前不是一直都邀请家人参加的吗？

生：我觉得之前维娅一直都充当一个懂事的乖女孩的角色，从小就要独立照顾自己，因为爸爸妈妈必须把全部的心思放在照顾奥吉上。维娅只有在外婆家里才真正得到过属于她的爱，外婆非常非常爱她，可以说是宠爱她。从外婆家回来后，维娅就变了，我记得一个情节是维娅看到奥吉跑过来亲吻她，看到奥吉流着口水，维娅第一次感到恶心、害怕。维娅长大了，她也开始在乎自己的面子了，所以读高中后她不想让别人知道自己有一个先天畸形的弟弟。

生：我觉得对于奥吉来说，学校里的挑战应该慢慢适应了，因为毕竟有老师保护着，也有几个朋友，后来同学们也慢慢适应了。我觉得比较大的挑战是五年级时的"大自然之旅"。那是奥吉第一次离开家，独自在外面过夜，但这还不是最大的挑战，毕竟朱利安并没有去，还有就是同学们渐渐地重新接受了杰克和奥吉，所以一开始奥吉特别兴奋开心。但应该是第二天晚上吧，他陪杰克到森林里小便，遇到了另一所学校几个七年级的学生，他们把奥吉围住，不仅当怪物一样拿手电筒照他，还侮辱他，杰克想要保护奥吉，但被他们推倒了。还好另外几个同学过来保护他们，他们最终才逃脱了那几个坏孩子的追赶。奥吉的助听器弄丢了，衣服被扯破了，手臂也受了伤，这对奥吉来说，真的是太危险了。

师：就像奥吉的另一个"姐姐"——那个随身带着奥吉照片、与维娅闹掰的粉头发女孩米兰达所说的，"这个世界对奥吉·普尔曼并不友善"。奥吉从出生到入学，这一路走来，不知遭受了多少旁人的歧视、嘲讽、冷眼、躲避，甚至是欺负、侮辱、挑衅。对于奥吉的家人而言，同样是巨大的心理挑战——如何接纳这样面部残缺的孩子、弟弟；如何在外人面前保持自己的尊严，如何应对他人的冷嘲热讽；而对于爸爸妈妈而言，他们还要思考如何让奥吉真正融入这个社会，拥有自己独立的世界与生活。

【奥吉的父母、家人哪些做法令人动容？从中你受到了怎样的启发？】

师：我们刚才聊到维娅一开始不愿意让家人参加她学校的戏剧演出。请把书翻到第201页，让我们重读《维娅的秘密》和《我的"洞穴"》这两个小节，那是维娅第一次因为奥吉的容貌和家里人发生冲突，也是维娅隐忍多年的痛苦在那一刻的爆发，也是这个家庭因"爱的失衡"而本就存在的矛盾的爆发。最终这场冲突因为小狗黛西的离世而终止。黛西去世几天后，维娅带回来三张校园戏剧演出票，他们一家再也没有提起过那天晚餐时的争吵。

出发前，维娅还给了奥吉一个大大的拥抱，并告诉奥吉做他的姐姐让她感到骄傲。其实，我们将心比心想一想，作为姐姐维娅特别不容易，她也真心爱着自己的弟弟。回顾一下书中的细节，姐姐维娅哪些举动令你动容？

生：作为姐姐，维娅处处保护着奥吉，小时候，当奥吉被人嘲笑，维娅总是勇敢地站出来对他们大喊大叫。

生：我印象特别深的是，维娅一开始把自己的一个玩偶当作弟弟，奥吉出生后，她再也不抱那个玩偶了，而是全身心地爱着奥吉，亲吻他，拥抱他，对他咿咿呀呀地说话。

生：我觉得维娅原本也是得到过爸爸妈妈全部的爱的，弟弟出生后，她非但没有妒忌，还变得非常懂事。她看到奥吉手术后脸上缠着绷带，身上插满各种管子，真的非常心疼，所以不论遇到什么事情，她总是自己解决。我觉得维娅特别不容易。

生：奥吉无意间听到杰克伤害他的话，所以借口肚子疼不去上学，最终也是第一个告诉维娅这个秘密的。记得后来杰克与奥吉化解了误会，到奥吉家玩，维娅看他的第一眼其实还是有点记仇的。从这个细节可以看出维娅真的很在乎自己的弟弟。

生：我要谈的是，奥吉参加旅行回家，维娅和爸爸带回来一只小狗，维娅先是像小时候一样把奥吉亲了个够，然后还专门请假和奥吉玩了一整天，就像小时候那样。

师：相比于姐姐维娅，爸爸妈妈其实承受了更大的压力——对奥吉生命的担忧、安全的担忧、上学的顾虑、出游的焦虑等等。这一路陪伴奥吉走过来，关于奥吉爸爸妈妈的哪些情节、细节深深感动了你？

生：我对书中的爸爸印象特别深，首先是他的幽默，他总是有办法逗奥吉笑，可以看出他是一个非常乐观的人。

生：我也想谈谈奥吉的爸爸，读到最后我才明白原来是爸爸把米兰达送给奥吉的宇航员帽给丢了。一开始，我并没有特别在意这个细节，还有点不理解，后来明白，爸爸其实是想让奥吉勇敢地面对自己的容貌，只有扔掉这个保护套，把自己勇敢地暴露在世界面前，才能真正地长大。

生：我也想说这个情节，请大家把书翻到第267页。爸爸笨拙地向奥吉解释："奥吉，我不能忍受看到那东西遮住你的脸。……你要明白，我爱它。奥吉，我爱你这张脸，毫无保留而且非常强烈。可你总是用那顶头盔盖住你的脸，这让我很伤心。"爸爸是真心爱着奥吉，爱他的一切。

生：我觉得爸爸也特别爱维娅，他很懂得维娅，当米兰达和维娅闹掰了，维娅跑了好几站路，最后独自坐地铁回家，妈妈并没有发现维娅的异常，后来是爸爸化解了维娅的尴尬。

生：我觉得妈妈其实特别不容易，她对奥吉的爱简直可以说是细致入微，用奥吉的话说叫"过度保护"，但其实这是妈妈对奥吉全身心的爱。

生：请大家把书翻到第32页，我想聊的一个细节是，奥吉第一天上学回家，聊到朱利安对他的不礼貌，妈妈用手指摁着额头，好像在抵御头疼。"真对不起，奥吉。"她轻声说。她的脸颊红彤彤的。"亲爱的，如果你不想上学，不一定非去不可。"妈妈其实担心了一整天，奥吉受到一点委屈，对她来说就是天大的委屈。

生：我想聊的是，奥吉第一次去学校参观，妈妈看起来比奥吉还紧张害怕，参观完，夏洛特提议再去美术教室看看，奥吉说"我们不是马上要去接维娅吗"，其实这是和妈妈的暗号。我觉得妈妈太懂奥吉了。

生：我觉得作为家人爱奥吉也是非常难的，因为他们要承受很多流言蜚语，别人总是指指点点的，或是当怪物一样看待奥吉。我想起我三年级读过的一本书《我是白痴》，里面的彭铁男就是因为智力不行，她的妹妹就非常讨厌他，上补习课都不愿意和哥哥坐在一起，回家也讨厌他跟着自己。

生：我觉得妈妈真的太不容易了，爸爸上班，平常都是妈妈带着奥吉，无微不至地照顾他，还要为他辅导功课。我最感动的是，奥吉参加完毕业典礼，和家人一起回家，妈妈用力搂住奥吉，俯身亲吻他，温柔地对奥吉说："谢谢你带给我们的一切，谢谢你走进我们的生活。感恩我们有这样的你。"她弯下腰在奥吉耳边低声说："你真是一个奇迹，奥吉。你是一个奇迹。"

【书中还有哪些人物的做法令你感动，并深受启发？】

生：我觉得萨默尔这个人物很好，她是真正把奥吉当作朋友的同学，一开始她只是觉得奥吉一个人被冷落坐在餐厅很可怜，后来她是发自内心地愿意与奥吉交朋友，还和他一起完成埃及研究的作业。我觉得她很善良。

生：我觉得杰克也是不错的，一开始他难以接受奥吉，还因为被校长图什曼先生要求与奥吉交朋友而失去了自己的朋友圈，所以内心有点反感，后来是真的觉得对不起奥吉，所以才打掉朱利安的门牙，我觉得他很讲义气。

生：我觉得除了朱利安，其他同学都是不错的，一开始可能受朱利安的影响，故意疏远杰克和奥吉，但是后来越来越多的同学选择保持中立，甚至愿意与杰克、奥吉重归于好，在"大自然之旅"中朱利安的前死党还主动保护奥吉。我觉得其实绝大多数人还是很善良的，只是一开始难以接受奥吉的容貌。

生：我觉得这所学校的校长图什曼特别好，一开始就对奥吉特别照顾，但是这种照顾又是很隐蔽的，他处处在保护奥吉，但是又不让奥吉发觉。最终他给奥吉颁发毕彻奖章，他对奥吉充满赞扬，是那种发自内心的欣赏和爱。

生：我也觉得图什曼校长很好，我从一个细节来谈，一开始图什曼办公室里挂着一幅南瓜图画，后来奥吉五年级毕业时，他把那幅画换成了奥吉的画《作为一只动物的自画像》。而且我觉得他特别幽默。

生：我觉得米兰达也不错，只是父母离婚的原因她才叛逆的，一开始她就对奥吉特别特别好，后来还一直保留着奥吉的照片。

生：我觉得那个布朗老师也很好，我对他的格言印象特别深刻，他的话总是很有哲理。

【你觉得奥吉接受自己容易吗？请你结合书中具体的细节来谈。】

生：非常难！一开始可能并没有什么感觉，后来意识到自己和别人不一样，特别是遭受别人的嘲讽或者看到别人看见自己的那种惊吓的反应，我觉得每一次对奥吉都是灾难性的打击。

生：我也觉得特别难，尤其是他要独自到毕彻学校读五年级，独自面对那么多陌生的同学，用他爸爸的话说，就像是待宰的羔羊。

生：我觉得奥吉也是在慢慢接受自己，尤其是有萨默尔这个朋友，后来又与杰克重归于好后，我从他的幽默可以看出他也……我不大好表达这个词，叫"默认"吧，默认自己的长相了。

师：被动而无奈地接受，是吗？

生：也可以这么说吧！

生：我觉得奥吉接受自己的长相是很痛苦的，他很敏感，同学们异样的目光、背后的议论，他其实都知道，那次科学课无意碰到同学的手，他直接跑到卫生间难过得呕吐，后来干脆不想上学，我觉得他真的特别痛苦。

师：一开始，奥吉可能并不知道自己的与众不同，但是其他人的反应慢慢刺激了他的神经，从而让他对自己的长相所带来的反应异常敏感，还好他有爱他的家人——爸爸、妈妈、姐姐，还有周围包括街区的一些居民非常理性地保持对奥吉的尊重，当然图什曼校长以及其他老师，还有萨默尔、杰克等等朋友，让奥吉慢慢从自卑、无奈中走出来，他选择用独特的幽默与假装的坚强保护自己，但最终在毕彻学校与同学们的相处中，他慢慢学会释然地面对同学们的玩笑，同学们也渐渐放下内心的芥蒂，真正地把奥吉当作亲爱的伙伴。书中一个细节特别打动我，那就是奥吉的同学玛娅在一张丑娃娃的信笺上给艾莉留言，奥吉漫不经心地说："你知道创造丑娃娃的人是以我为标准的吗？"一开始玛娅瞪圆眼睛看着奥吉，当然明白奥吉是在开玩笑，玛娅觉得这是世界上最好笑的笑话。第二天，玛娅送给奥吉一个钥匙扣，还有一张便条——"送给世界上最可爱的奥吉娃娃！亲亲，玛娅。"一个人只有勇敢地接纳自己，才能真正融入群体，并最终与自己和解、与世界相处。第二个打动我的细节是，奥吉佩戴助听器，他依然非常反感，因为他难以接受自己的小耳朵。但是最终在家人与师友的陪伴下，奥吉真正走出了自卑的阴影，选择剪短自己的头发。在毕业典礼之后，真正接纳自己的长相，原本对拍照异常敏感的他，成了全场合影的焦点人物——"我记得这是我第一次没去想我的脸，我只是开心地对着各种咔嚓不停的相机没心没肺地笑着"。那一刻，奥吉真正感受到了被世界全然包围的爱。

【书中哪些智慧的语言带给你精神的启迪?】

"选择善良。"

"信念＝真正重要的事情的准则。"

"有时候你不一定要故意伤害人才会伤害人。"

"生命也许是一场赌注,但是世界最终会让一切平衡。世界眷顾它所有的鸟儿。"

"现在回想起来,我真不明白自己为什么一直提心吊胆,有趣的是,有时候你一直对一些事情忧心忡忡,结果却没什么大不了的。"

"每个人一生中都至少应该获得一次全场起立鼓掌的机会,因为我们都胜过这个世界。"

"无论他们怎么说,你仍然如此美丽,流言蜚语不能把你击倒。无论从哪个方面来说,你都无懈可击。是的,流言蜚语不能把你击倒。"

"我们可以制定一条新的生活法则吗……对待他人永远比我们应该的更友善一点?"

"我们要谈的不只是善良的本性,而是一个人的善良的本性,一个人的友情的力量,对一个人的人品的考验,一个人的勇气的力量。"

"勇气、善良、友谊、人格,这些品质把我们定义为人类,有时候能推动我们成就伟大。"

"伟大并不在于你有多强大,而在于你如何利用自己的能力……有能力激励更多心灵的人是最伟大的。"

"以自己安静的力量激励了大部分心灵。"

……

【回顾《巨人的花园》《奇迹男孩》的阅读经历以及电影《行走的距离》的赏析体会,写一篇关注"非常态人物"生存状态的随笔或者《奇迹男孩》读后感。】

人性之光

五（1）班　元淇可

一个男孩是怎样接受自己丑陋的外表的？又是如何接受自己扭曲的内心的？在众人的注视下，会经历怎样的心理斗争？今天我就来分享一部书——《奇迹男孩》。

主人公奥吉是一个"非常态"的人，由于先天性的面部发育不全，先后进行了27次手术后，外表仍然十分吓人，令人难以接受。因此，在成长历程中，他遭受了许多被别人歧视的目光。

在母亲的坚持下，奥吉在五年级时要进入普通学校，接受正常的教育，可对于奥吉而言，这一定是一次大冒险。在学校里，奥吉受到了同学们的伤害，被排斥、欺负与冷落，被称为"僵尸小子""瘟疫""奶酪附体"……甚至遭受同桌杰克的背后中伤与背叛。奥吉与常人之间始终有一道难以逾越的鸿沟——那就是他的那张脸。

我们对于他人的缺陷或许更好接受，而对于自己和家人的缺陷，往往难以抹去内心的伤痕。因为，我们每个人心里都住着一个"奥吉"。奥吉的长相对他自己而言意味着人生磨难，同样也是他的父母、家人要经历的人生磨难，这是一段充满勇气、爱与希望的成长旅程。

奥吉的脸对于姐姐维娅就是一道难以逾越的障碍。一开始，维娅就接受并深爱这个与众不同的弟弟，当第一眼看到他就深深地喜欢上了他，这是人性之爱。但是随着成长，维娅渐渐感受到来自周围人群对弟弟的歧视，以及这个弟弟带给自己的影响——她不想让新学校的同学知道自己有这样一个弟弟，于是刻意隐瞒了自己登台演出的事情，目的只为了不想让家人参加。她内心的痛苦只有深爱她的外婆知道，她也只有在外婆那里才能真正感受到被爱的温暖，因为爸爸妈妈把所有的精力都给了奥吉。失落、不平衡以及周遭的人对奥吉的异样目光都给维娅带来了极大的压力。将心比心，我们能接受奥吉这样的家人吗？晚上母亲进入奥吉的房间，奥吉就询问母亲自己为什么会这么丑，母亲告诉他，生物有高级与低级之分，但生命没有贵贱之分，你的心灵是美丽的，关爱你的人都这样认为。

这本书讲的是对善良的歌颂与赞扬。萨默尔就是这样一个善良的人。她愿意与奥吉坐在一起用餐，只为了不想让奥吉落单。其实，萨默尔是一个特别受欢迎的人，只因为选择与奥吉在一起，一起用餐，一起完成科学作业，失去了融入其他同学社交群的机会。不因他人残缺的脸而拒绝与之交往，完全地接纳奥吉，这意味着焕发了善良而美好的人性之光。

正如两度纽伯瑞奖获得者帕特里夏·赖莉·吉芙所说的："这是一本关于心碎、爱、生命之意义的好书，读过之后，让人想成为更好的人。"奥吉的自我接受与自我开解，他的善良、勇敢、幽默以及无奈，都在向我们诠释："准备好自己，你的眼会被打开，你的心会被温暖，你会为自己而欢呼。"因为，心灵是一张地图，为我们指引前方的道路。世界以痛吻我，我却报之以歌。因为，每一个人都是宇宙中的唯一！每一个人都是生命的奇迹！

每个人的生命成长都是一个奇迹，都异常艰辛，只有怀着永不放弃的信念，才能从心底里真正长出坚强、从容、乐观、勇敢、热爱的种子，然后长成一棵茁壮的大树。就像接纳世界上没有一棵树是长得不合理的观念一样接纳自己——自己的容貌、自己的性格、自己的遭遇、自己的一切所遇所感，才能真正地放平心态，安放、包容、悦纳世间万物，包括存在肉体或者精神缺憾的人。当那一刻来临，你会突然看到生命的光亮就像大海上升起的日光般耀眼，那就叫——人性之光！老师祝福你们，"向着阳光，过好每一天"！

世界与你我之间

一

你读过美国作家加思·威廉斯创作、彭懿翻译、南海出版公司出版的绘本《黑兔和白兔》吗？

在好大的森林里，住着两只兔子，一只黑兔，一只白兔。

每天早晨，他们从床上跳起来，跳进清晨的阳光里。他们整天快快乐乐地一起玩……

可是，有一天，小黑兔看上去好像很忧伤……

每次小白兔询问原因，小黑兔都说自己在想事情。直到最后，小黑兔才说自己在许愿——希望能和小白兔永远在一起。

小白兔想了好一会儿说，那你得要更努力更努力地许愿才行。

小黑兔瞪大了眼睛，很用心地想了想，说，我希望你全部属于我。

最后在森林里所有兔子和其他动物的祝福中，他们跳起了婚礼圆舞曲……

【重温这个故事，你认为这是一个怎样的故事？你读懂了什么？】

赵宸熠：以小孩的视角解读爱情，没有一丝杂念，普普通通却诠释了人间最美好、最纯真、最简单的情感。小黑兔只爱小白兔，小白兔也只爱小黑兔，你幼稚，我陪你一起幼稚。孩子那种单纯的思想和爱情，是人间至上的情感。

陈奕璇：从这个绘本中，所有人都能感受到小黑兔对小白兔发自真心的爱，他们的爱是纯洁的，就如同他们的毛一样，不含杂质，小黑兔对小白兔的执着，让他们真正地永远在一起，小白兔就好像是小黑兔的愿望、梦想一样，只有执着地追求，才能让幸福降临。任何人对梦想的执着，对愿望成真的渴望，都会使他们义无反顾地走向属于自己的幸福。

王序元：这个故事告诉我们，对待一件事要真心去感受，去实践，这样才可能真正懂得背后的意义，获得最后的成功。细心认真地做一件事情都不一定能成功，更何况粗心大意呢？不管成功与否，总之要无愧于自己所付出的努力。

朱荞禾：妙啊，感觉黑兔和白兔是那种青梅竹马的关系，后来黑兔长大了，就爱上了白兔，但是黑兔又害怕白兔不喜欢她，于是只能把感情藏在心里，所以看起来就是很忧伤的样子，而且我怀疑白兔一开始就知道黑兔喜欢她，但是她自己也不好意思说出来，所以如果按照我的理解思路的话，这就是一个双向暗恋、双向奔赴的故事。不过，我当年看绘本的时候，黑兔好像没有说"我希望你全部属于我"这句话。

陈宇杰：童年是可爱的，没有过多的忧伤，小黑兔的愿望很可爱，他只是本能地说出这些话，没有考虑太多。他憋在心中的话语也很可爱，稍微的害羞是人的本性。解铃还须系铃人，是小白兔令小黑兔放不下，但同时也是小白兔让小黑兔说出了他的追求，甚至定位了人生理想。人的一生总是在默默地追求着什么，背后支持你的一切动力，正是你的那颗初心。

林楚涵：如果小黑兔没有对小白兔说出自己的愿望，小白兔就永远不会知道小黑兔喜欢自己，小黑兔也不会知道小白兔是否喜欢自己，那他们只能保持朋友的关系。这一场告白，看似简单自然，却是小黑兔的真心和鼓起很大的勇气换来的结果。同时这个故事让我明白了一个道理，如果做事不去尝试着迈出第一步，你就永远不会知道自己什么时候才能到达目标。

林容逸：这是一个非常贴近生活的绘本。作者以森林中发生的一件美好的事，映照了现实生活中青少年从一起玩耍到互相喜欢，再到结成圆满婚姻的图景。这是不少人都十分甚至可以说无限憧憬与向往的理想生活。

郑奕宁：一个人心里想着什么，就会去追求什么，为了什么而努力着，最终才会得到什么。如《黑兔和白兔》中小黑兔正是想要和小白兔永远在一起，才会每天努力地去许愿。眼睛里看到什么，才会得到什么。眼睛是心灵的窗户，在小黑兔瞪大眼睛用心想的一瞬，那份纯真、那份对爱情的执着，更说明爱情应是双向奔赴的。

【我们再来重温一个童年读过的故事——荷兰作家马克斯·维尔修思创绘、亦青翻译、湖南少年儿童出版社出版的经典童书《弗洛格的成长故事》之《弗洛格和陌生人》。请你用一两百字写写此时你对这个绘本故事的理解。】

施知彤：老鼠因为脏，与别的动物不熟，被动物们排挤。小猪斥责他偷木头，可他很平静，依旧正常生活。当小猪、野兔遇到麻烦时，他却帮助他们，丝毫不怪罪他们之前对自己的猜疑和伤害。就这样，老鼠从只有弗洛格一个朋友，变成有许多朋友。

胡予彤：故事中的弗洛格是一个爱交朋友的青蛙，当大家都不愿意与老鼠这个"陌生人"接近时，他却第一个站了出来，与老鼠交谈，并与他成了好朋友。小猪是一个有警惕意识的人，他在还不知道老鼠的身份时，一直劝告大家不要跟他玩，但当后来老鼠帮他救火并帮他修好房子后，他也与老鼠成了朋友。老鼠在走之前说自己若是回来会造一座桥，可能老鼠想要造的是一座心灵之桥、友谊之桥，让他们的友谊永远保存下去。

周语桐：大家总是会戴着有色眼镜看别人，正如故事中的小鸭和小猪，他们未知老鼠的全貌，便以自己片面的印象去批判、攻击他。我们更应像弗洛格一样，无论是过去、现在还是未来，都能客观地面对陌生的人物和事物。如果遇到了别人无端的指责，也不需害怕。清者自清，浊者自浊，既然不是你所做之事，便不必慌张，冷静地说明事实便可。

赵宸熠：这只老鼠真正做到了"人不知而不愠"。小鸭、小猪持有一种"老鼠就是坏蛋"的看法，但老鼠默默地用自己的行动感化了小鸭和小猪。很多时候，我们就像小鸭与小猪一样以貌取人，从而错过真正的友情。

叶星辰：这个故事讲述的是外来的老鼠被排斥的故事。这种对外来陌生人的排斥是一种本能，一种排除异己的本能。人们往往不愿接纳陌生的人，这在小猪身上体现得尤为突出。而这样的一个群体中就需要出现一名智者，野兔正是这样的智者。它和弗洛格都拥有长者的智慧与儿童的天真，他们都愿意真正接纳陌生的客人。在生活中，我们必须摘下有色眼镜，去正视、去感受陌生的世界。只有放下歧视，用爱与包容去面对世界，才能在人们心中架起一座联结之桥。

二

接下来，我们一同欣赏一部电影，片名叫《为奴十二年》。2014年3月3日，第86届奥斯卡颁奖典礼在好莱坞杜比剧院举行。根据所罗门·诺瑟普1853年所著传记体小说《为奴十二年》改编的同名电影获得最佳影片大奖，黑人导演史蒂夫·麦奎因也因此成为史上首位获得这一极高荣誉的黑人导演。

所罗门·诺瑟普原本是一个自由的黑人，以演奏小提琴为生，有妻子和两个孩子，生活其乐融融。不料他却被两个白人以为马戏团表演伴奏为名，骗去了华盛顿，一觉醒来发现自己成了黑奴。起初他被卖给了威廉·福特先生，在庄园里当奴隶。不久又被卖给了素有"黑奴终结者"之称的埃德温·艾普斯先生。他在种植园里日复一日地采摘棉花，遭受许多非人的待遇，同时也目睹了许多黑奴的悲剧。十二年过去了，他始终没有放弃重作自由人的希望，直到遇到了一个思想进步的人士——木匠巴斯先生。作为一个坚定的废奴主义者，巴斯将所罗门的遭遇写信告知了其在纽约州的朋友，在白人朋友的帮助下所罗门最终重获自由。

【利用两个中午，组织学生完整观看影片《为奴十二年》。观看了电影《为奴十二年》，你有什么疑问吗？】

1. 为什么所罗门北方的朋友能救他？
2. 为什么会有黑奴制？
3. 为什么美国南北方会对黑人有不一样的待遇？
4. 黑人为什么要成为奴隶？他们不反抗吗？
5. 现在还有没有奴隶？我说的不止是黑奴。
6. 为什么所罗门是被绑架为奴又重获自由的少数黑人之一？

7. 为什么政府不制止对黑人的绑架、贩卖？

8. 为什么所罗门的白人朋友肯帮助他？

9. 为什么经过漫长的诉讼，绑架所罗门的罪犯竟免于被指控？

这是一部根据真人真事的自传体同名小说《为奴十二年》改编的电影。作者所罗门·诺瑟普（1808—1864），是一个天生自由的非洲裔美国人。他的祖先曾在罗得岛州为奴，属于一个名为诺瑟普的家族。这个家族中的一名成员带着作者的父亲敏图斯·诺瑟普作为家奴一同搬到了纽约州伦塞勒县的胡希克定居。这位家族的好心成员去世后留下一纸遗嘱，宣布解除所罗门·诺瑟普父亲的奴隶身份。从那时起，他的父亲就成了一个自由人。所罗门从小热爱阅读，喜欢小提琴。结婚后，靠着勤劳与聪明，生活得虽然辛苦，但还算无忧。用作者《为奴十二年》原著中的话说，这个阶段"我的人生一直平淡安宁。我只是一个普普通通的黑人，我和我的家人怀揣着最不起眼的梦想，用心去爱，去劳动，在这熙熙攘攘的世界努力向前"。但是作者的人生在1841年"突然来了一个一百八十度的大转弯，走向了痛苦、悲伤和绝望的深渊，走进了无边的黑暗。此后多年，我在阳光下消失了，远离我的家人，远离自由的光芒"。1841年，他在纽约被人绑架，被贩卖成为一名奴隶。直到1853年他幸运地托人写信给萨拉托加的白人朋友瑟法斯·帕克和威廉·佩里先生，在这两位善良正直的友人帮助下得以恢复自由身。他成了一个坚定的废奴主义者，并写作出版了他的回忆录《为奴十二年》。这本以自身亲身经历为蓝本创作的自传体小说，一经上市便引起了美国社会的震动。

听了《为奴十二年》原著作者的生平介绍，你能解开这些疑问吗？或者又有什么新的疑惑？

生：这十二年，所罗门是怎样熬过来的？

生：难道他就没想过逃跑吗？

生：他的父亲是自由身，所罗门就是自由身。我想问的是，假如所罗门没有逃跑，那么他与别的女奴隶生的孩子也是奴隶吗？

师：你想问的其实是奴隶世袭制、奴隶属于主人私有财产等相关历史信息是吗？现在请你们把自己的疑问、思考以及观看电影的感受写成一篇完整的文章。

【本节课讨论分享之后，请学生撰写一篇《为奴十二年》观后感。】

"黑"与"白"，"人"与"鬼"

六（7）班　余快

　　天空是无垠的黑，无比的暗，却深而远。在那无垠的黑暗中，只有几颗星星若隐若现，看不见月亮。窗外，路灯的光是苍白的，但非常刺眼，我便把窗帘拉上。在这寻常又不寻常的夜晚，我的脑海里始终回旋着白天老师给我们播放的电影《为奴十二年》的画面。

　　那一帧帧直刺神经的画面，仿佛让人亲眼看见了黑人奴隶的不幸遭遇，使人不禁怜悯主人公所罗门以及所有不幸的黑奴。一次次与他们对话，又一次次发问：白人奴隶主都叫黑奴为"黑鬼"，那到底谁才是人？谁才是鬼？

　　谁才是人？谁才是鬼？所罗门原本是一个自由黑人。1841年，两个白人打破了所罗门宁静的生活，他们用谎言将所罗门骗到华盛顿，把他关起来拷打。面对这样非人、恐怖的待遇，可怜的所罗门只好接受了自己的新身份——黑奴，于是所罗门的不幸开始了。与所罗门一起被骗来的还有两个男黑人与一个带着儿女的女黑人，他们被贩卖到美国的南方，开始了悲惨的黑奴生活。大家都会认为这两个白人很可恶吧，确实，他们有什么资格去贩卖这些可怜的、本来不应该成为奴隶的黑人呢？如果说黑人是黑鬼，那么他们是什么？对于那些无辜的黑人来说，他们比死神还可怕，比魔鬼还邪恶，他们除了比黑人多层白皮外，还有什么不同呢？

　　谁才是人？谁才是鬼？大家都知道鬼是邪恶的，是残暴的，它们无恶不作，象征着恐怖。但也不是所有白人都像鬼一样坏，比如后来帮助所罗门送信的加拿大白人。有人会认为，所罗门的第一主人福特是一个善良的奴隶主。他确实没有第二个奴隶主艾普斯心狠，但他真的善良，真的好吗？不，我认为他只是一个善于伪装的鬼，他一面对着上帝祷告，念《圣经》，一面却让黑奴们干又苦又重的活，这也太虚伪了吧。他曾送给所罗门一把小提琴，可这有什么用，所罗门要的是自由啊，这把小提琴只能加剧他的思乡之情，让他更加悲痛。如果说他善良，那他为什么不给所罗门自由？他明知艾普斯是一个"黑奴终结者"，却仍将所罗门卖给他，仅仅是为了他自己所说的债务。

谁才是人？谁才是鬼？所罗门的第二个主人艾普斯被称为"黑奴终结者"，他相信，虐待奴隶是被《圣经》所允许的，奉劝奴隶们接受所谓的宿命。他多次强奸女黑奴帕特茜，有一次还因为帕特茜短时间的离开而暴怒，把她绑起来鞭打，直到打得血肉模糊。那鞭打时血光飞溅的画面，帕特茜绝望的目光，许多人不忍直视，而艾普斯却觉得理所当然，而且还觉得很爽快。这样没有人性，一点怜悯心都没有，与野兽一样残暴的人，还称黑奴是黑鬼，他应该找个镜子照照自己，像不像人？像不像鬼？

最后，在白人朋友的帮助下，所罗门重获自由，回到了家乡。整整十二年，每一天都遭受着非人的待遇，但他却算黑奴中幸运的人，其余的几百万黑奴，大多数人一辈子都为别人而活，在奴隶主的皮鞭下苟延残喘地活着。最后所罗门把两个白人骗子告上了法庭，然而只因为肤色他们竟免于受罚。我真为黑人打抱不平。

夜已深，我仍回忆着电影中的每一个片段，仍然寻找着一个个问题的答案。叹了口气，走进房间，一头扎进被窝，梦里或许还会想起这世间的诸多不平来……

三

单凭一部电影或一本书是很难解答这些疑问的。我们得了解黑人被迫为奴的历史与美国独立、南北战争等历史才能真正解开这些疑惑，从而探寻"十二年为奴"背后的成因以及更深刻的关于人性的思考。

【介绍黑人为奴的历史。】

公元 8 世纪，阿拉伯人来到了北非，他们用武力征服了这片土地。为了更好地统治这片广袤的土地，他们和当地的部落进行合作。非洲大地上的黑人并没有意识到真正的敌人是入侵者，反而弱肉强食，强大部落的人会把弱小部落的人抓住，然后卖给奴隶贩子。奴隶贩子把他们关在牢笼里，用马车拉过撒哈拉沙漠。而这也拉开了黑人为奴的悲惨历史。

不过，真正的黑奴制度还要从欧洲殖民者发现美洲新大陆开始。欧洲列强大肆圈地，建造了大量种植园。为了解决劳动力急缺的问题，殖民者把那些犯了罪的欧洲人运到美洲去，让他们按照合同工作。但随着美洲殖民地的不断扩大，种植园越来越多，劳动力的数量远远不够。

一开始，欧洲殖民者在美洲抢夺当地的印第安人充当奴隶。但印第安人彼此团结，同时又熟悉当地环境，所以总是互相帮助，连夜逃走。于是，欧洲殖民者便把目光投向了非洲，他们发现非洲黑人体质强壮，因为肤色的关系也十分好管理。再加上运到美洲以后由于身处异地，不熟悉地形，所以也不会像当地人那样逃跑，就这样，非洲黑人彻底开始了悲惨的生活，不少黑人是在睡梦中被那些奴隶主用铁链锁起来直接带走的。

从16世纪初开始，欧洲殖民列强西班牙、葡萄牙、荷兰、法国和英国等先后将1200多万非洲黑人掳掠到了美洲。以1619年第一批黑人奴隶输入弗吉尼亚殖民地为开端，先后有大约60万黑人被贩卖到了13个英属北美殖民地，以解决当时北美的劳动力奇缺问题。黑人一旦被抓住做了奴隶，生活往往十分悲惨，完全没有属于自己的权利和尊严，也没有属于自己的私人财产。

北美各地方相继制定了奴隶法典，这个法典的颁布，让黑人彻底失去了自由。法典从法律层面确立了白人统治地位的"合法性"与"合理性"，肤色的等级区别、人权的剥夺、人性的泯灭，都活生生地被所谓的法典伪装成一种社会正常运行的制度。枪弹镇压、强权管制下的黑人奴隶则是一种非人的存在，他们的生活全都掌握在白人手中，身上永远是累累鞭痕，每天都要工作十个小时以上，被当作畜生一样对待。

【介绍美国独立、南北战争以及美国的黑人解放运动。】

美洲原为几千万印第安人的聚居地。1492年8月3日，哥伦布受西班牙女王派遣，带着给印度君主和中国皇帝的国书，率领船队从西班牙巴罗斯港出发，经七十昼夜的艰苦航行，于1492年10月12日凌晨终于发现了陆地，这块陆地属于现在中美洲加勒比海中的巴哈马群岛，哥伦布当时为它命名为圣萨尔瓦多。之后，又登上了美洲的许多海岸。自航线开辟始，美洲大陆就逐步沦为欧洲白人的掠夺地、殖民地。15世纪末，西班牙、荷兰、法国、英国等相继移民至此，然后建立了由欧洲白人统治的独立国家。

18世纪前，英国在美国大西洋沿岸建立了13个英属北美殖民地。生活在北美殖民地的英国白人与欧洲本土政府的关系，相当于"租客"与"房东"的关系（借鉴陈磊《半小时漫画经济学2》中的观点）。因为英国政府不断向北美各殖民地增加税收，并实行高压政策，对殖民地进行蛮横的压榨和残酷的剥削，1775年，终于爆发了北美殖民地白人反抗大英帝国殖民统治的独立战争。1776年7月4日，乔治·华盛顿任大陆军总司令，通过了《独立宣言》，宣布美利坚合众国正式成立。1783年独立战争结束，英国承认13个殖民地独立。1787年通过美国宪法，成立联邦制国家。

"人人生而平等，造物主赋予了他们若干不可让与的权利，其中包括生命、自由和追求幸福的权利。"这些冠冕堂皇的口号，曾被与华盛顿、富兰克林并称为美利坚开国三杰、后来曾担任美利坚合众国第三任总统的托马斯·杰斐逊赫然写入《独立宣言》之中。但反讽的是，宣言所讲的造物主所造之人，并不包括黑人与美国的原住民印第安人。而包括杰斐逊、华盛顿等独立战争领袖在内的白人统治者，自身都是拥有数百奴隶的奴隶主。自由属于白人，民主属于白人，权利属于白人，幸福属于白人，就连黑奴的生命都属于白人奴隶主。

美国独立之后，北部和南部各州逐渐朝着两条不同的道路发展前进。北方诸州走上了发展工商业和现代化工业的道路，南方诸州则以稻米、烟草、棉花、甘蔗等农业种植为主。经济运行模式的不同，自然导致南北各州对待黑奴制观点的不同。因为南方种植园需要大量的廉价劳动力，所以当时美国15个蓄奴州中，奴隶人口就达到了395万，占南部总人口的48.8%。而北部各州因为现代工业的发展，从1776年到19世纪初叶，通过立法的形式逐渐废除了黑人奴隶制。

《为奴十二年》讲述的正是这段对待黑奴制南北分化的事情。所罗门原本生活在北方，后来被贩卖到南方种植园。十二年后得到北方白人朋友的帮助，才得以证明自己原本是自由的黑人身份从而获救。电影中贩卖奴隶、压榨黑奴、随意鞭打处死黑奴的残忍画面，便是这段黑人悲惨历史的真实再现。

比《为奴十二年》早一年出版的《汤姆叔叔的小屋》，曾被称为"一本小说引发美国南北战争"。又名《汤姆叔叔的小屋：卑贱者的生活》，又译作《黑奴吁天录》，是美国作家哈里特·比彻·斯托（斯托夫人）于1852年出版的一部反奴隶制长篇小说，讲述的是黑奴被贩卖，最终被无情的奴隶主杀死的故事。

南北方存在严重的经济利益的冲突，比如在关税上，北方为了保护民族工业，要提高关税，限制欧洲商品进入美国本土，而南方的大量生活生产用品都靠进口，当然希望降低关税；同时在宗教信仰以及蓄奴制等思想观念上存在分歧，1861年，11个南部蓄奴州退出联邦，挑起美国内战。1863年，林肯总统发布了《解放黑人奴隶宣言》，宣布叛乱诸州的奴隶获得自由。1865年，北方军获胜，南北战争结束。同年，美国国会通过了联邦宪法第十三条修正案，彻底废除了美国境内的一切奴隶制。

虽然，南北战争前，北方所谓的自由州已经废除了黑人奴隶制，但北方黑人普遍被剥夺了选举权和被选举权、平等的就业机会和接受各级教育的机会、与白人通婚的权利、在法庭作证的权利、参加陪审团的权利等等。1857年，美国最高法院做出裁定，美国黑人属于劣等种族，"没有白人一定要尊重的权利"。在南方奴隶制下，黑人奴隶在法律上被视为奴隶主的个人财产，可以随意买卖，他们不得随意离开种植园，被禁止集会，被禁止学习文化知识。

南北战争后，美国虽然废除了奴隶制，但种族平等思想却并未被所有人接受，获得解放后的黑人奴隶，又很快被戴上了种族隔离的枷锁。随后一百多年时间里，美国黑人一直为了平等、自由的人权艰难而持久地抗争，直至今天依然还在不懈努力。

四

从 1955 年 12 月 1 日，42 岁的黑人女士帕克斯拒绝给白人让座而遭到政府的拘捕从而导致蒙哥马利市长达 381 天的黑人抵制公交车运动，到黑人民权运动领袖马丁·路德·金在林肯纪念堂前发表著名的演讲《我有一个梦想》，再到奥运会拳击冠军黑人拳王阿里因为反对美国政府施行的种族歧视政策而将金牌扔进了大海，一代代黑人精英与普通百姓为了尊严、平等、自由，不惜冒着被捕入狱甚至无辜地被警察枪杀致死的威胁，不断抗争、不屈努力。但是，根深蒂固的白人至上的思想与长期占据上层阶级统治地位的优越感，以及工作岗位等利益重新分配所带来的经济冲突，注定这场消除种族隔阂的抗争充满艰辛与坎坷。

让我们再走进彼得·法雷里导演，马赫沙拉·阿里、维果·莫腾森主演，以 20 世纪五六十年代种族歧视为背景拍摄的影片《绿皮书》，看看这条通往自由、平等的人权之路究竟有多难吧！

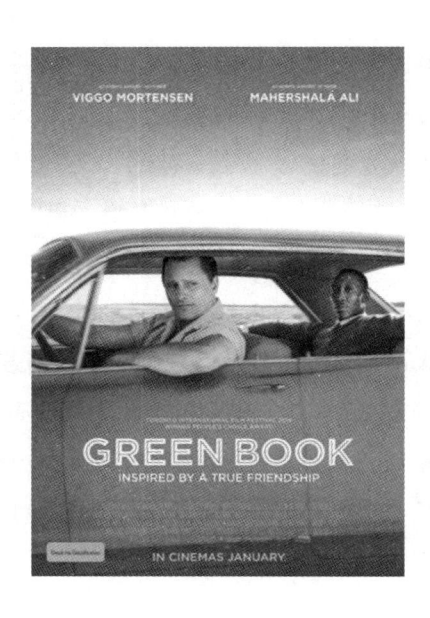

"绿皮书"指的是一本黑人司机的行路指南。20世纪三四十年代，美国种族隔离问题严重，黑人的行动受到诸多限制。为了方便黑人朋友的出行，一位叫维克多·雨果·格林的邮政工作人员，编写了这本"绿皮书"。这本小册子里，详细列出了哪些旅店、餐厅等可以为黑人提供服务。因为编写者名字中有"格林"（Green），因此这本小册子就被命名为《绿皮书》，而绿色也象征着一路通行。

维果·莫腾森饰演的托尼是一个夜总会的白人侍者，他对黑人有很深的成见，一次妻子请两位到家里维修东西的黑人工人喝茶，等两位黑人走后托尼就将两个杯子扔进了垃圾桶。由于这家夜总会因故要停业几个月，所以他的当务之急是去寻找另一份工作来填补这几个月所要支付的房租和一家人的生活费。在这个节骨眼上，一位同时拥有三个博士学位、名叫唐·谢利的黑人钢琴家提出要雇佣托尼。一开始，托尼瞧不起黑人，想以高昂的雇佣金为由拒绝唐·谢利，没想到第二天清晨接到唐·谢利的电话——通知他被高薪聘用了。面对高额的雇佣金，显然托尼和家人都没有理由再拒绝。

唐·谢利即将开始为期两个月的南下巡回演出，可是，那个时候南方对黑人的歧视非常严重，于是托尼便成为了唐·谢利的司机兼保镖。一路上，两人迥异的性格使得他们之间产生了很多矛盾，与此同时，唐·谢利在南方所遭受的种种不公平的对待也让托尼对种族歧视感到深恶痛绝。在相处的过程中，托尼看到唐·谢利高超的琴艺、卓绝的智慧与极高的修养，也看到他脆弱、善良、多愁、柔软的内心，而唐·谢利也看到托尼吊儿郎当的外表下有一颗纯朴、正义的心。更为重要的是，托尼通过唐·谢利的音乐团队成员口中得知，唐·谢利此次南行的真正目的在于消除白人对黑人的歧视，同时想要传递给南方的黑人改变生活的信念，托尼被他的勇气与大义深深感动。结束此行，他们回到北方城市，托尼邀请唐·谢利一起参加圣诞家庭聚会，唐·谢利拒绝了，他孑然一身回到了富丽堂皇的公寓。影片的最后，唐·谢利冒着风雪来到托尼家，托尼一家热情地欢迎他，他们一起度过了愉快的圣诞节。

【虽然距离林肯发表《解放黑人奴隶宣言》已经过去一个多世纪，但黑人和白人的人权不平等以及扎根于白人心中的种族思想依然顽固。电影中哪些场景或细节，让你真切感受到了这种思想？】

生：我想谈的一个情节是，唐·谢利博士南下演出，在合同里规定必须要施威特钢琴，但是一个剧院的保安却只提供了一架烂钢琴，还说黑鬼演奏什么钢琴都是一样的。

生：我印象最深的是，托尼陪唐·谢利博士到了南方的一家服装店，白人老板拒绝让博士试穿他看上的一件西装。

生：让我最震惊的是，南下演出，竟然有很多地方拒绝黑人入住高级酒店，拒绝黑人在高级餐厅用餐。

生：让我最震惊的是，一个晚上，博士到一个酒吧喝酒，竟然被一群白人殴打嘲弄，还要把他的头拿去刷马桶，还好托尼及时赶到救出了他。

生：让我最难忘的是，在路上，两个白人警察无缘无故把托尼和博士赶下车检查身份，还说什么这个地方在日落之后不允许黑人出入。这太不可思议了。

生：我印象特别深的是，南下演出到了一个地方，这个地方却只提供给博士一个很狭小的杂货间当化妆间，而且不能到公用卫生间上厕所，只能到房子外面一个黑暗的简陋的小木屋里方便。

【唐·谢利明知南方种族歧视依然存在，自己在北方是受人尊敬的钢琴家，就连总统都是他的粉丝、朋友，为什么非要到南方去巡演？】

生：在美国当时那种社会背景下，黑人遭受到严重的歧视。即使像博士这样卓越的人才，依然遭受到很多不公正的待遇。他不能演奏自己推崇的古典音乐，只能听从经纪公司的安排演奏白人观众喜欢的音乐。身份的自卑感，让他渴望改变这种社会现状。

生：我觉得是博士对黑人尊严的坚守，他遭受很多不公，内心非常痛苦、挣扎，但是他选择用高超的演奏技巧征服那些白人，而不是采用暴力与愤怒来赢得尊严。这才让他选择到黑人更加遭受歧视的南方巡演，他这是在自我证明，黑人同样可以达到这样的艺术高度。

生：我觉得是勇气，这是从与博士随行的一个白人音乐演奏家口中得知的。博士明知南下会遭受歧视，但是他选择勇敢地面对，他想让更多的黑人，起码是他自己能得到更多白人的尊敬。电影中博士南下演出的最后一场，餐馆的白人管事以向来如此拒绝博士到餐厅用餐，博士最终拒演，为此他宁可违约，也要捍卫自己的尊严。

师：谢利博士和托尼从这家餐馆出来后去了哪里？后来经历了怎样的事情？

生：他们去了一个黑人酒吧，点了餐之后，托尼向老板娘介绍博士的身份，在黑人女老板的邀请下，博士登台表演，刚开始他还放不开，依然正襟危坐，但后来渐入佳境，与一起登台的黑人演奏者完全融在一起，这种完全被认同与接纳的感觉是唐·谢利博士从未体验过的。

师：在南下的途中，汽车遇到故障，托尼下车修理，博士靠在车上，电影有一个长镜头，此时旷野上一群衣衫褴褛的黑人正拿着粗劣的农具茫然地看着眼前这个穿西装的黑人同胞，而博士的神情同样迷离茫然，最后他选择回避。你们对这个镜头怎么理解？把这个镜头和黑人餐馆里博士放下身段演奏黑人音乐对应起来，你对博士为什么南下演出又有怎样的思考？

生：我好像有点明白了，唐·谢利博士一直在寻找的不仅是白人阶层的认同与尊重，还有就是他要深入黑人重灾区——美国的南部，真正了解黑人的处境以及自己作为黑人的身份。是不是有一种寻根问祖的感觉？这次酒吧的经历让博士第一次感受到被黑人同胞认同的美好。

师：这叫身份的归属感。

生：这种身份的归属感，让一直以来被黑人世界也同样隔离的博士第一次感受到被同胞接纳的快乐。如果说，博士南下演出是为了证明给白人看——你们能做的，我们黑人同样能做，而且可以做得更好；那么他在酒吧里演出就是为了寻找自我，接纳自己黑人的身份。因为他取得的财富与地位，让他一直处在被黑人误解、隔绝、孤立的边缘，因为他太另类了，他不属于黑人认知世界里的黑人，所以他被白人歧视，也被同胞遗弃。

【托尼原本也是一个歧视黑人的白人，真正改变他对唐·谢利态度的是什么?】

生：我觉得是唐·谢利博士高超的演奏技巧，电影中有一个镜头让我印象特别深刻，那就是托尼站在剧院门口看着舞台上表演的博士，他频频点头，那一刻他被深深折服。

生：我觉得改变托尼的还有博士的善良，电影中他和博士之间的关系一开始只是雇主和打工者之间的关系，后来随着旅行和了解的深入，他们开始互相信任。其中一个情节是，博士帮助托尼写信，这让托尼第一次感受到原来信可以这样写，自己可以向妻子这样表达思念，后来托尼在写给妻子的最后一封信时，他竟然掌握了这种技巧，就连博士也认同了他的进步。还有就是博士对一些原则性的事情的坚持，也让托尼肃然起敬，比如博士一开始拒绝吃肯德基，后来在托尼的一再要求下在车上开始吃鸡腿，还学着把骨头扔到窗外，但是他看到托尼把饮料杯随手扔下车，竟然命令托尼倒车回去把它捡起来；还有托尼在一个加油站出售奇特鹅卵石的地摊上拿走了一块翠绿色的石头，博士发现后，要求托尼要么去付钱，要么归还这块鹅卵石。我觉得这些都让托尼慢慢改变了对唐·谢利的认识。

生：我觉得随着南下演出，托尼一次次看到黑人遭受的不公平的待遇，这让他感到震惊与不平。他原本就是一个正直的人，从电影中，老师提醒我们他两次拒绝两个白人提供的高薪工作（或许那两个人是意大利黑手党成员，他们干的是非法的勾当）就可以看出，托尼虽然吊儿郎当，满嘴跑火车，但是其实他很正直，所以他看到博士遭遇到的一些不公正的事情，一方面力所能及地帮他摆平，一方面内心也觉得这样对黑人不公正。

生：我觉得改变托尼对博士印象的还有一点就是，他从那个白人音乐演奏家口中得知了博士此行的勇气。他一次次看到博士孤独的身影，慢慢地也了解到美国这个国家对黑人的不公平，所以他更加佩服博士，也更加理解博士孤独的原因。影片的最后，博士代替托尼开车，如约送托尼回家与家人共度平安夜，这让托尼非常震惊，也非常感动。他邀请博士进来一起共度佳节，那一刻托尼真正把博士看成家人了。

生：我觉得还有一点也很重要，那就是托尼原本就是意大利的犹太人，这重身份，让他对底层生活的艰辛更为理解，也使他对美国本土白人对黑人的暴力与不公更有体会。电影中，一个南方白人警察在雨天逼迫托尼和博士下车，还侮辱托尼也是半个黑鬼，这让托尼非常愤怒，直接暴揍了他。我觉得这个场景，其实在告诉我们托尼自己的身份也一直遭受歧视，所以他对博士南下演出的遭遇更加感同身受。

正如影片的宣传画报上所写的，"打破偏见，这个世界不是非黑即白"。但打破沿袭数百年的偏见又谈何容易。一方面，黑人承受着白人至上的种族主义思想的"世代相传的恐惧与不公"；而另一方面，黑人暴力犯罪与毒品泛滥、黑帮势力无时无刻不威胁着黑人底层人民的安全与正常的城市和平。恶的循环、仇恨的转嫁、裂痕的加剧，无疑都在不断刺激着种族之间根深蒂固的冲突。如美国作家塔那西斯·科茨在《在世界与我之间》中所说，"种族差异、种族化犯罪推定、白人特权"，都是隐藏在种族主义下的"深植内心的体验"。

【再次阅读《黑兔和白兔》，此时你又读懂了什么？你对小黑兔的忧伤有怎样全新的体悟？】

生：我现在才真正明白黑兔的忧伤，原本一直以为黑兔可能害怕白兔不喜欢自己才忧伤，现在觉得是不是作者的一种隐喻，黑兔隐喻黑人，白兔隐喻白人？

生：听了老师刚才的解释，我知道在南北战争以前，黑人与白人是不能通婚的，所以我觉得这应该是黑兔忧伤的真正原因。

生：我想知道这个绘本作者是哪个年代的。

师：加思·威廉斯是享誉全球的插画大师。1912年4月16日出生于美国纽约，1922年随父母移居英国，毕业于英国皇家艺术学院，后来回到美国开始对童书产生浓厚的兴趣。他曾经为多部儿童文学作品绘制插图，其中就包括你们熟知的怀特的《精灵鼠小弟》《夏洛的网》、罗兰的"小木屋"系列、乔治·塞尔登的《时代广场的蟋蟀》等。

生：通过老师的介绍，我知道加思·威廉斯虽然生活在20世纪，美国已经废除了黑人奴隶制，但是白人对黑人的种族歧视依然非常严重。或许作者创作这样的绘本故事，意在唤醒人们对人生而平等的认识，从而消除黑白的种族区分。

生：我也这么认为，故事的最后，黑兔勇敢表白，白兔欣然接受，他们在森林里所有动物的祝福中跳起了婚礼圆舞曲。这应该是作者的一种美好祝愿与希望吧！

【接受陌生人、陌生的族群、与你我不一样的种族，容易吗？当我们将《弗洛格和陌生人》这个故事置于城乡偏见、男女偏见、地域偏见、种族偏见之中，你又有怎样全新的理解？同时，请你设身处地地想一想，置身真实的矛盾冲突、利益纠纷、安全隐患之中，你又会怎样处理与陌生族群的关系？请补充此时你对这个故事新的理解。】

生：我们本能地会在自己生活的熟悉圈与陌生来客之间建立一种"隔阂"，但是真正想要打破这种隔阂，就如同让所有白人完全认同黑人一样艰难。因为，这里面有太多历史的因素，也有太多现实的因素。就比如对老鼠的习惯性认识，还有这只老鼠闯进小猪、小鸭、青蛙、野兔的领地砍伐木头这样的实际利益纠纷。

生：我觉得野兔这个角色在这里非常重要，他是一位智者，告诉我们只有消除人与人之间的隔阂，建立信任，然后接纳、包容所有人，这个世界才可能真正美好。

生：我对故事中这两个情节又有新的认识。假如小猪家没有着火，野兔没有掉进河里，小猪和小鸭还会那么快接受老鼠吗？我想不会！或许一切矛盾的消除都需要双方付出努力。

或许，我们置身事外能清晰、轻易地给出"非黑即白"的答案，但是身处其中，才能真切地知道消除内心的仇恨与贪欲，突破认知的局限是何其之难！这也正是我们学习、阅读的意义。通过一本书，一部电影，然后又一本书，又一部电影，我们窥见的是一段人类文明的进化史，更是至今仍然需要包括你我在内的每一个人都要不断反思、前行、自省、共同努力的人类进步史。正如塔那西斯·科茨《在世界与我之间》所说："在这美丽而残酷的世界，做一个审慎而清醒的公民。我们要无情地审视那个最容易引发同情、最容易被原谅的主体——我自己！"我们要清醒而勇敢地学习对自我保持警惕与审视。审视历史，是为了更好地看清当下的现实；审视现实，是为了更好地看清自己当下思想的由来；审视历史与审视自我，都是为了更好地迎接美好的将来，迎接更好的自己！

【分享完这个专题，请学生整理自己的思考，撰写一篇电影《绿皮书》观后感。】

尊　严
——《绿皮书》观后感
六（8）班　施一涵

一个白人是一个黑人的司机，在20世纪五六十年代的美国这是令人不可思议、难以置信的事。而在《绿皮书》里，一个白人司机，一个黑人演奏家，却展现了美国当时的社会环境以及黑人证明自己的艰难旅程。

黑人当时就像污水或者一块令人唾弃的石头，在白人的视野中，他们存在，但白人却可以随意朝他们吐痰。谢利博士是这么说的："他们把我邀请上台，可以显得他们很有文化，但当我下台，他们就只把我当做一个黑鬼。"谢利博士已经是音乐造诣登峰造极的艺术家，但黑人的肤色仍让他饱受凌辱。黑人的身份，让黑人变成了石头，即使是个钢琴艺术家，在白人眼里也只是一块特别一点的石头罢了！

谢利博士明明知道黑人在南方会受到更大的种族歧视，但是他为什么还要南下演出呢？赚更少的钱，却受到更差的待遇，为什么？或许他是为了找到真正的自己。谢利博士在雨天咆哮道："利普，我不够黑，也不够白，甚至，我不够男人，你告诉我，我到底是谁？"虽然，谢利博士在北方受到追捧，享受着极其奢华的生活，但他依然迷茫——为自己的肤色，为自己的身份，为自己的存在！托尼刚刚来面试的时候，谢利博士说："你要帮我擦皮鞋，熨烫西服……"坐在高贵的椅子上的他更像是一个"上等的白人"，一个凌驾于白人托尼之上的"白人"，哪怕他明明知道自己是黑人。为什么？他为什么有这样的举止？或许，电影中有一个细节可以为我们提供启示，每天晚上谢利博士都要喝一瓶威士忌。为什么？一个迷失自我的黑人内心是孤独的，他既不被白人接纳，又不被黑人接纳或者说他不想接纳自己的黑人身份——一直想通过不懈的努力脱离自己的种族。一个黑人艺术家永远不能演奏贝多芬、肖邦的古典音乐，只能迎合白人听众演奏流行音乐。舞台上的他风光无限，但在台下他又变成社会中最低等的黑色种族。

他为什么要南下？是为了寻找自我的归属与尊严！他要用自己高超的钢琴演奏技艺征服那群仍然存在严重种族歧视的观众，他要用自己高挺的脊梁和笔挺的着装打动这些所谓高人一等的南方白人阶层。你要让我去最烂的厕所，不好意思，你们就等着，我回旅馆去上；你不让我在白人餐厅用餐，对不起，那我就不在你这家餐厅演奏了——哪怕这是此次南下演出的最后一站。谢利博士以黑人的身份，展现着黑人的尊严和高贵以及对平等的渴望，他以实际行动发表了真正的"独立宣言"。

同样，电影中的白人司机托尼过得也并不如意，作为一个意大利籍的犹太人，在美国只能从事最底层的夜总会侍者工作。但就是这样一个原本粗鲁、同样歧视黑人的白人在这次南下旅途中，慢慢改变了对黑人的看法。同时，他也用自己的拳头、独特的处事方式以及正义的人格改变着谢利博士。当最后一站，谢利博士倔强地拒绝演出后，托尼把他带到了一个专属黑人的酒吧。在那里，谢利第一次找到了归属感，他第一次完全地为自己的黑人同胞还有自己自由的心演奏黑人音乐。

谢利博士的南下巡演，381天蒙哥马利市的黑人拒乘公交车抗议游行，黑人拳王阿里将金牌扔进大海，这是一次次无声的抗议，这是一次次有声的宣言，这是真正从黑人心里点燃的"解放宣言""平等宣言""自由宣言""独立宣言"。虽然，这条通往真正种族平等的自由之路仍然漫长而遥远，但人要有尊严地活着，要为夺回尊严而继续努力！

起点与终点：一段关乎一生的旅程

　　课程（Curriculum）一词最早见于英国教育家斯宾塞《什么知识最有价值？》（1859 年）一文。它是从拉丁语 Currere 一词派生出来的，意为"跑道"（Race-course）。我常常在想，语文课程究竟是一段怎样的人生跑道呢？语文关乎生命的全部信息，我们短暂的学校教育又如何在这条跑道上给予学生真正的生命良好体验与理性良知的沉淀呢？这些年我一直努力着探索如何从教课文到教语文、从教课文到教课程、从教一课到教一生的课程建设。而关于生命的终极关怀——如何面对生死的考验，一直都是我不敢开启的一个话题。因为，敏感脆弱的内心一直在抗拒着直面这个话题，哪怕阅读了一些文章或书籍，还是很忌讳地回避着往更深处去思考。我也一直在寻找着适合儿童阅读的有关此类话题的书籍，因为这是我们每个人都必须独自面对的生命考验，是不得不面对的残酷而现实的哲学命题。直到有一天，遇见了德国绘本作家赫姆·海恩创作的《大象的算术》，它竟然将艰巨的生命哲学化解得如此通透、清朗、平和，那一刻，我真有见菩提花开的欣喜与安宁。后来又遇见了法国作家埃里克-埃马纽埃尔·施米特的《奥斯卡与玫瑰奶奶》，英国作家艾利克斯·希尔的《天蓝色的彼岸》，以及电影《飞屋环游记》《永生守卫》，一条隐形的跑道慢慢浮现出来，铺展在孩子们二年级到六年级的五年时光里。

一

1

《是谁嗯嗯在我的头上》是德国作家维尔纳·霍尔茨瓦特创作、德国画家沃尔夫·埃布鲁赫绘制、方素珍翻译的经典绘本。

有一天，小鼹鼠从地下伸出头来，开心地迎着阳光说："哇！天气真好。"

这时候，事情发生了。

一条长长的、好像香肠似的"嗯嗯"掉下来，糟糕的是，它正好掉在小鼹鼠的头上。

小鼹鼠气得大叫："搞什么嘛！是谁嗯嗯在我的头上？"

有一个影子闪过去，但是小鼹鼠的视力不好，看不清楚到底是谁。

【故事接下来会怎么发展？】

生：小鼹鼠一定非常生气，他想知道是谁干的。

生：我也这么想，马上找到那个坏蛋，让他把自己头上的嗯嗯擦干净。

生：还不够呢！还得要道歉，道歉还不够，还得……

生：我想，鼹鼠一定觉得自己真倒霉，他可能会回家，把自己关在家里生闷气，因为他没看清是谁干的。

生：我想他应该不会回家生闷气，因为老师刚才给我们看绘本封面的时候，我注意到那只鼹鼠气呼呼地往前走，他应该是去找那个干坏事的人算账。

师：大家说得都很好，刚才这位同学有一点值得大家学习，那就是他关注到了绘本的封面以及封面人物的表情细节。

小鼹鼠一路寻找"是谁嗯嗯在他头上"——鸽子、马先生、野兔、山羊、奶牛、猪先生……

一只鸽子飞过来了，小鼹鼠问她："是不是你嗯嗯在我的头上？"

"不是我！我的嗯嗯是这样的。"

鸽子说完，一团又湿又黏的白色嗯嗯，就掉在小鼹鼠的脚边了！

小鼹鼠只好跑去问牧场上吃草的马先生："是不是你嗯嗯在我的头上？"

"不是我！我的嗯嗯是这样的。"

马先生的屁股一扭，五坨又大又圆的嗯嗯，像马铃薯一样，咚、咚、咚……掉下来。小鼹鼠失望地走开了！

小鼹鼠问一只野兔："是不是你嗯嗯在我的头上？"

"不是我！我的嗯嗯是这样的。"

野兔立刻转身，十五个像豆子一样的嗯嗯掉下来了，哒、哒、哒、哒……在小鼹鼠的耳边响着，小鼹鼠立刻跑开了！

小鼹鼠问刚睡醒的山羊："是不是你嗯嗯在我的头上？"

"不是我！我的嗯嗯是这样的。"

山羊的嗯嗯，像一颗颗咖啡色的球掉在草地上，小鼹鼠看了看，默默地走开了！

小鼹鼠问正在吃草的奶牛："是不是你嗯嗯在我的头上？"

"不是我！我的嗯嗯是这样的。"

奶牛的嗯嗯，好像一盘巧克力蛋糕，小鼹鼠一看，就知道他头上的嗯嗯不是奶牛的。

小鼹鼠又跑去问猪先生："是不是你嗯嗯在我的头上？"

"不是我！我的嗯嗯是这样的。"

猪先生立刻"噗"一声，掉下一坨软软的嗯嗯，小鼹鼠捂着鼻子跑开了！

这一路上，小鼹鼠没有找到真正的"罪魁祸首"，但他仍然坚定地气呼呼地顶着那一坨"嗯嗯"！正当他一筹莫展的时候……

远远的，小鼹鼠又看见两个小家伙。

"是不是你们……"

他一面说，一面走近他们，原来是两只又肥又大的苍蝇。

小鼹鼠想："啊哈！我知道谁可以帮助我了。"

他兴奋地问苍蝇："到底是谁嗯嗯在我的头上？"

苍蝇说："你乖乖坐好，我们试试看就知道了！"

苍蝇戳了一下他头上的嗯嗯，立刻说："哈！太简单了，这是一坨狗大便！"

【故事接下来会怎么发展？】

请你们关注小鼹鼠兴奋得意的样子！

当小鼹鼠终于看到他辛辛苦苦找了大半天的"罪魁祸首"——大狗时，请你们想象此时小鼹鼠的表情，他会想什么？

小鼹鼠终于知道是谁嗯嗯在他的头上了！

好哇！原来是这只大狗！

大狗正在打瞌睡，小鼹鼠爬到他的屋顶上。

"噗哧"一声，一粒小小的、黑黑的嗯嗯掉下来了，正好掉在大狗的头上。

然后，小鼹鼠就钻回地下去了！

请你们关注小鼹鼠此时的心情以及画面呈现的他钻回地下的小腿……小鼹鼠安全地钻回地下，躺在家里的他又会想些什么？

这样的绘本怎么教？相比于怎么教，我更关心怎么读。童心世界，一切皆是菩提！没有一颗真正贴合儿童的心，是创作不出这样鲜活、极富童趣的绘本的。同样，没有一颗柔软、温润的心灵，也是不能领会这样高级的绘本的。其实教这样的绘本故事，你只要问一个问题就可以展开阅读的分享：接下来会发生什么？读完之后，请学生静静回想整个故事与画面，哪些情节和细节最好玩。你关注的是"有意义"，我关心的却是"有意思"。好像是语文教学观念的不同，其实是生命语文的朝向不同。在我看来，很多时候，"有意思"要比"有意义"有意义！相比于大人喜欢因循守旧，小孩更喜欢新奇的、好玩的一切事物，包括丑的、臭的、脏的。理解儿童才能走近儿童，才能有真正的影响发生。

2

接下来我们再来分享日本童书作家角野荣子创作、佐佐木洋子绘制的绘本故事《小象的大便》。

早上，出门散步的小河马非常吃惊。今天空地上非常臭。"哪里臭？哪里臭？"小河马边找边问。小鳄鱼、小狮子、小猴子和小刺猬也都围了过来。"哪里臭？哪里臭？"

【接下来故事会怎么发展呢？】

大家正找着，"吧嗒，吧嗒"，只见几个粪球落在空地的中央。

"哇啊，这么大！"小河马说。

"是谁的大便啊？"小鳄鱼问。

小象的大便

······

"说不定是天空拉的大便哟。"小刺猬说。

"天空不会拉大便的。"小河马笑着说。

"不过,有时会拉小便。"小鳄鱼说。

"也许有时会拉大便呢!"小猴子说。

"也许吧!"大家点头说。

于是,他们一起站在空地上往天上看。

"对不起,对不起,是我的大便。"小象急匆匆地跑来。

"我马上打扫干净。"

小象开始用鼻子吸来沙土掩埋大便。

【接下来故事会怎么发展呢?】

"等一下。"小猴子说。

"我也想拉这么大的大便。"

"我也想!"

"我也想!"

大家一个接一个地说。

然后,他们问小象:"你怎么会拉出这么大的大便?"

"那是因为我吃得多呀!"小象说。

"真的吗?"

"那我们也得努力吃呀!"大家一齐说。

"明天早上我们再来悄悄地比一比。"

这下可热闹了。

小河马、小鳄鱼、小狮子、小刺猬还有小猴回到家不停地吃。

输给小象,那还得了!

……这可把妈妈们吓坏了。

第二天一大早,大家在空地中央集合。

"一、二、三!"

最后还是小象拉的大便最大。……小象骄傲地扬起了他的长鼻子。这时,爸爸妈妈们赶来了,……"赶快打扫!马上就打扫!"

大家吓得跳了起来,慌忙开始打扫。那么,这回谁是第一呢?

得第一的是大便最小的小刺猬。

让人意想不到的语言,意想不到的过程,意想不到的结局,但是,一切的意想不到又在意料之中——一切都是与儿童的心理相贴合、相共鸣的。

3

我们再来读一个关于"大便"的绘本,看看这个绘本又带给我们怎样的阅读体验。

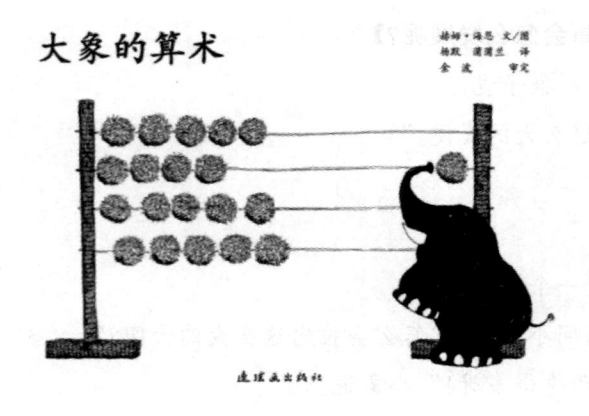

德国绘本作家赫姆·海恩创绘的哲理绘本《大象的算术》：

从前，有一只饥饿的小象。他一天到晚吃啊吃啊吃个不停，吃完了青草吃树叶，直到吃饱了才停下来。

吃饱了，小象就躺在地上做起了梦。他看见一座又高又大的草料山，就吃啊吃啊，从这头吃到那头。

每天早上起床后，小象就刷那两根长长的牙，再喝下 100 升水。接着，他拉出 1 个粪球，又大又圆，好像一个足球！日子一天天过去了，有一天，小象像平常一样吃过饭后拉出 1 个粪球。突然，又拉出来 1 个粪球，小象高兴得跳了起来——2 个粪球了。小象绕着 2 个粪球，跑呀跳呀，草丛和树叶也跳起舞来。

听着，读着，轻歌曼舞一般的课堂。语言的学习就像是浸润，浸润在优质的语言之中，久而久之就能养育言语润泽的生命，语言的学习便是在这样的氛围中自然发生的。

一年年过去了，每一次生日，他都多拉 1 个粪球，每一个都像足球一样又大又圆。有一天，粪球有 50 个了，小象已经长成大象了。每天早上，大象都要从 1 数到 50，他幸福极了。

可是，有一天却发生了一件奇怪的事：46，47，48，49……数到 49 个，就没有了。今天怎么只拉了 49 个呢？

难道数错了？他又仔细地数了一遍，还是 49！大象很吃惊。他认真地想了很久很久，还是没搞清楚这到底是怎么回事。直到第二年生日，他匆忙刷完牙喝完水，就大声数起粪球来：1，2，3……46，47，48……数到 48 个，就没有了。大象明白了。……要是这样的话，最后和最初，一模一样。大象感到很幸福，兴奋地期待着第二天早上的到来。如果真是这样，这该是一件多么奇妙的事情啊！

又过了很多年，大象成了老象，脸上爬满了皱纹，长牙也变黄了，每天只拉 1 个粪球。这是他生命的最后一年了。

……到了第三百六十五天的早上，他突然不安起来。如果算得没错，那么今天的粪球就是最后一个了。真的是最后一个吗？老象等待着，一动不动地等待着，可是没有粪球出来。"前面五十年，我拉了465375个粪球；后面五十年，我拉了465375个粪球。今天是最后一天，自然就没有粪球了。"

老象很幸福。他明白了，活了一百年，就回到了零。他再也没有什么事要去想了，草和树叶，加法和减法，都不用想了。他轻轻地转过身，慢慢地走了，到老象们最后都要去的地方……在那里，他也将变成零，静静地消失。

读到这里，孩子们纷纷发表见解：

生：我不想死！

生：大象好可怜哦！一个人静静地去死！

生：我突然有点想我的太婆了。她去年去世的。她也和大象一样老了。

生：我有一点想哭。

生：我怎么觉得大象的数学好厉害，这都记得住，还算得那么准。这未免太神奇了吧！

生：我怎么觉得这个故事就像一个回环，前面大象拉了一个粪球，然后慢慢增多，到了五十就开始慢慢减少，到最后就没了，就死了。

生：我们的大便会不会也这样？

生：胡说，我们还很小，再说了，我们的大便怎么算啊，又不是一个个圆圆的粪球，都被抽水马桶冲走了。

大便竟然引出这么好玩的三个故事，有会心一笑的幽默，有令人捧腹的天真，当然也有对生命终极的关怀与深思。真实的学习在悄然发生，语言的吸纳，智慧的潜种，心灵的润泽，还有思考的继续……

二

赫姆·海恩《大象的算术》引发了关于生命与死亡的思考，我又想到了几本童书：法国作家埃里克-埃马纽埃尔·施米特的《奥斯卡与玫瑰奶奶》，日本安武信吾、安武千惠、安武花共同完成的《会做饭的孩子走到哪里都能活下去》，英国作家艾利克斯·希尔的《天蓝色的彼岸》。于是，四年级时，我们开启了关于生命探索的旅程，这是延续，又是接引，更是悄无声息的成长。这是一段三个星期的自由阅读、三节课的读书分享旅程。

1

我们还是从《大象的算术》重启这段学习之旅。虽然，阅读分享《大象的算术》已经过去两年多了，但是孩子们对这个经典的绘本故事记忆犹新。

师："老象很幸福。他明白了，活了一百年，就回到了零。他再也没有什么事要去想了，草和树叶，加法和减法，都不用想了。他轻轻地转过身，慢慢地走了，到老象们最后都要去的地方……在那里，他也将变成零，静静地消失。"还记得这段话出自哪本书吗？

生（齐声说）：记得，《大象的算术》。

师：今天，重读这段话，重温这个经典故事，你有怎样的感想呢？

生：我觉得这头大象平静地走完了自己的一生，从小象到大象再到老象，他感到特别幸福，每天吃草、喝水、排泄，然后计算粪球，他过得特别满足。

生：我也有同样的感觉，正因为他感到自己的一生没有遗憾，所以他面对老死就特别的平静。

生：老象最后应该是回到祖祖辈辈都安葬的象冢去了吧！我怎么觉得他像回家了一样。

生：我之前读过沈石溪的一本书《最后一头战象》，那头战象临死前到了象冢，和战友们葬在了一起。大象是特别讲感情的动物，这两本书也印证了我的感觉。

师：大象走完自己平静的一生，他安详平和地走向生命的最终归宿。正如你们所说的，他的一生过得平平常常，却也是幸福而满足的，他满足而坦然地走向生命的终点，因为他没有留下任何的遗憾。但是，每一个人的一生都是一段不同的经历，不同的经历又将带给每个人不同的体验与考验。

自由阅读第一本书——英国作家艾利克斯·希尔的《天蓝色的彼岸》。小主人公哈里因为车祸离开了世界，正等着去往天蓝色的彼岸，但他还挂念着自己的爸爸、妈妈、姐姐、老师和同学们，他不知如何向他们告别并传达自己的心声，直到碰到一个叫阿瑟的幽灵。阿瑟带领着哈里偷偷地溜回人间，来一一向亲人和朋友告别，并向他们表达真诚的歉意和真挚的爱意。它不仅是一部小说，同时也正如《泰晤士报》所说的，是对人生、生命的"一次敏感、耐心的探讨"。一周后，我组织学生们进行读书交流。

【读完整本书，让你最伤感、心痛或者印象最深刻的是哪个章节或情节？学生顺着目录逐章节地浏览，随时交流。】

生：让我最难过的是第一章，当哈里无助、迷茫地在天国排队时，我感到莫名的难过。

生：读第一章的时候，我也有同样的感觉，心里感到挺沉重的，但是读着读着，特别是读到阿瑟的出现，又觉得这本书并没有一开始那么沉重了。

生：读到阿瑟是孤儿，他拿着一颗贝壳样子的扣子想在幽灵世界里寻找妈妈时，我感到特别难过，阿瑟真可怜。

生：读到哈里和姐姐雅丹赌气出门，没想到被卡车撞死了，真的"再也不会回来了"，觉得好诡异，但是一想到哈里真的不能再回来了，我就特别难过。

生：当我读到第48页，阿瑟说带哈里回到人间做飘荡的幽灵，我感到特别惊奇。后来读到"这时我突然想起了雅丹，还有我妈妈，我爸爸，以及好多我以前认识的人。我突然感到特别想再见到他们。说不定我再也见不到他们了，就算他们死了，我可能也找不着他们"，我感到特别难过。

生：第96页，哈里要重回校园看看同学、老师"没有我，他们可怎么办"，阿瑟提醒哈里，"不要想得太好！别人原来怎么活，现在还怎么活。否则会失望的"，是不是和一句俗语——"没有你地球照样转"——意思差不多？我读到这里莫名地感到难过。我们每个人活着或者死去是否都无足轻重，对你熟悉的人来讲，多你一个不多，少你一个不少？

师：有的时候，事情似乎如你所认知的、阿瑟所提醒的这样，但是，我想和大家分享的是，对于茫茫宇宙而言，你是微不足道的；但是对于你自己而言，你就是全部，宇宙的全部，世界的全部！

生：当读到哈里到教室里看到同学们贴满整墙的纪念他的文字或图片、照片，我特别感动。尤其读到老师对彼得的作文《我的好伙伴哈里》的评语，"谢谢，谢谢彼得，如此精彩地描绘了哈里，描绘了哈里的生活。虽然我们对哈里的思念是无法用语言来表达的，但是彼得还是如此传神地向我们讲述了哈里独一无二的精彩人生。哈里是那么机灵、那么有趣，任何人都无法取代哈里在我们心中的位置。如果哈里知道我们是那么爱他，他一定会很高兴的"，我感到很难过，为哈里感到难过，又为同学们、老师对哈里的思念感动。

生：我读到杰·唐金斯的作文《哈里》特别感动。原本两个人是死对头，见面就要掐的那种，谁都不服谁，但是在这篇作文里杰·唐金斯竟然向哈里道歉。但是哈里却死了，一切都无法挽回了，我又特别特别难过。

生：看到同学们在杰·唐金斯的提议下为哈里种一棵树表达对哈里的怀念，我特别感动。

生：我想分享的是第 195 页，哈里来到自己的墓地，看到上面的鲜花，正好遇见他的爸爸，看到爸爸因为失去自己憔悴难过的样子，哈里特别心疼。当我读到这里时，好像有什么东西堵在胸口一样难过。爸爸那么爱哈里，他每天都来看哈里。哈里也爱爸爸，他多么希望爸爸别成天难过。

生：我也想说这一段，"他继续走，我伸出我幽灵的手去拉他的手。我们一起在小道上走，手拉着手，我的手拉着爸爸的手"。我好难过啊！我突然有一种想爸爸的感觉，每天晚上我爸爸也是这样拉着我的手一起回家的。

生：当我读到爸爸回家，妈妈说上午去了一趟哈里的墓地，姐姐雅丹说放学后也去了一趟，我既难过又感动，没有比亲人更加爱自己了。

生：当我读到哈里的爸爸妈妈坐在厨房里相互用胳膊挽住对方哭泣，我也想哭。

生：哈里来到雅丹的房间，看到生前自己曾和姐姐势不两立，姐姐也绝不让哈里到自己的房间里来，但现在哈里死了，姐姐的书桌上竟摆着自己和哈里的合影，雅丹用手抚摸着哈里的照片，嘴里还说着哈里的名字，读到这里我特别感动，只有最亲最亲的亲人才会这样在乎你。

生：我最感动的是，哈里作为一个幽灵集中所有的意念控制铅笔写字与雅丹对话，读到"我也爱你——雅"就再也没有力气写下一个字时，我感到特别揪心。哈里明明就在雅丹眼前，雅丹也知道哈里就在眼前，但是两个人却生死相隔。

生：我读到哈里和姐姐、爸爸、妈妈告别，离开他家的房子的这段话特别感动，"我并不是一个坚强的人，但是我能在该坚强的时候坚强。你该明白，有些时候，你必须坚强"。哈里其实非常留恋这个活着的世界，但是他知道自己必须离开。

生：故事的最后，阿瑟终于找到了他的妈妈，妈妈衣服上的纽扣与阿瑟手里的一模一样，我感动极了。哈里是在回去与亲人告别后平和安宁地走向天蓝色的彼岸，阿瑟则是在即将前往天蓝色的彼岸时遇见了他的妈妈。他们都可以无牵无挂地离开这个曾经生活过的世界了。

生：阿瑟的妈妈回答哈里天蓝色的彼岸是一个怎样的地方，我对她说的话特别有感触，"你就像一片树叶，落下后就又成为泥土的一部分，成为生命的一部分，长出新的树木，新的叶子。落叶归根，我们就像是这样"。

师：你的分享以及书中的这段话，让我想起一个绘本——美国作家巴斯卡利亚写的《一片叶子落下来》。一片叫弗雷迪的树叶经历了生命的四季轮回，可当看到其他的叶子一片片落下，他感到害怕极了。在一片充满智慧的叶子丹尼尔的引导下，弗雷迪终于安详地落下，平静地走完此生——"那天下午，在黄昏的金色阳光中，丹尼尔放手了。他毫无挣扎地走了。掉落的时候，他似乎还安详地微笑着。'暂时再见了，弗雷迪。'他说。然后就剩弗雷迪一个了，他是那根树枝仅存的一片叶子。第二天清早，下了头一场雪。雪非常柔软、洁白，但是冷得不得了。那天几乎没有一点阳光，白天也特别短。弗雷迪发现自己的颜色褪了，变得干枯易碎。一直都好冷，雪压在身上感觉好沉重。凌晨，一阵风把弗雷迪带离了他的树枝。一点也不痛，他感觉到自己静静地温和地柔软地飘下。往下掉的时候，他第一次看到了整棵树，多么强壮、多么牢靠的树啊！他很确定这棵树还会活很久，他也知道自己曾经是它生命的一部分，感到很骄傲。弗雷迪落在雪堆上。雪堆很柔软，甚至还很温暖。在这个新位置上他感到前所未有的舒适。他闭上眼睛，睡着了。他不知道，冬天过了春天会来，也不知道雪会融化成水。他不知道，自己看来干枯无用的身体，会和雪水一起，让树更强壮。尤其，他不知道，在大树和土地里沉睡的，是明年春天新叶的生机"。

【读完整本书，和没读这本书之前，你对生命与意外又有怎样的感悟？学生静静地用文字表达自己对生命的理解，十多分钟后交流。】

生：刚才听陈老师读了绘本《一片叶子落下来》，我把《天蓝色的彼岸》与它对应起来，我想是不是这两本书都在告诉我们，每一个人不论生命长短，都要平静地接受死亡。因为每一片叶子都是要回到大地的，就像每一个人最终都要面对死亡。但是这两本书又有点不一样，弗雷迪完整地走过四季，但哈里却是遭遇车祸突然离世的。对于哈里而言，死亡并不恐怖，但是他的家

一片叶子落下来
——关于生命的故事——

〔美〕利奥·巴斯卡利亚 著
任溶溶 译

人很难接受哈里的突然离去。读了《天蓝色的彼岸》，我想说的是，不论你怎么思念去世的亲人，他们都回不来了，他们也不希望你老是沉浸在悲痛之中。就像哈里希望爸爸、妈妈、姐姐要开心起来，哪怕去度假没有来自己的坟墓前看自己，也不希望他们每天都来，每天都那么难过。

生：读了这本书，我既难过又感动，我想我们现在应该好好和家人在一起。就像哈里一样，我也有一个姐姐，我们也经常吵架，还同样说着哈里姐姐一样的气话，什么你快去死之类的话。读了这本书后，我真害怕突然死亡，那样就再也见不到自己的亲人了。所以，我觉得这本书告诉我们要珍惜现在的每一天，珍惜我们认识的每一个人。等到你失去他们了，再后悔也没有用了。

生：生命太宝贵了，每一个人都只有一次生命。假如你留下遗憾而离开这个世界，一定非常难过。就像这本书中的阿瑟，就一直在找他的妈妈，我一开始觉得阿瑟应该找不到他妈妈了，但是他们最后奇迹般相遇了，这也算是一个圆满的结局吧！但是假如哈里没有遇见阿瑟，或许他就要永远带着对姐姐的愧疚和对爸爸、妈妈的思念去往另一个世界了。所以，我觉得我们应该过好每一天，不要让自己留下遗憾。

生：我读到书的封底，英国《收藏》杂志这样评论这本书，"这是一本富于幽默和感人至深的书"。《泰晤士报》说，这是对人生、生命的"一种敏感、耐心的探讨"。我读完也有这样的感受。刚开始读这本书时我觉得特别压抑，但是读着读着就放松下来了，那种难受、悲伤慢慢平静下来了。这是不是也在告诉我们，面对生活突然的打击、灾难，我们也要试着慢慢调整自己的心态，学会慢慢平静下来。因为，已经发生的事情，即使你再难过也没有用了。

天有不测风云，人有旦夕祸福。死亡是我们每个人都必须面对的考验，有时一场意外的灾难会夺去我们亲人、朋友的性命，不论我们如何沉痛，却于事无补，只能让时间这个万能的治愈大师慢慢抚平受伤的心灵。所以说，有时候遗忘、过滤掉悲痛的情绪，哪怕是暂时逃离困境，都是一种良好的心理调适。但是《天蓝色的彼岸》却给了我们另一种对生命的理解——"你不在了，但生活还在"！只要我在，我的亲人就会好好地活在我的心里，他们与我同在！当人们沉浸在亲人去世的悲痛中时，总会牵挂着，想象着他们并没有消失，而是去了另一个世界。那么另一个世界又是一个怎样的世界呢？他们在那个世界过得好吗？于是，我们便在惯常所看到或者听到的所谓的迷信活动或者丧葬、祭奠仪式中寄托对逝者的哀思。每一个善良的人总希望自己的亲人在那个未知的世界里依然存活着，好好的！《天蓝色的彼岸》以一种近乎魔幻又不失幽默的笔调，为我们打开了想象的美好图谱，带领我们来到彼岸与此岸的临界，跟随哈里与阿瑟重游人间，而此时哈里和阿瑟既是导游，又是所有逝者的化身。哈里和阿瑟的故事在宽慰我们，逝者并未走远，他们曾回到我们身边与我们道别，我们的一举一动都牵挂着他们的心，只有活着的人放下哀痛，他们才能无牵无挂地去往天蓝色的彼岸。

2

如果说，意外是极小概率发生的事件，疾病却是我们几乎每天都要面对的真实苦痛。比起瞬间发生的意外，不治之症漫长的治疗不论对患者还是患者家人都是极大的痛苦与煎熬，如何在漫长的等待中与世界平和地告别，如何在煎熬的绝望中与家人平静地相爱，如何在痛苦的挣扎中与自我和解，这真是极大的生命考验，也只有真正具有大智慧的人才能直面、化解这惨淡的人生最难熬的关卡。法语文学最高奖项龚古尔奖得主兼评委埃里克-埃马纽埃尔·施米特笔下的玫瑰奶奶便是这样的长者。

十岁的奥斯卡得了白血病，几年如一日重复地化疗、转院、住院、等待、骨髓移植，直到父母与自己都心力交瘁，绝望地坐以待毙。奥斯卡每天都过得不开心，直到遇到了玫瑰奶奶——一个自称年轻时是超级无敌摔跤手的医院义工。从她那儿，奥斯卡知道了"神奇的十二天"的传说——"这是一个传说，传说中神奇的十二天。我想，你和我，我们一起来玩这个游戏，主要是你。从今天开始，你仔细观察每一天，对自己说这一天就相当于十年"。就在奥斯卡走向死亡的最后十二天里，他在与玫瑰奶奶的游戏中度过了"完整的一生"：出生、上学、青春期、向喜欢的病友表白、亲吻、结婚、三十而立为所爱之人佩吉而担心、中年危机……圣诞节在病友的通力合作下冒险逃离医院躲进玫瑰奶奶的老爷车，在昏厥前被玫瑰奶奶发现，最终与深爱着他的父母和解，度过生命中最后一个也是最快乐的一个圣诞节。他用与上帝写信的方式记录下游戏中的经历：衰老、分离、九十岁、一百岁、一百一十岁。在写下第十三封信的清晨，奥斯卡平静地离开了这个世界。他好像有意选择在玫瑰奶奶和他父母去喝咖啡的半个小时里独自离开，他好像是在生命的最后一刻向深爱着他的家人、玫瑰奶奶表达最后一次浓浓的爱意——不要因为他的离开而经受那一刻生离死别的残忍。

因为玫瑰奶奶，奥斯卡度过了奇特的一生，并且懂得了："生命是一份奇特的礼物。开始我们往往高估了这份礼物，以为得到了永恒的生命。然后呢，又低估它，认为它腐烂，转瞬即逝，又想把它抛弃。最后人们才明白，其实这不是一份真正的礼物，仅是一次出借。于是，我们就试着配得上这个生命。"

【这是一本充满哲学思想和精神启迪的小书。书中哪些语言带给你生命的启示？请学生重新浏览《奥斯卡与玫瑰奶奶》，然后边读边分享自己的思考与收获。】

生：我印象最深的是，奥斯卡以为玫瑰奶奶也会和别人一样，不敢直接告诉一个孩子他即将死亡的话题。书的第12页写道："你说得对，奥斯卡。我觉得大家对于死亡也犯同样的错误。我们忘了生命是脆弱、易碎和短暂的，我们都假装永远不会死。"玫瑰奶奶知道，与其装傻，不如和孩子坦白，真诚地面对这个话题。

生：我印象最深的是，奥斯卡在玫瑰奶奶设计的游戏中，到了可以谈恋爱的年龄，于是他鼓足勇气想要向心仪的病友佩吉表白，可是却被一个块头足以塞满门框的肥胖症患者——"爆米花"威胁，说佩吉是他的女朋友。这让奥斯卡感到非常沮丧。玫瑰奶奶鼓励他道："魅力可不只是靠着骨骼和肌肉，也靠心灵的力量。"最终在玫瑰奶奶的鼓励下，奥斯卡表白成功，获得了佩吉的心。

生：请大家看第63页，这是奥斯卡与玫瑰奶奶一段关于直面死亡的对话。"对于死亡的念头，不一定非得感到痛苦，因为你不知道这到底是什么，所以，完全取决于你自己。"玫瑰奶奶说。"你认识过想到死亡却很高兴的人吗？"奥斯卡问道。"有啊，我妈妈就是这样子的。临死前，她微笑着想去品尝死亡，她是那么性急，急切地想知道未来的事。"玫瑰奶奶继续补充道："不过，大多数人对死亡缺乏好奇心，他们紧紧抓住已有的东西不放，就像虱子到秃头耳朵里找头发一样，无济于事。比如我的爱尔兰对手葡萄干布丁，在她进吉尼斯纪录之前，空腹不穿衣服时就有150公斤。但是她固执地认为我不会死的，因为我还没同意。她拼命抗争，拒绝放弃这念头，几乎发疯，最后得了抑郁症，只剩35公斤，然后就灰飞烟灭了。你看看她最后还是死了，跟所有人一样，但怕死这念头，却毁了她的一生。"虽然，我有点不大懂玫瑰奶奶的话，但我对这段文字还是充满好奇。

生：我觉得正是玫瑰奶奶让奥斯卡正视疾病和死亡，所以人才要"每天用第一次看世界的目光来看这世界"，才要"靠智慧来享用生命"。

生：我觉得玫瑰奶奶是一个特别懂孩子心理的人，让我印象很深的是，当大人不理解奥斯卡的难过、绝望与痛苦时，玫瑰奶奶并没有一味地安慰他，而是用自己编织的故事转移奥斯卡的注意力，让他学会勇敢地面对一切困难。还有一点就是，奥斯卡说鄙视自己的父母，玫瑰奶奶也没有教育他不能这么说，而是先认同他，然后再说你鄙视他们其实也没有必要。

生：让我最受启发的是，玫瑰奶奶让奥斯卡把十二天想象成一百二十年。这样奥斯卡就可以一天体验到十年的生活。比如，奥斯卡说自己到了恋爱的年龄，玫瑰奶奶就问他有没有喜欢的人；奥斯卡到了结婚的年龄，并和他喜欢的病友蓝精灵佩吉睡在一张床上，所有的护士都非常惊恐，并且指责奥斯卡，玫瑰奶奶依然非常平静地处理这件看起来让人难堪的事情。还说什么你们医生、护士是不是为病人服务之类的话。我觉得玫瑰奶奶虽然只是这家医院的护工，但她不单是普通的护工，更像是一位心理医生，带给奥斯卡的不是普通的关心，而是面对死亡的勇气，也不叫勇气，应该是非常平静、快乐地度过了生命的最后一段旅程，而且这段时光就像是我们度过的完整的一生。

生：让我特别难忘的是，玫瑰奶奶送给奥斯卡的圣诞礼物——一种撒哈拉沙漠的植物。这种植物神奇地用一天完成了发芽、长叶、开花、凋零、死亡整个过程，带给奥斯卡生命的启发。其中一句话特别富有哲理："它勇敢地完成了作为一株植物的所有使命，在我们面前，在一天之内，像个强者，没有懈怠。"不论剩余的生命有多久，哪怕像这株植物那样只有一天，也要勇敢而不懈怠地过好这一天。

生：我觉得玫瑰奶奶就像一个哲学家，她说的话简直——不知道怎么形容，总之读她和奥斯卡的每一段对话，我都觉得充满智慧。"疾病和死亡一样，是一种现实，而不是一种惩罚。""人们害怕死亡，是因为怀疑未知。""人越是老去，越要懂得享受生命的滋味。"我觉得作家就是想通过玫瑰奶奶这个角色把自己的想法告诉读者。假如生活中有更多玫瑰奶奶这样的人，我想一定会更美好。就像奥斯卡，一开始痛苦绝望地等死，可以说他活着已经没有任何意义，但是玫瑰奶奶唤醒了奥斯卡对生活的热爱，重新让他对每一天保持欣喜与期待，并且完整地度过了幸福的"一生"。

生：我对奥斯卡的改变印象特别深刻，说实话换作谁都很难真正勇敢地面对死亡，就连奥斯卡的主治医生杜塞多夫先生都很难面对自己手术的失败。但是奥斯卡在与玫瑰奶奶相处的这段时光里，渐渐明白了生命的很多道理，比如每个人都要面对死亡，只是有的人生命短暂，有的人生命长一些，不论长短，我们都不能每天生活在对死亡的恐惧之中，而应该过好每一天。最后奥斯卡竟然给杜塞多夫上了一课——"别哭丧着脸，杜塞多夫医生。听着，我坦率地跟您讲，因为我在服药方面一直很积极配合，您在治病方面一直无可挑剔，所以不要一副自责的样子了。如果您不得不向人家宣布坏消息，告诉他们疾病的拉丁名和无法治愈的结论，那不是您的错。轻松点，放松心情，您又不是上帝他老人家，不是由您来指挥造化，您只是个修理者。抛掉压力，卸下包袱，杜塞多夫医生，别太把自己当回事了，否则您这份职业干不了多久。看看您那副尊容"杜塞多夫医生听了惊讶得嘴里可以塞得下一个鸡蛋，然后他笑了，拥抱了奥斯卡。

生：我想换一个角度谈谈，奥斯卡直面死亡的勇敢与坚强，其实也温暖了玫瑰奶奶。书的最后第125页，玫瑰奶奶写道："感谢你让我认识了奥斯卡，因为他，我是那样风趣；因为他，我欢笑，我品尝快乐。他给了我无尽的爱，充盈我剩下的岁月"。我觉得玫瑰奶奶也从与奥斯卡相处的这短短的十几天时间里，感受到了生命的价值。我觉得玫瑰奶奶和奥斯卡都配得上"高贵"二字。

"生命是一次出借，你要配得上它的高贵。"我们惯常所听到、接收到的关于生命的信息都是"我的生命属于我自己"。当然，我们的生命属于我们自己，独属于我们自己，所以我们要好好珍惜自己的生命。但是，这一份对生命的执着在特殊的时候便成了一种负累，就像玫瑰奶奶编织的故事中的爱尔兰对手葡萄干布丁，她对生命的热爱变成了一种负担，最终这种过重的负担反而让她失去了健康的生命。这是玫瑰奶奶的话，准确地说是作家埃里克-埃马纽埃尔·施米特借助玫瑰奶奶这个小说人物向我们诠释的生命的另一重意义，那就是我们的生命只是从茫茫宇宙中借得的短暂的一世，只是一段旅程，这段旅程的快乐、欣喜，抑或自暴自弃、自怨自艾，全凭我们自己的心态决定。愤怒、抱怨、厌弃其实都是对这段生命之旅的自我惩罚，而感恩、欣喜、接纳、心怀期许则是对这段生命之旅最高贵的赞誉。

生命不只是我们必须一个人独自承受一切的旅程，更是一段相互给予的旅程，这正是玫瑰奶奶带给奥斯卡的改变所带给我们的感动所在。在玫瑰奶奶编织的故事和游戏里，一个只懂得感知肉体痛苦与精神绝望的孩子，完整地体验了人生的每一段旅程，在游戏中他的心智、精神得到了提升、改变，他懂得了以全新的视角看待自己的生命、自己的亲人、自己所遭受的一切。最后，奥斯卡的改变成了另一种生命的给予——他改变了父母的心态，他改变了医生的心态，他改变了病友的心态，他也带给玫瑰奶奶更多的生命欣喜——"因为他，我是那样风趣；因为他，我欢笑，我品尝快乐。他给了我无尽的爱，充盈我剩下的岁月"。这是一种爱的相互传递、彼此的相互温暖、美好的充盈共喜，这是对生命的高贵的另一种诠释。感谢作家，感谢玫瑰奶奶，感谢奥斯卡，他们让我们看到自己生命高贵存在的另一种可能。我们的生命是向茫茫宇宙借取的一段旅程，我们得用我们每一刻的欣喜享受这段旅程的每一帧风景，我们得用我们感恩一生的欣喜比配独属于我们的那一份高贵！

3

这是一本特殊的小书，因为是从三个不同人物、多重关系视角共同记录完成的。安武千惠得了乳腺癌，仍坚持拼命生下安武花。她一边积极治疗，一边教会女儿学会照顾自己、学会做饭，一边享受、感恩并用文字记录下与家人、亲朋在一起的快乐。书中记录了她对丈夫安武信吾的爱与愧疚，也记录了她对女儿安武花不舍的牵挂与锻炼的历程；记录了安武信吾对妻子的照顾、陪护、理解，又记录了他对女儿的愧疚与感动；同时书中花了不少笔墨记录了安武花对母亲的依恋、不舍、思念，又记录了她的懂事、体贴以及母亲去世后对醉酒的父亲的照顾、包容与等待。学生仅用了两天课余时间就看完了整本书，然后进行了一节课的分享交流。

【朗读《阿花给妈妈的信》，这也是这本书的序言。】

妈妈：

阿花有件事想告诉你哦。那就是——所有的便当我自己都会做了！妈妈你很吃惊吧？

寒假时，爸爸有次前一天喝多了酒，睡起了懒觉，没给我准备带到学童保育所去的便当。虽然爸爸说"待会儿给你送过去"，但我觉得现在开始做也来得及，就趁爸爸洗澡的时候蒸了米饭，打算自己做便当。菜是奶奶教的煎鸡蛋和爸爸教的青椒炒肉。米饭上还撒了鱼粉拌紫菜哦！我还和爸爸说好了，下次做饭时收拾的活儿也全由我来干。

最近我的拿手菜是咖喱饭和土豆烧肉。还有啊，我还想让妈妈再教我弹钢琴。虽然妈妈教得严，但是很容易听明白。因为严格，阿花才能弹得好嘛！托妈妈的福，在学校的功课里，阿花最拿手的就是音乐哦！我也想跟妈妈一样，长大后成为一个会唱歌的人。为我加油吧！打扫浴室和洗衣服的活儿，我有点偷懒了，上了四年级我会努力的。因为我和妈妈说好了，你就在天国看我的行动吧。

今年我想和爸爸去很多地方旅行，也想和妈妈一起去好多地方。我好想和爸爸妈妈三个人一起去冲绳和迪士尼乐园啊！爸爸说暑假会带我去。要是妈妈在的话，我就更高兴了。

不说别人的坏话。不忘记微笑。这些都是妈妈教给我的。

虽然我也会觉得好难啊，真讨厌呀，这可怎么办呢？车到山前必有路，"想想别的，想想别的"，以前妈妈经常这样说。

阿花已经不哭了，我会加油哦！

安武花

【书中这一家三口哪些生活细节是令你合上书一下子就浮现在脑海里的？】

生：让我印象最深的是，阿花四岁生日时，妈妈送给她的生日礼物是一条围裙。那时阿花还很矮，就要很早起来跟妈妈学做饭菜。

生：让我最难过的一个细节是，妈妈病得很重了，脾气也变得很暴躁，但是阿花没有苦恼，虽然很害怕失去妈妈，但是她一直很懂事。每天自己一个人做完所有的家务再去上幼儿园，还要带家里的狗狗去散步。

生：让我印象最深的是，阿花的妈妈冒着生命的危险生下阿花，我想这就是母爱的力量，她宁可选择面对死亡，也要将生的希望带给还未出生的孩子。书的第 35 页写道："上午九点二十五分，一个新的生命诞生了，三千三百八十克的小宝宝。千惠是豁上性命把她生下来的。此时距离发现乳腺癌已经有两年半了。婴儿哭声嘹亮，随后趴在千惠右侧没有伤的乳房上开始吃奶。一旁的我泪水流个不停。"我想阿花诞生的那一刻是爸爸妈妈最幸福的时刻。

生：让我感到特别难过的是阿花的妈妈癌症复发的日子，当时阿花还是吃奶的婴儿，阿花妈妈的癌症已经到非常严重的程度了。我读到这里时特别害怕。

生：让我最难过的是阿花的妈妈尝试一种治疗方法，性格发生了变化，脾气变得不受控制，当阿花的爸爸回家时竟然看到阿花的妈妈一巴掌一巴掌地打阿花，阿花害怕得只知道哭。

生：我记得阿花的妈妈是在生阿花之前得了癌症，治疗中怀上阿花，并把她生了下来，后来癌症又复发了，好像是阿花读幼儿园之后复发的。这是不是老天爷在跟阿花一家开玩笑，我真的为他们一家感到难过。

生：让我最难过的是"最后的判决"那个章节，医生宣判千惠只剩下三个星期的时间，阿花的爸爸不敢相信。我读到这里真为阿花一家感到难过，这可怎么办啊！

生：让我最难过的也是这个章节，记得安武信吾得知医生的宣判，走出病房和妻子道别，还要忍着泪水，笑着控制自己的情绪，我觉得实在太难受了。

生：我觉得阿花也特别不容易，最后妈妈死了，她还要照顾自己和整天醉酒的爸爸，我觉得是阿花的懂事才让爸爸重新振作起来的。

生：让我特别难过的是千惠生命最后时刻的那种痛苦，我想这种痛苦是没有人能体会的，她真的想活下去，但又疼得受不了，那种场景让我感到特别恐怖。

【请你分别从安武千惠、安武信吾、安武花的角度，谈谈从不同人物身上得到的感动与启发。】

生：让我最感动的是安武千惠的勇敢与微笑。她一次次与死神赛跑，一次次与癌症抗争，她并没有放弃，而是微笑地勇敢地面对这一切的考验。"千惠有本事让悲伤、愤怒和不满都变成微笑。她有幽默感，转换情绪的速度也很快。和千惠在一起后，有时候我都觉得自己生气真是太愚蠢了。"这是书中第82页的一段文字。我读了特别感动。

生：让我最受启发的是阿花的妈妈教会了阿花做家务。"我也会教女儿如何拿菜刀，如何做家务。学习可以放在第二位。只要身体健康，能够自食其力，将来无论走到哪里、做什么，都能活下去。"我觉得这和我生活中听到的话不一样，我们可能都会把学习排在第一位，好像很少有人像阿花的妈妈一样。但是我想，假如阿花的妈妈不得病，她会不会也和我们的爸爸妈妈一样宠爱自己的孩子呢？

生：我也是对阿花妈妈印象最深，其实她也是舍不得阿花受苦的，就像第117页上写的，"要是老公和女儿什么也不会做，我心里充满遗憾，怎能放心地离他们而去？每天晚上我都得把面孔板起来"，她这是用一种严格的爱教会阿花学会照顾自己。

生：让我最感动的是书中的图片，应该是阿花五岁时的照片吧，阿花拿着菜刀全神贯注地切菜，另一张照片则是阿花正在拿着一个盘子品尝自己做的酱汤。阿花好能干啊！我到现在都不敢拿菜刀切菜，更别说做菜了。

生：我觉得阿花的爸爸也很好。首先，他很爱阿花，看着妻子严格地训练阿花，他其实很心疼。有一次他知道阿花想买一个学习汉字的电脑，就把它买回家了，虽然最终被妻子骂了一顿，还是把电脑退了。其次，我觉得阿花的爸爸对妻子也很好，最后妻子死了，他整天酗酒，很痛苦，还有陪着妻子到处治疗，还要照顾她。

生：我觉得阿花特别不容易，特别坚强，特别乐观。她很小的时候就学习如何独立，如何照顾自己，如何做饭，还要独自照顾经常醉酒的爸爸，我想正是阿花的坚强才最终让爸爸从痛苦中振作起来。我觉得阿花的信就像是阿花在妈妈面前许下的诺言一样，阿花说到做到，虽然像她自己说的有时候真的很难，但她每次都咬牙坚持下来了。我特别佩服阿花。

生：我也特别佩服阿花，阿花真的特别懂事。妈妈病危的那段时间，已经从医院接回家了，阿花的爸爸觉得只能靠着食物疗法创造奇迹了，阿花这段时间帮忙照顾妈妈，做家务，用阿花爸爸的话说，"阿花的笑声会让房间一下变得明朗起来"。

【书中除了记录这一家三口的生活，还写到哪些人，你有印象吗？】

生：让我特别感动的一个场景是，爸爸从医院出来，医生告诉他千惠只有一个月的生命，他非常痛苦地来到阿花的幼儿园。请大家把书翻到第138页，西园长了解到阿花妈妈的病情，说了一句，"这太残忍了"，然后爸爸就再也忍不住了，泪水已经决堤。井上老师也伏在地板上哭起来。"我可能一直哭了一刻钟吧。抬起头，面前的小桌子上放着一碗凉了的素面。我根本没有食欲。对不住西园长，但我觉得自己吃不下去。素面的调味汁里有一颗很大的腌梅干。'阿花爸爸，这个梅干，是阿花他们在保育园里做的。您一早就没吃过东西吧？请用吧。'我只把梅干吃了。孩子们腌的梅子肉厚而且很酸，酸味刺激了我的食欲。我想起千惠每年也会做腌梅干，一口气把面全吃了。真是不可思议。填饱肚子后，我稍微恢复了点精神。"我觉得西园长特别细心，特别善解人意，看到这个场景，我真的挺感动的。

生：我觉得中村老师，还有内田老师，也特别善良，在最艰难的时候，他们从东京赶来帮助安武信吾一家。

生：我记得还有一个歌手叫小山良子，在千惠去世后来看安武信吾，还说让我们成为一家人吧。我觉得这个歌手也特别善良。

【轻轻地合上书，此刻你内心涌动着怎样的想法？如果有一天，你想把这本书当作礼物送给未来你的孩子，你会在书的扉页上写一句什么话？】

生：活着就必须向前看。

生：会做饭的孩子走到哪里都能活下去。

生：我要做你的榜样。

生：生命是一段传奇，我们要彼此珍惜。

生：我要感恩你的外公、外婆，也就是我的爸爸、妈妈，是他们把我带到这个世界。

生：活着就是最大的幸福，不论面对怎样的处境，都要勇敢地坚持下去，就像阿花一样。

师：千惠在癌症复发后的 2007 年 10 月策划了"生命之歌"音乐会。由于身体状况很差，她转做幕后，但她依然在音乐会上专门为阿花写了一首诗。我想这首诗就是你们的父母想送给你们的，因为他们爱你并不比千惠爱阿花少。

此刻，你就在这里，
你呼吸着，
穿越万千人群，
来到这里。
迷途之中，
我愿化作星辰为你照亮前路，
苦难面前，
我愿化作鲜花为你抚平伤痛，
所以，请不要回头，
你，在那里就好。

此刻，你就在这里，
你呼吸着，
这就是奇迹，
一个永不停息的奇迹。

面对逝者，我们必须朝前看，好好活着，活得好好的，这是对我们深爱的逝者最好的缅怀与纪念。有时，完成他们未完成的事，达成他们未达成的心愿，也是一种寄托情思的方式；甚至暂时忘记他们也是一种方式，就像《天蓝色的彼岸》中哈里看到爸爸、妈妈、姐姐每天到墓地难过的样子，他希望他们去度假，因为度假时可以暂时忘掉他。孩子们，生命是一段传奇，在这段传奇里，有起点，也有终点；有的人旅途长些，有的人旅途短些，但是不论怎样，我们都拥有一段无与伦比的、独一无二的旅行，为此我们应该心存感恩。接着，让我们走进电影《飞屋环游记》，继续这段探索"生命之歌"的旅程。

　　已经七十八岁的气球销售员卡尔·弗雷德里克森自小就迷恋探险故事，曾经希望能成为伟大的探险家。当他还是一个孩子，遇到了有着同样梦想的女孩艾丽，他们一块长大并结婚相伴到老。卡尔与老伴艾丽拥有共同的愿望——去南美洲失落的"天堂瀑布"探险。然而，老伴的去世让原本不善言语的卡尔变得性格怪僻，更加沉默寡言。这时候，政府计划要在卡尔所住的地方建造大楼，而卡尔不愿意离开拥有和妻子美好记忆的屋子。正当政府打算将他送到养老院时，他决定实现他和他妻子毕生的愿望。不过，他并不打算一个人去，而是和他的屋子一起去。卡尔在屋顶上系上成千上万个五颜六色的氢气球，当遮掩气球的帐篷掀开时，色彩斑斓的气球全部腾飞起来，将卡尔的屋子平地拔起并共同飞向空中……在与自称为"荒野探险家"的八岁小男孩罗素一同经历一系列的神奇冒险后，他最终抵达"天堂瀑布"，兑现了多年前对妻子的承诺。

三

生命是一趟有去无回的旅行,一路上我们欣赏着独属于我们的风景,我们也终将归于尘土。不论帝王将相、凡夫俗子,在人类共有的终点面前,一律平等。每一个人面对有限的生命都会生发无限的渴求,短暂易逝、一去不返的时光,总是让人留恋、惋惜、无奈。从秦始皇派人到蓬莱仙岛求仙问药到汉武帝督造铜人以接天露,再到方家术士炼丹以求延年益寿,自古以来长生不老的传说与渴望,是人类共有的一种精神诉求。让我们带着对生命的珍爱开启美国儿童文学作家纳塔莉·巴比特所著的经典小说《不老泉》的阅读分享。

1

生活在林间村的正值叛逆期的十一岁少女温妮渴望摆脱祖母、母亲严厉的控制,一次她在森林里迷了路,遇到了一个名叫杰西·塔克的少年,因此结识了塔克一家。杰西与父母、哥哥住在森林里一处隐秘的小屋里,因为饮用了具有神奇魔力的泉水,他们全都永生不老。但是永生不老也成为一种永无止境的折磨,他们不断迁徙就是要避开常人异样的眼光。而这眼泉水就藏在属于温妮家的那片森林里。温妮无意间想要喝这眼泉水,被杰西阻止了,正当杰西一筹莫展不知道如何向温妮解释时,正好他的母亲还有离别十年的哥哥迈尔斯赶到。于是,温妮被他们抱上马背带到了森林小木屋,然后他们向温妮娓娓讲述了一家人如何在八十七年前饮用了不老泉的故事。塔克高兴之余,带着温妮乘着小船沿着门前的湖水顺流而行,一边解释生命的轮转不息,一边解释为什么恳求温妮保守这个秘密。不幸的是,还有一双眼睛紧紧盯着温妮和塔克一家,就是那个通过温妮祖母的朋友——八十多年前离开塔克一家的迈尔斯的妻子口中得知不老泉秘密的穿黄西装的陌生人。他一面以知晓温妮下落要挟温妮的父亲签署转让那片森林的协议,一面带着小镇的治安警官找到塔克一家。危急时刻,塔克的妻子梅打死了抢先赶到小屋前的黄衣人。最终，梅被警官带走。一个暴雨之夜，木匠出身的大儿子迈尔斯和父亲、弟弟还有温妮一同救出了梅。临别前，永远都保持十七岁的杰西送给了心仪的温妮一瓶不老泉的水，并叮嘱她等到六年后再喝……

【温妮为什么选择不喝不老泉的泉水？】

　　她会喝吗？如果那一切是真的，她会吗？如果她这么做了，将来会不会后悔？塔克说过："这种感觉只有经历了人生之后你才会明白。"

　　路标上写着"欢迎来到林间村"，但很难让人相信这真的是林间村。主街虽然没大变样，但旁边纵横交错地出现了好多新的街道，路面成了黑色的，中间还漆着一条白线。梅和塔克坐着一辆吱嘎作响的马车，由老肥马拉着慢慢地晃进村子。他们已经看惯了各地的变迁，但这里的变化还是让他们感到震惊和伤心。"看，梅，那里不是原来的林子吗？全不见了！一棵树、一个树桩也没留下！还有那幢宅子——也不见了。"……在山的那一边逶迤的铁栏杆围着的地方，有一处墓地。……塔克转过身，缓缓地向那座墓碑走去。走近

303

时，他看见旁边还围着一些小墓碑，这是个家族墓地。接着他的喉咙哽塞了。他找到了。他一直想看到它，但真的看到后，仍不禁悲从中来。他跪下来，念着碑上的铭文：永远怀念温妮·福斯特·杰克逊　爱妻　慈母　1870—1948。

——选自《不老泉》尾声

生：我一开始觉得温妮可能会喝，因为叛逆的她此时迫切想要离开这个家，同时塔克一家带给她的那种轻松、自然、和睦的感觉是她之前不曾感受到的。最重要的一点是，她感觉自己喜欢杰西，所以一开始我以为温妮会等到长大一点再喝下不老泉水，从此就可以和自己喜欢的人共度永恒的生活。但是后来读了塔克的话，我开始觉得温妮应该不会喝那不老泉的水了，不过真正让我觉得温妮不大可能喝下这泉水，是在她把那瓶泉水倒在癞蛤蟆身上时，我当时就有一种感觉，温妮应该不会喝了。因为这瓶水是杰西送给她的，意义非凡。

生：我觉得温妮之所以不喝泉水，是因为她不想让自己成为塔克一家那样四处漂泊、四处躲藏的人，即便和家人一起喝下这泉水，她的一家也会如同塔克一家一样成为别人眼中的另类、邪恶的巫师一样的人，所以我觉得随着年龄的增长，温妮会越来越坚定不去喝那不老泉水。

生：温妮始终都觉得自己与塔克一家的交往像童话一样不真实，虽然这个过程刺激、精彩、不可思议，但这一切都太不真实了，所以或许她不肯喝那泉水，是因为她对塔克一家以及那眼泉水始终都充满疑问和恐惧，或者叫茫然无措。整个过程，温妮始终都是被动地知道这一切，所以她感觉自己根本把握不了这样的命运。

生：我觉得可能是迈尔斯的悲剧还有塔克在故事里对死亡那种莫名的渴望以及那些充满哲理的话，让温妮始终想不明白，但又非常真切地理解他们的孤独与痛苦。所以，温妮宁愿选择平平淡淡地度过此生，也不敢冒险去尝试。

生：我也有相同的感觉，一开始我们就知道虽然温妮有点叛逆，但她还是一个墨守成规的乖乖女，甚至头一天想要离家出走，睡一觉就回到原点，不敢越雷池一步。胆小而不敢冒险的她宁愿选择平平安安地度过此生，也不愿意像塔克一家那样四处流浪。

师：通过这段简短的墓志铭，你能想象温妮过的一生是怎样的吗？

生：她的一生应该过得很平常又很快乐吧！从墓志铭我们知道她的丈夫很爱她，她的孩子也很爱她，她活了78岁，也算是自然老死，她一生没有离开过林间村，她的日子就像所有平常人的日子一样简单而真实。

生：我也这样认为。对于一个普通人而言，结婚生子，与家人平静幸福地生活在一起，虽然平淡无奇，但这应该就是塔克最羡慕的日子了。塔克一家虽然可以长生不老，但却失去了生活的激情，每天都是重复的、单调的；温妮的日子虽然也是平常的，但却是充满变化的。她结婚，生子，然后看着孩子一点点长大，再送他们去上学，看着他们成家立业，这正是温妮和塔克的不同。平常中有惊喜，而非日复一日的重复。

师：你认为温妮和杰西之间是真正的爱情吗？

生：我觉得不是，因为温妮还太小了。

生：我也觉得不是，虽然温妮第一眼看到杰西就喜欢他，而且塔克一家都对温妮很好，但是我想随着温妮的成长，她会慢慢懂得喜欢和爱情是不一样的，或许这也正是她没有选择喝不老泉水的原因。

师：假如没喝过不老泉的泉水，塔克一家的生活会是怎样的？

生：假如塔克一家没有喝过不老泉水，他们会和千千万万普通人一样生活，大儿子迈尔斯会看着自己的两个孩子慢慢长大，他的妻子也不会离开他。杰西也会慢慢成熟，成家，然后也会慢慢老去。虽然他们会生老病死，但是他们不必四处躲藏，他们也不会害怕被人发觉自己的秘密而失去朋友。所以说，他们会平平静静地度过此生。

生：我对书中关于塔克的几处细节印象特别深刻，其中一处是，塔克看着奄奄一息的那个穿黄西装的陌生人，竟然流露出一种羡慕的眼神；还有一处就是，他第一次看到被梅带来的温妮时，他说这是自从喝下不老泉水以来最开心的一天。这两处细节，让我明白塔克是多么渴望过正常人的生活。从书中可以看出塔克是很善良的，如果没有喝下不老泉水，他一定是一个朋友特别多的人，他会开心地和朋友、家人幸福地生活。

师：梅对温妮说，"我们塔克家的都是再平常不过的人，不配承受这样的福气——如果这是福气的话。同样，如果这是诅咒的话，我们也不应该承受这样的诅咒"。你认为这是福气还是诅咒？

生：我认为从某种角度讲是一种诅咒，他们无意之间喝下了不老泉水，变得与世隔绝，到处流浪，从此他们将永生为守护这个秘密而不得不孤独地生活。你看，一家人十年才相聚一次，对于我们而言，一家人随时都可以在一起，但是对塔克一家十年、二十年，甚至几百年都是一个毫无意义的数字，所以塔克根本没有任何欣喜，一直慵懒地生活着，他们的家也不像家，因为收拾和不收拾都那样，他们的生命没有任何意义。

生：我也觉得这是诅咒，就像中了巫师的魔咒一样，从此长生不老，也从此孤独离群。就像塔克说的那样，生命就像轮子，可是他们家的轮子被卡住了，没法往前走了，他们的生活变得跟死水一样。

生：我不大认同这个观念，因为，就像梅说的一样，他们原本是一个平常得不能再平常的家庭，为什么要承受这个魔咒呢？

生：我也这样认为，这既不是什么福气，也不是什么魔咒，就像我们的生活一样，不论你遇到怎样的事情，假如你想着这是福气，这是诅咒，就会变得非常纠结。其实，从某种程度上讲，这是小说，这是作者的安排，假如没有塔克一家的遭遇，又哪来的《不老泉》呢？

师：大家谈的角度不同，但是都讲出了自己真实的想法，很好！的确如欣然同学所说的，这既是作家的故事设计，同时又带给我们很多生活的启发。同样的遭遇，我们既可以看成是福气，也可以理解为诅咒，关键在于你的心态以及对生命的理解。这正是我们读书的意义，这正是我们讨论的意义。或许，这也正是温妮随着年龄的增长、阅历的丰富、生命理解力的提高，没有选择喝下不老泉水的原因吧！因为每一个生命都是宇宙的一部分，都是生生不息的生命之轮中的一环，我们既不能跳出这个轮子独自生活，也不能随意终止轮子的前进，因为你是宇宙中独一无二的，你的生命独属于你，当然也属于你的家人、朋友以及你认识的所有人，因为你的心里装着他们！

【如果让你选择，你会喝下不老泉水吗？你会和谁一起喝下不老泉水？】

生：一开始我一定想喝，因为没有人面对死亡不感到恐惧、害怕的。但是，冷静下来想一想，假如真的长生不老，会不会也像塔克那样生活百无聊赖，毫无意义？说实话，现在我也没想好到底会不会喝。

生：我会喝，还会和自己的家人、朋友一起喝，因为这样我就可以把自己一家人还有朋友组成一个与世隔绝的小镇，永远开心地生活在一起。

生：我可能不会喝，因为就像塔克说的，生命就像轮子，一切都像轮子，不停转动，永不停歇。假如像塔克一家那样被卡住了，就会变成别人眼中的另类，哪怕你选择和家人、朋友一起喝下不老泉水，再与世隔绝，终究还是会被人发现，到时所有人都会涌向你们生活的小镇，请求你们赐予长生不老之药，你到底告不告诉他们这个秘密？假如坏人知道了不老泉的秘密，会不会引起战争？总之会麻烦不断，你不可能清净地生活下去。其实，生命本来就是这样，有生就有死。

生：我虽然想要喝，但是又有顾虑，要是能自由操控就好了，我的意思是想喝不老泉水就喝，不想过这样的日子时也能自由选择随时结束自己的生命，然后再复活。

师：这倒是一个不错的思路，可以创作《不老泉》续篇。生命本就是一段神奇的旅行，有惊喜，有恐惧，有收获，也有遗憾。生生不息，代代相传，新陈代谢，生老病死，这些都是我们必须直面的问题，没有人能逃脱，没有人能回避，勇敢面对，坦然接受，道理我们都懂，难就难在真正面对现实问题时，对于每个人而言这些又都是巨大的难题！这也正是我们渴望通过阅读经典，从中找到一些慰藉或启示的动力所在。

【请你为电影《不老泉》设计一段晚年的温妮回忆童年经历的情境，要包含环境描写和温妮的独白。】

生：霞光静静地照进林间村村口的那片树林。一条小路蜿蜒曲折，摇摇摆摆地从低缓的坡度爬上小山，然后慢慢悠悠地延伸而下。小路两旁是蜜蜂飞舞的苜蓿草丛，牛羊安详地吃着草。林间村村口第一栋房子的栅栏外，一只蟾蜍安静地蹲在地上，闭着眼睛，不知在想什么。一个小女孩拿着一根树枝伸出栅栏撩拨着那只蟾蜍。雾气慢慢升起，整个林间村还有那片树林慢慢被雾气充塞，只剩下白茫茫的一片。房子窗前的轮椅上坐着一位白发苍苍的老奶奶，她喃喃自语道："我昨晚又梦见那只蟾蜍了，我又梦见那片树林了……"窗外是整洁的街道以及林立的楼房、店铺，还有一个加油站。老奶奶叹了一口气说："我老了，该走了，该和这个世界道别了，我深爱的丈夫，我深爱的孩子们。死亡本就是生命的一部分，假如一个人只是活着，那便不是生命。塔克、梅、杰西、迈尔斯，我知道的那个秘密将会随我而消逝，不论你们身在何方，我都祝福你们！"

生：雨浙浙沥沥地下着，一个垂暮老人缓缓地把骨灰盒放进墓地里，他的身边站着许多穿着黑色衣服的人，有青年人，有小孩，也有白发苍苍的老者，他们的表情肃穆庄严。老人回到家里，斜靠在摇椅上，他的手上捧着他深爱的妻子——温妮的照片。桌上放着温妮写给他的一封信：亲爱的杰克逊，我的丈夫，对不起，我先你而去。不要悲伤，不要难过，因为你，我此生过得没有任何遗憾，谢谢你给我带来的幸福，那些过往的美好时光将会陪伴着你，就像我陪伴着你一样，我们的孩子也会如同我爱你一样深爱着你。生命就像轮子，一切都像轮子，不停转动，永不停歇，而死亡也是轮子的一部分。这是我年少的时候一个朋友告诉我的。他还说人不能只活不死，否则那只是存在，和路边的石头一样。亲爱的，谢谢你，因为你，我才真正领会了生活的意义。我爱你！

生：播放机里放着清雅的音乐，一个慈祥的老妇人的声音缓缓地随着音符娓娓道来："生命本是一段旅程，假如人的一生只有生而没有死，那么就不能称之为完整的生命，因为死亡就是生命的一部分，不可分离的一部分。年轻的朋友，热爱生命，拥抱太阳，也允许黑夜与死亡。正因为生命是有限的，才显得弥足珍贵，人才会懂得珍惜旅途的风景。"窗外是生机盎然的春色，新芽正从枝头吐露嫩绿，花儿正迎风绽放，一只毛毛虫爬上了一片桑树叶，阳光正透过那片叶子，将它的通身照得透亮。一切都是新的，一切都是活的，一切都充满生机和希望。窗台上放着一张全家福——两个老人坐在前排的中央，他们的周围簇拥着十来个年轻人还有五个小孩。那张全家福上写着一行金色的字迹：温妮永在。

2

吉娜·普林斯-拜斯伍德导演的电影《永生守卫》讲述了一个这样的故事：

安迪是一个六千多岁的老兵，她几百次死亡又复活且一直在战斗，数个世纪以来皆为保护凡人世界而战。这个团队除安迪这个老队长外，还有布克、乔、尼基三人。然而当团队受雇执行一项由中情局特工科普利指派的拯救难民的任务时，遭遇围困，对手以为他们全部被枪杀了，起死回生后的他们趁对手没反应过来，反杀了所有对手，但也因此暴露了他们的神奇能力。正当他们准备各自隐居逃避追捕之时，意外发现了一个新的不死同类——年轻的黑人女兵奈尔。于是，安迪前往阿富汗寻找奈尔，并与同伴相约在巴黎会合。

而他们的行踪早已被科普利掌握，科普利趁他们不备，抓走了乔和尼基，并送到梅里克负责的制药公司科研总部进行残酷的研究。安迪一边与奈尔解释事情的缘由，一边与布克前去营救同伴。由于布克的背叛，已经失去不死之身的安迪中枪后被捕。发现布克背叛的奈尔最终返回营救安迪他们，并从科普利口中得知其这么做是想通过科研拯救像他因病痛苦死去的年轻妻子一样的无数生命，从而真正了解了安迪的伟大。奈尔最终看到了梅里克的罪恶与贪婪本性，并在科普利的帮助下，来到梅里克的总部，救出了所有的同伴。

【回顾小说《不老泉》与电影《永生守卫》，它们有什么相同之处？】

生：我觉得这两个故事都讲到了长生不老。

生：我觉得这两个故事的人物设计相似，都有一群不死的人，还有一个坏人，《永生守卫》中是那个制药公司的CEO，《不老泉》中是那个穿黄西装的陌生人。

师：你认为中情局的科普利是坏人吗？他和制药公司的梅里克最大的区别是什么？

生：一开始我还以为科普利是坏人，后来才得知他其实是渴望通过研究安迪他们为什么长生不老从而拯救更多人类，但梅里克不是，他是一个贪婪的、自私的人，他只想控制安迪他们，从而避免别的医药公司也获取其中的密码。

生：故事的结尾也相似，那就是塔克一家继续到处流浪，安迪他们也一样，不过安迪应该很快就会死去，其他人则要听天由命，继续到处做好事或者孤独地活着。

生：我觉得塔克一家和安迪一伙都是孤独的。

生：其实塔克一家和安迪他们都是身不由己，他们自己也厌倦这种长生不死的生活。

【布克背叛自己的团队是因为什么？他的遭遇让你想到了《不老泉》中的哪个人物？】

生：布克是因为厌倦了自己孤独的生活，他想死但死不了，所以把结束生命的一线机会寄托在梅里克身上，既然他们能研究出长生不老的药，那就能研究出终止长生不老的药，所以他才背叛自己的团队。

生：我也是这么认为。我想补充一点，布克经历过正常的生活，原本有妻子、儿子，他的儿子得了绝症，他眼睁睁看着儿子死去，而且是带着对自己的痛恨死去，这让布克太难受了，我关注到电影中布克总是不停地喝酒，电影结束的时候也是夜晚喝醉了回到住处。

生：布克的经历让我想到《不老泉》中塔克的大儿子迈尔斯。他因为长生不老，所以妻子带着两个儿子离家出走，还把塔克一家说成是巫师和魔鬼转世，我想迈尔斯是非常思念自己的两个儿子的，但是又没办法和他们一直生活下去，这种和最爱的亲人分开是很痛苦的。

【回顾小说《不老泉》与电影《永生守卫》，你觉得真正永生的是什么？我们真正要永生守卫的是什么？】

师：不论是塔克还是安迪，他们都是小说、电影中的虚构人物，作家和导演想通过这两部作品向我们传递的是怎样的思想呢？请你们思考屏幕上的两个问题，为这两堂课作一个小结。

生：每个人都要面对死亡，或许我们都有过渴望长生不老的念头，尤其是面对亲人的疾病、离去，这种愿望更为直接迫切。但是读了这本小说，看了这部电影后，我想假如世界上真的有长生不老之药，那么这个世界便不会存在了，因为无休止地生，而没有死，这个世界将难以维持。其实，死亡也是生命的一部分，是这个世界必需的一部分，就像科学课上老师说的新陈代谢，旧的不去，新的不来，生生不息，循环更替，这才是永恒不变的规律。

生：我觉得真正永生的应该是生命，虽然有的人死了，但他还活着，因为他的儿孙，世世代代都会延续他的生命。同时，我还觉得永生的是情感，一代代人通过回忆，让这份生命的记忆不断延续。

生：我觉得永生的是我们对生命的爱，正因为生命是有限的，所以我们更加热爱自己的生命，热爱自己的家人，热爱自己的朋友，只有爱才是永恒不变的情感。

生：我觉得正因为生命有死亡的存在，才让我们更加珍惜有限的一生。假如无休止地活着，或许我们就会如同塔克一家一样对生活失去希望和激情，那样的生命就不叫生命，或许可以叫它"死命"，那样的生活又有何乐趣可言呢？所以我觉得我们真正要永生守卫的是对生命的热爱。

师：你的发言让我想到法国浪漫主义作家罗曼·罗兰的名言，"世界上只有一种真正的英雄主义，那就是在认清生活的真相后依然热爱生活"。我们探讨永生的话题，其实真正追问的是此生的意义；我们探索如何直面死亡，其实真正要探索的是如何让此生获得幸福。还记得电影《永生守卫》的片尾曲吗，"我宁愿做一个爱人，而不是战士，因为我终其一生都在战斗！从未感到慰藉，一直以来，我一直在躲藏，没有人记得我，我早已习惯奉献、奉献，爱只让我孤独，但我与寂静共处"。其实，每一个人都是一个战士，你此生需要和世界上所有的情绪作战，你要战胜对死亡的恐惧、对困难的畏惧、对前途的茫然，而很多时候你只能独自一人消受所有的孤寂，无处躲藏。但我们的生命之所以伟大，正是因为我们有爱——对世界的爱，对家人的爱，对自己的爱，一个内心充盈着爱的人，将会因为爱所以被爱，就像科普利的墙上安迪留下的爱的足迹。孩子们，这便是生命的呼应与回响，这便是爱的自我救赎与回报奉献。能真正拯救世界的不是长生不老之药，而是每个人都要永生守卫的仁慈之心！

尼采说："一个人能承受多少真相，是对他精神强度的考验。"如果说，死亡终究是谁都难以抗拒的恐惧与必须时刻直面的可能性，那么我们就用古希腊哲学家伊壁鸠鲁的话作暂时的释怀吧——"只要你还能思考死亡的问题，就说明你还活着，那你就不必为死亡而操心"。

3

就让我们在《獾的礼物》这个绘本故事中暂时告别这段特殊的生命探索之旅吧！

獾是一个让人依靠和信赖的朋友，总是乐于帮助大家。他已经很老了，老到几乎无所不知，老到知道自己快要死了。

獾并不怕死。死，仅仅是意味着他离开了他的身体，獾不在乎。因为随着岁月的流逝，他的身体早就不听使唤了。他只是担心他离去之后朋友们的感受。为了让他们有心理准备，獾告诉过他们，不久的某一天，他会去下面长长的隧道，当这一天到来时，希望他们不要太悲伤。

有一天，当獾看着鼹鼠和青蛙比赛冲下山坡时，他觉得自己特别的老、特别的累。他多想和他们一起跑啊，可是他知道他的老腿跑不动了。他久久地看着鼹鼠和青蛙，分享着朋友们的快乐。

他很晚才回到家。他向月亮道了声晚安，然后就拉上窗帘，把寒冷的世界关在了外面。他慢慢地朝深深的地下走去，那儿有温暖的火炉在等着他。

他吃过晚饭，坐在书桌前面写信。写完信，他在火炉边的摇椅上坐了下来。他轻轻地来回摇晃着，很快就熟睡过去了，他做了一个奇怪却很美的梦，一点都不像他从前做过的梦。

让獾吃惊的是，他正在奔跑。他的前头是一条好长好长的隧道。他觉得双腿非常强壮，稳稳地朝着隧道跑去。他不再需要拐杖了，他把它扔到了隧道的地上。獾飞快地跑着，在长长的隧道里越跑越快，最后，他的脚爪离开了地面。他觉得自己在翻腾、旋转，起起落落，跌跌撞撞，却没有受伤。他觉得自由了，好像已经脱离了他的身体。

第二天，獾的朋友们都焦急地聚集到了他的门外。他们担心是因为他没有像平时那样出来说早安。

狐狸报告了一个悲伤的消息，獾死了，他把獾的信读给大家听。信写得很简单："我去下面的长隧道了，再见。獾。"

所有的朋友都爱獾，大家都非常伤心。特别是鼹鼠，他非常失落、孤独，难过得要命。

那天晚上，鼹鼠在被窝里，一直想着獾。眼泪顺着他那天鹅绒般的鼻子流下来。他紧紧抱着的毯子都湿透了。

外面开始下雪了。冬天来了，很快，厚厚的积雪就把动物们的家埋了起来。接下来的几个月里，他们会待在温暖而舒适的家中度过寒冬。

獾的礼物

文·图/[英]苏珊·华莱
译/杨玲玲 彭懿

雪盖住了乡村，却掩盖不住朋友们的悲伤。

獾总是在别人需要他的时候出现。现在他不在了，朋友们都不知道该怎么办了。獾说过希望他们别难过，但这真的很难。

春天快到了，朋友们常常互相串门，常常说起獾还活着的那些日子。

鼹鼠很会用剪刀，他说起了獾教他怎样用一张折纸，剪出一长串鼹鼠的事。那天，他剪了一地的纸鼹鼠。最后，他终于剪出了一长串手拉手的鼹鼠，他说他还记得当时的那份喜悦。

青蛙是一个滑冰高手。他回想起他怎样在獾的帮助下，在冰上迈出打滑的第一步。獾还亲切地带着他滑，直到他敢自己滑。

狐狸想起他小时候总是系不好领带，是獾教会了他。

"把宽的一头，从右边搭到左边，从后面绕一圈，然后朝上拉，再向下穿过领结口，抓住细的一头，把领结推到脖子上。"

现在，狐狸会系各种各样的领结，有些系法还是他自己发明的呢。当然，他自己的领带也总是系得无可挑剔。

獾把自己烤姜饼的独家秘方，教给了兔子太太，还教她怎样烤出兔子形状的姜饼。兔子太太出色的厨艺在全村都出了名。当她说起獾给她上的第一堂烹饪课时，她说那么久了，好像还能闻到刚出炉的姜饼的香味儿。

所有的朋友对獾都有一段特殊的回忆——他教过他们的一些事情，他们现在做得好极了。獾给每个朋友都留下了离别礼物，他们可以永远珍藏下去。有了这些礼物，他们就能够互相帮助。

等到最后的积雪融化了的时候，朋友们的悲伤也慢慢地融化了。每当提到獾的名字，说起獾的又一个故事，大家都露出了微笑。

一个温暖的春日，鼹鼠走到他最后一次看到獾的山坡上，他想要谢谢獾送给他的离别礼物。

"谢谢你，獾。"他轻轻地说，他相信獾能听到。

是的……獾一定会听到。

是的，獾一定会听到。朋友们美好的怀念，也是獾留给世界最好的礼物。孩子们，让我们怀着勇敢的心，在人生这条无形的旅途上，坚定而微笑地走下去。因为，生命中踩下的每一个善良、温暖、坚强的足迹，都是留给自己、亲人、朋友甚至是擦肩而过的陌生人最美好的礼物！

后　记

　　这是一本记录我和学生一同观影的教育叙事类的小书。这也是我的第四本书。生命因为美好的记忆，才让庸常忙碌的日子充满一米阳光。

　　从2018年开始，我一直都承担六年级博雅班的语文教学工作。日常教学之余，我会和孩子们一起背诵大量的经典诗文，一起阅读大量的经典著作，对本就学业繁重的孩子而言，这无疑是枯燥的负担。因此，为了调节孩子们的学习情绪，我会结合教材的单元主题或他们的阅读进度，播放一些电影给他们观看。通常利用两个中午的午休时间，一周观看一部电影。然后，我们会在半个月的课时里抢出一两节课，对电影进行分享、讨论、拓展思考。有些经典电影是每届学生都会欣赏的，有些则是我自己拓宽观影视野后及时补充的。在充满劳绩的学习生活中，以爱的名义，给孩子们带来一点欢乐，便是电影阅读课的初衷，也是这本书的缘起。

　　这本书分两种体例。前面十三篇除第十篇是两部电影《小鞋子》和《何以为家》对比赏析之外，其余十二篇都是对一部电影的赏析叙事；后面五篇则是围绕一个主题进行的电影赏析与整本书阅读相结合的专题研讨。相对于前者，后者冗长、驳杂，因为它跨越的时间长度可能是几周，甚至几年。例如，《起点与终点：一段关乎一生的旅程》就是从二年级开始一直到六年级的探索生命之旅的特殊课程。这十八篇文章，每篇集中探讨一个话题：中国山水文化的意象、童趣、知己、童真、故乡的守望、诗意的栖居、战争与和平、梦想、教育、不一样的童年、宠物、活着的态度、盛唐精神、新诗、神话、包容与理解、黑奴的历史、生命终极关怀。十八篇文字看似没有逻辑关联，其实精神内核是一致的，那就是为了唤醒良知，那种给予他人爱和同情的良知，培养创造爱与传递爱的能力。

每当上完一节赏析课，我用电脑记录下孩子们的思考时，内心充盈的是欣喜与满足。德国诗人海涅说："心，我的心，你不要忧郁，/寒冬从你那儿夺走的一切，/新春将重新给你带来。//为你留下的如此之多，/世界仍然这般美丽！/一切一切，只要你喜欢，/我的心，你都可以去爱！"正因为喜欢，我才会真心投入持久的爱！翻阅一篇篇叙事，我心头浮现的是孩子们课堂上纯真、善良、美好、真诚、严肃、认真思考与分享的画面。这一个个动人的画面，正是照进我生命的阳光，也是我无尽思索与继续前行的能量之源。

遇见一部好的电影，是一种美好的机缘。就像我遇见每一位学生一样。彼此温暖，相互扶持，借着教室的空间，借着光影的幻象，我们各自延展着自己的思想。每当看到一部好电影，我会一遍又一遍地反复观看，越是看不大懂的电影，越较劲地看。往往在第三遍观看的时候，会及时按下暂停键，记录下自己的思考与发现，并提炼出几个关键的问题，以供与学生一起探讨。这就是我所谓"备课"的真实写照。现在重新翻阅检点这些稚嫩的文字，有诸多的不如意，但一想到那是彼时彼刻的真实体悟，也便了然释然淡然了。就算谬误，也权当别人批判的材料，无疑也是另一种价值。备课即"备心"，就是不断追问何为真，何为善，何为美。观影，解读，研讨，都是无止境的潜心修行，没个头儿的。因为，生命的课堂是无时无地无处不在的，有心在就有生命学习的发生。

那这样的电影阅读课有怎样的意义？我也不知道。或许，没有意义也是一种意义吧！如果我内心有某种企图，那就是渴望孩子们能在语文之外学语文，在自己的世界之外看到另一个世界。正如诗人杭约赫在《启示》中所说的："我们常常迷失在自己的小世界里，/拾到一枚贝壳，捉到一个青虫，/都会引来一阵欣喜。好像/这世界已经属于自己，而自己却/被一团朦胧困守住，/翻过来、跳过去，在一只手掌心里。/有一天忽然醒来，烧焦了自己的须发，/从水里的游鱼、天空的飞鸟/得到了启示。于是/涉过水、爬过山，/抛弃了心爱的镜子，开始向自己的世界外去找寻世界。/路旁石缝里的一株小草，悬崖下的一泓泉水，/还有那些蹦蹦跳跳的小动物，都在告诉我们一段经历，/教我们怎样去磨炼自己，/从这个起点到另一个起点。/……/领我们到一个新的世界/——自己的世界之外的世界。"寻找"精神共振"，在不确定的世界里，寻找一种终身陪伴的"核心素养"，学会与世界相处，学会与自己相处，这正是我和学生一同观影、一同探讨的生命朝向的意义吧。

　　每当我走进电影阅读课的课堂，孩子们都格外好奇——今天又会看什么电影？我往往会神秘地说，看非常难看的电影——但再难看的电影也比白煞煞的试卷好看！教室里一片哗然！有时，一些没有波澜起伏的故事情节的电影，是很难激发孩子们继续观影的兴趣的，我又会不失时机地"恐吓"道："不看待会儿写不出一千五百字的观后感哦！""要不，这部电影不看了，以后也别看了！"教室里一片肃静！不过，再"无聊"的电影，赏析分享课上都是异常热闹的。因为越是看不懂的电影，孩子们质疑、探讨的热情似乎越高。上这样的赏析课，也是我最喜欢的一种课堂学习方式，我们通常会在混乱中找到秩序，然后在秩序中寻求新的矛盾，激发思维的碰撞。这样的课，往往没有固定的套路，没有所谓的学习支架，往往是从自由走向自由，从广阔走向更广阔。不过，所有的课有一点是相同的，那就是必须联结自己的生活，走向自己的生活，指向未来的生活。因为，光影世界其实都是现实的投射。既然，任何一道光都会投射下一道影，那么就在孩子们的心底点亮一盏灯吧！这是我的期许，也是对孩子们的祝福。

　　观影，其实从本质上讲，是另一种阅读——直抵心性的精神阅读。让时间慢慢发酵，相信阅读改变生命的力量。圣·奥古斯丁说，信仰是去相信我们所从未看见的，而这种信仰的回报，是看见我们相信的。在极具挑战的现实面前，我们依然相信阅读的力量，依然相信阅读的美好，这是一种信念，更是一种信仰。心怀敬畏，仰望先贤，我们才能脚踏实地、无愧于心。

相信阅读的力量，我们心中生起的第一种信念便是——敬畏童年。敬畏童年，就是守住那种施予爱和同情他人的能力，唤醒对美和快乐传递的能力。但假使教育者本心被遮蔽，自己丧失了这种爱的能力，丢失了给予同情、传递快乐的本心，试问你会敬畏童年吗？我们的眼中要有爱，我们的眼中要有真实世界的"儿童"，那样的童年才能真正被"光"照亮。

相信阅读的力量，我们心中生起的第二种信念是——亲近生活。世界上没有哪一本书、哪一部电影是必须要读要看的，也没有哪一个人是必须要认识的，如果有，那一定是自己。最好的教育在窗外。因为，受教育者是活生生的人，而不是局限于书本中的"抽象的人"。只有亲近自己的生活，我们才能演绎属于自己的"城南新事"。要知道，我们的孩子就是一个个活泼泼的英子啊！他们一颦一笑，和英子一样纯真动人。"纸上得来终觉浅"，丢失生活的阅读，终将是无根之木。但我们往往只看见书中的光，却遮蔽了现实的眼。就如同，我们把拿着蜗牛的法布尔拒之门外，粗暴地命令他把手中的蜗牛扔掉，然后却大张旗鼓地开始阅读《昆虫记》。读书观影，其实读的是我们自己的内心。因为内心装着什么，你才能看到什么。

相信阅读的力量，我们心中生起的第三种信念是——拥有有趣的灵魂。做一个有趣的人，拥有一个有趣的灵魂，才能成就一群人的有趣！这种有趣是一种心灵的丰富、内心的欣喜与精神的满足。发现童年，看见儿童；发现自我，看见美好。我们要看见语文课程的核心不是"文"，而是"人"。

我常常在想，语文是什么？语言文字！语言文学！语言文化！我们暂且放下对概念的执着，先来看看什么是文，什么是字，什么是文化。文，正面叉腿而立的人在胸脯上画有花纹的形状，表达的意思是古人的文身。字，"人生子曰字"，后来引申为"出嫁"，如"待字闺中""十年不字"。文，是标识文身的象形字，扩展指以描画线条来表示意思的单体象形文字；字，即房内（宀 mián）生孩子，会意字，扩展指用两个或两个以上的单体文字拼合而成的合体文字。化，变也。化乃大变。变化之大莫过于人之倒转，即颠覆性的大变化。化学变化是质的变化，比物理变化更剧烈，所以前者用"化"来命名学科。一言以蔽之，独体为文，合体为字。先有文后有字。比如，人，是文；从，是字。那什么是文化？凡是与人有关联的一切精神、物质生活都可以称之为文化。因为"文"就是一个人，"化"是两个人或多个人。

文字的诞生，意味着人类真正成为地球的万物之灵，从此人类拥有了文明记忆与精神传承。文字的诞生是人类的第二次生命重建。一个个文字的背后蕴含的正是我们祖先的智慧、胆识、境界。不论文、字、化，都是以"人"为基础、中心设定的意义符号。这是不是从字理的角度给我们确立了语文教育的宗旨——人是课堂的中心！语文课程的精神内核，不是外在的语言、精妙的设计，而是人的唤醒，人的存在，人的超越，人的确证。英国社会学家齐格蒙·鲍曼说，永远不要忘记你面前的人是一个人。

一天晚上与我带的第一届博雅班学生文轩在电话里聊了很久，聊到骆驼的蓄力，聊到行走的意义，聊到生命的幻灭，聊到臧克家的《幻光》："人生永远追逐着幻光，／但／谁，把幻光看做幻光，／谁，便沉入了无边的苦海。"放下手机，内心平和幸福，因为他让我看到了明亮的光与无限的量！

"夸逞功业，炫耀文章，皆是靠外物做人。不知心体莹然，本来不失，即无寸功只字，亦自有堂堂正正做人处。"（《菜根谭》语）这本书，谈不上炫耀功业，更不敢妄想心体莹然，纯粹是记录自己的教育生活罢了。

此书结集出版，特别感谢福建教育出版社。书名原为《我的电影课》，策划编辑黄珊珊老师建议改为《给孩子们的电影阅读课》，在此特别感谢黄老师的用心指导。

杭州师范大学任为新教授，是我参加"浙派名师"培训的导师。五年前，任老师就为拙著《丰富的悦纳：传统美学对语文教育的启示》慨然作序。此次文稿初成，恳请恩师教导，再次厚颜乞赠长序。"令公桃李满天下，何用堂前更种花。"但任老师依然赐予长文鼓励我，厚爱之情，无以言表，唯存于心，铭记感恩。

感谢乐清育英学校给予我专业成长的包容与信任，感谢博雅班所有学生对我的信任与厚爱。感恩生命中遇到的每一个人，是你们让我慢慢理解生命的本质与行走的意义。

陈传敏

2023 年 4 月